필리핀

한인 이주의 역사와 발전, 그리고 정체성

동남아 한인 연구 총서 1

필리핀

한인 이주의 역사와 발전, 그리고 정체성

김동엽 지음

눌민

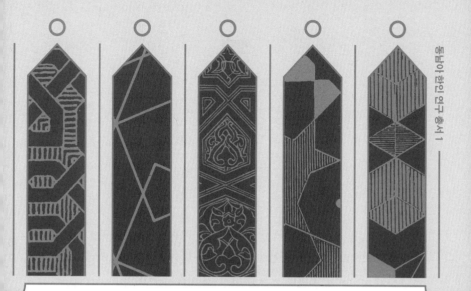

머리말

필자는 1994년 처음으로 필리핀에 발을 딛고, 이후 27년이 지난 오늘날까지 필리핀과 관련된 공부와 연구, 그리고 강의와 집필을 해왔다. 코로나19 사태로 하늘길이 막히기 직전까지 매년 이런저런 이유로 필리핀을 방문했다. 이처럼 짧지 않은 기간 동안 필리핀의 다양한 모습을 경험하고 연구해왔지만, 필리핀에 살고 있던 한인들은 필자의 관심 밖에 있었다. 아마도 한인 이주 문제는 필리핀을 포함한 동남아 지역 연구에서 그다지 중요한 연구주제로 간주하지 않았기 때문일 것이다. 그러나 지난 3년간 동남아 한인 사회 연구 프로젝트에 참여해 필리핀에 사는 한인에 관한 연구를 수행하면서 필리핀에 관한 새로운 시각을 갖게 되었다.

필리핀이란 나라는 한국 대중들에게는 가볍게 여행을 다녀올 수 있는 지역, 저렴한 비용으로 영어를 배울 수 있는 국가 혹은 선교나 봉사 활동을 위한 지역 정도로만 간주된다. 미국이나 호주 혹은 캐나다와 같은 전통적인 이민 국가가 아닌 필리핀을 자기 삶의 새로운 터전으로 삼고 미래를 개척해보려 생각하는 사람은 그리 많지 않을 것이다. 그러나 이러한 생각 또한 그동안 한인의 해외 이주에 관해 고정관념에 사로잡혀 있었기 때문임을 깨닫게 되었다.

최근 동남아는 매년 1천만 명 이상의 한국인이 방문하는 해외 방문지 1위 지역이다. 필리핀만 하더라도 2019년 기준으로 180여만 명의 한국인이 방문했고, 장기로 체류하고 있는 한인 수도 10만 명 정도로 추정된다. 이는 과거 미국과 중국, 그리고 일본과 같은 오랜 한인 이주의 역사를 가진 지역에 집중되어 있던 해외 한인에 관한 연구가 시대적 변화에 따라 그 지평을 확대해야 할 시점임을 말해준다.

이러한 배경하에 시작된 필리핀 한인 이주와 정착에 관한 연구는 관련 자료를 수집하는 일에서부터 어려움에 봉착했다. 기존에 필리핀 한인 이주를 집중적으로 연구한 학자가 없다 보니 축적된 관련 자료들이 거의 부재했고, 그렇다고 현지 한인 단체나 기관에서 과거의 의미 있는 자료들을 제대로 보관하고 있지도 않았다. 이러한 상황에서 다양한 목적하에 기록했던 필리핀 한인 이주에 관한 파편적인 자료들을 모으고 재구성하는 작업을 해야 했다. 다행히 필리핀 한인 이주의 역사가 그리 길지 않아서 초기 이주자들이 생존해 있었다. 이들에 대해 수소문하고 소개를 통해 직접 인터뷰하여 녹취한 자료들이 이 책을 구성하는 주요 요소가 되었다.

자신이 태어나 자라며 자연스럽게 공동체의 소속감을 부여하는 조국을 떠나 타국에서 생활하는 이주민에게는 늘 자신이 누구이며 또한 어디에 속하는가 하는 정체성 문제가 뒤따를 수밖에 없다. 이러한 점을 고려하여 본 책에서는 필리핀 이주 한인들의 정체성 문제를 이주 시기별로 나누어 살펴보았다. 이주가 이루어지는 맥락은 자신이 속한 조국의 상황이나 개인적 환경에 따라 다양하지만, 송출국과 수용국 간의 배출-흡입Push-Pull 요인은 이주의 성격을 결정하는 중요한 요인으로 간주된다. 따라서 본 책에서는 한국과 필리핀 간의 역사적 관계와 양국 간의 경제발전 격차를 중요한 시기적 맥락으로 삼았다.

이주 시기에 따른 한인 이주민의 특징은 주로 구술사 자료를 중심으로 정리하였다. 누구나 자신의 지나온 삶을 되돌아보면 특별하며 또한 많은 의미를 부여하고 싶을 것이다. 게다가 태어난 조국을 떠나 낯선 환경에서 자신의 삶을 개척해온 이주민의 경우 더욱 그럴 것이라 짐작된다. 기억 속에 있는 과거의 일들을 소환하여 현재의 시점에서 진술하는 것은 다분히 주관적일 수 있다. 그러나 이러한 진술 속에는 구술자의 주관적 진실이 담겨 있으므로 있는 그대로 가치가 인정된다. 따라서 독자는 구술 내용에 담겨 있는 객관적 사실의 진위에 집착하기보다는 구술자가 기억하고 있는 주관적 진실을 발견하는 데 집중해 주기를 바란다.

필리핀 한인 이주민은 시기에 따라서 필리핀에 정착해 살아가는 모습도 지속적으로 변화되었음을 볼 수 있다. 이는 필리핀이란 이주지의 특성이 한인 이주민의 현지화 과정과 특성에 영향을 주기 때문일 것이다. 해외에 거주하는 한인은 해당 국가에서 한국에 대한 이미지를 직접적으로 대변하고 있다고 볼 수 있다. 이들의 현지인과의 관계는 양국 국민 간 혹은 양국 간의 관계에도 큰 영향을 준다. 따라서 재외 동포에 대한 학계의 지속적인 관심과 정부 차원의 많은 지원이 요구된다.

필리핀 이주 한인에 관한 지난 3년간의 연구 결과를 책으로 묶어내는 시점에서 그동안 연구에 도움을 주었던 많은 분이 떠오른다. 특별히 필리핀 현지 조사 과정에서 자료수집과 인터뷰에 적극적으로 협조해주신 필리핀 한인 동포 여러분께 감사의 마음을 전한다. 본 연구에 특별한 애정을 가지시고 자상하게 많은 도움을 주신 박현모 전 한인회 회장님과 어려운 상황 속에서도 귀중한 의견과 생애사 인터뷰에 응해주신 故 김용찬 선생님께 감사의 뜻을 표한다. 그리고 무엇보다도 불모지와도 같았던 동남아 한인 사회 연구를 시작할 수 있도록 지원해주신 한국학중앙연구원에 특별한 감사를 드린다. 마지막으로 졸고를 책으로 엮어낼 수 있도록 도와주신 도서출판 눌민의 정성원 사장님과 편집을 맡아주신 원미연 선생님께 감사의 마음을 전한다.

금정산 자락에서

2021. 4. 14

김동엽

차례

들어가며

필리핀으로 이주한 한인들 속으로

우리 나라 외교부가 2019년 기준으로 집계한 재외 동포 현황에 따르면 전 세계에 흩어져 있는 재외 동포 규모는 180개국에 약 750만 명에 이른다. 여기서 '재외 동포'는 「재외동포법」 제2조에서 규정하고 있는 정의에 따라 "대한민국 국민으로서 외국에 장기체류하거나 외국의 영주권을 취득한 사람" 혹은 "국적에 관계없이 한민족의 혈통을 지닌 사람으로서 외국에 거주·생활하는 사람"을 지칭한다. 우리 나라 재외 동포 중 약 64퍼센트는 외국 국적을 소지하고 있으며, 약 36퍼센트는 재외 국민으로 살고 있다. 2019년 외교부가 발표한 재외 동포 조사 현황에 따르면, 국가별로 미국(254만 6,952명), 중국(246만 1,386명), 일본(82만 4,977명), 캐나다(24만 1,750명), 우즈베키스탄(17만 7,270명), 베트남(17만 2,684명), 러시아(16만 9,933명), 호주(16만 7,331명), 카자흐스탄(10만 9,923명), 필리핀(8만 5,125명) 순으로 재외 동포가 다수 거주 중인 것으로 파악되었다.

재외 동포 분포 현황에서 볼 수 있듯이 집중적으로 분포된 지역은 중국, 일본, 구소련(우즈베키스탄, 러시아, 카자흐스탄) 등 동북아시아 지역이고, 또한 미국, 캐나다, 호주 등 미주·오세아니아 지역임을 알 수 있다. 동북아시아 지역으로의 한인 이주는 일제강점기 식민통치라는 특수한 역사적 맥락 속에서 발생하였으며, 미주·오세아니아 지역으로의 이주는 경제적 기회를 찾아 저개발 국가에서 선진

국가로 이동하는 노동 이주라는 일반적 패턴에 따른 것으로 볼 수 있다. 반면 베트남과 필리핀과 같은 동남아시아 지역으로의 이주는 식민통치라는 역사적 맥락이나 선진국으로의 노동 이주와는 다른 경우이다.

우리 나라에서 재외 동포에 관한 연구는 주로 중국, 미국, 일본의 사례들에 집중되어 있으며, 동남아시아 한인들에 관한 연구는 찾아보기 쉽지 않다. 재외 동포에 관한 연구는 주로 이주와 적응, 그리고 이주민들의 정체성과 관련된 주제들이 다수를 이룬다. 근래에는 재입국 재외 동포들의 한국 사회 적응과 그들의 정체성 문제를 다룬 연구들도 다수 나타나고 있다. 재외 동포들의 생활환경과 그들의 정체성에 영향을 미치는 요소들은 다양하며, 주로 이주의 맥락과 거주국의 정책, 그리고 거주국 주류 사회와의 관계 등에 따라 다르게 나타난다. 재외 동포 민족 정체성과 관련된 문제는 주로 이주민 1.5세대나 2세대, 그리고 그 후손들에 관한 연구로 이어지고 있다.[1]

이와 같은 재외 동포 관련 연구의 맥락 속에서 동남아시아 한인에 관한 연구는 우리 나라 재외 동포 연구의 지평을 확장한다는 의미가 있다. 기존의 연구들이 주로 중국, 미국, 일본, 구소련 등과 같은 국가에서 세대를 거쳐 거주하면서 국적을 취득하거나 혹은 국

1 세대를 구분하는 기준은 학자들에 따라 차이가 있다. 윤인진·임창규(2008)의 구분에 따르면, 1.5세대는 한국에서 태어나서 7세부터 18세 사이에 해외로 이주한 세대를 의미하며, 2세대는 6세 이전에 부모를 따라 이주하였거나 현지에서 출생한 경우로 구분하고 있다.

적과 관련하여 갈등하는 재외 동포 문제를 다루고 있다. 반면 대부분의 동남아시아 한인들은 다른 맥락에서, 또한 다른 여건을 가진 지역으로 이주한 경우이다. 대부분의 동남아시아 국가들이 공식적으로 이민을 받아들이지 않는 상황에서 한인들은 한국 국적을 유지한 채 장기체류하는 경우가 많다. 또한, 경제발전 수준이나 국제적 위상이 우리 나라보다 낮다는 점은 동남아시아 한인들의 현지 적응과 삶에 많은 영향을 미친다. 이처럼 동남아시아 한인에 관한 연구는 또 다른 유형의 재외 동포에 관한 연구라는 점에서 의미가 있다.

필리핀은 지리적으로 동남아시아 국가 중 한국과 가장 가까운 거리에 위치해 있으며, 과거 미국 식민지의 영향으로 영어를 사용할 수 있다는 이점 때문에 근래 매년 150만 명이 넘는 한국인이 방문하고 있다. 역사적 맥락 속에서 필리핀은 한국과 밀접한 관계를 맺어왔다. 특히 제2차 세계대전 이후 미국 주도 자유진영의 일원으로서 양국은 국제 사회의 파트너로 함께 활동하기도 했다. 한국전쟁이 발발했을 때 필리핀은 유엔군의 일원으로 참전하였으며, 전후에는 다양한 복구사업에 참여하기도 했다. 냉전 시대에 자유진영의 동맹국으로서 필리핀은 문화와 스포츠 등 다양한 분야에서 한국과 국가 간 교류를 이어왔다. 한편 1970년대 들어 한국은 급속한 경제 성장을 이룩한 반면, 필리핀은 경제가 제자리걸음 함에 따라 양국 간 경제력이 역전되고 그 격차가 커지면서 상호 간 인적 물적 교류 형태도 차츰 변화했다. 이후 한국은 필리핀을 주로 공산품을 수출하는 시장이자 저임금을 겨냥한 투자처로 인식하게 되었으며, 필리핀은 한국을 농산물을 수출하는 시장이자 저임금 노동력을 진출시키는 국가로 인식하게 되었다.

필리핀의 한인 수는 미미한 수준에 머물다가 1990년대 이후 급속히 증가하여 2010년대 들어서는 거의 10만 명에 육박하는 한인이 필리핀에 장기 거주하는 것으로 나타났다. 그동안 필리핀의 한인 사회에 관한 체계적인 연구는 거의 이루어지지 않았으며, 이는 그동안 한인 이주와 관련된 연구들이 주로 중국, 미국, 일본 등 주류 해외 한인 거주 국가들을 대상으로 삼아왔기 때문이다. 최근 한국인 해외 이주는 역사적 배경을 통해 이주한 중국이나 일본, 그리고 아메리칸드림을 찾아 이주했던 미국과 같은 지역 이외에도 다양한 지역으로 확산하고 있다. 이러한 시점에서 한인의 해외 이주와 정착에 대한 보다 포괄적인 시각을 가질 필요가 있다. 오늘날 필리핀을 포함한 동남아시아 지역은 우리 사회에 밀접하게 다가와 있다. 아세안ASEAN으로 대변되는 동남아시아 지역은 한국에 무역 규모로는 중국에 이어 2위, 투자처로는 미국에 이어 2위, 해외 건설 공사처로는 1위, 노동인력 교류처로는 중국에 이어 2위, 관광지로는 1위, 그리고 한류 파급력으로는 일본과 중국에 이어 3위를 차지하는 지역이다. 이러한 급속한 교류 확대는 단기 방문을 넘어 동남아시아 현지에 장기 거주하는 한인의 규모가 급속히 증가하는 추세로 나타나고 있다. 또한, 그 이주와 정착 형태도 기존 주류 이주국에서 나타나는 것과는 차이가 있다. 따라서 필리핀의 한인 이주와 정착에 관한 연구는 해외 한인들의 다양한 삶을 소개한다는 의미와 더불어 기존의 이주와 정착에 관한 이론들을 새롭게 조명해볼 수 있는 기회가 될 것이다.

이론적 차원에서 이주의 원인은 다양한 측면으로 설명된다. 인구학적인 불균형, 경제적 기대에 대한 개인의 합리성, 가족, 그리고 공동체의 생존전략, 제도적 원인으로 시장과 국가가 이주의 흐름을 추동하는 경우, 그리고 사회적 자본을 중심으로 이주의 원인을 설명하기도 한다(Castles 2002). 특히 이주 유형 중 국제 이주에 대한 이론은 주로 노동력 이동을 중심으로 논의되어왔다. 이들 중 '배출-흡입 이론'은 국제 이주가 이주 송출국과 수용국 간의 현존하는 불균형existing disequilibrium에 의해 형성되며, 결국 이주를 통해 균형이 회복된다는 것을 전제로 한다. 또한, 신고전주의 경제학the neo-classical economics에서는 개인의 이주 결정을 효용utility의 극대화나 복리 최대화를 위한 거주지 이전으로 설명한다. 한편 1980년대에 등장한 '이주의 신경제학the new economics of migration 이론'은 이주의 결정을 고립된 개인에 의해서 이루어지는 것이 아니라, 가족과 가계household와 공동체 등 보다 큰 단위의 행위자에 의해 결정된다고 주장한다. 보다 포괄적인 접근법인 이주체계법에 따르면, 이주 흐름은 국가들을 연결시키고 정치, 경제, 사회, 인구 차원의 국내 상황에 의해 발생하며, 또한 이주 흐름 자체에 의한 피드백과 조정이 이주에 영향을 미침을 강조한다(김용찬 2006: 92-96). 이상의 이론들이 내포하고 있는 기본 전제는 국제 이주가 주권국가의 경계를 넘는 이동을 의미함으로 개인의 합리성을 실현하기 위한 제도적 뒷받침, 즉 국가 간의 관계나 이주국의 이주에 관한 정책 등이 국제 이주에 지대한 영향을 미치고 있다는 것이다.

이주민의 사회적 적응과 파급효과, 그리고 이에 대응하는 정착지 국가의 이주민정책에 관한 다양한 논의가 이루어지고 있다. 이주민의 유입은 정착지의 사회적 관계, 문화, 정체성, 그리고 정치적 영역에서 변화를 낳는다. 따라서 정착지의 국가는 정책적으로 크게 동화정책, 차별적 배제정책, 그리고 다문화정책 등으로 나누어 이들의 적응 과정에 적용하고 있다. 오랫동안 이주민정책의 주류를 이루었던 동화정책이 이주민 유형의 변화와 현실적으로 동화가 이루어지지 않는 많은 사례를 경험하면서 1970년대 이후 다문화주의가 부상하였다. 그러나 이러한 이주민에 대한 정책은 국가 중심적 관점이며, 지구화globalization에 따른 초국가적 현상은 이주민정책에 새로운 환경을 제공하고 있다. 지구화의 특성은 경계성의 약화, 이동성의 증가, 일시적·순환적·반복적인 이주의 성장, 통신과 교통의 편의성 증가에 따라 초국가주의transnationalism 혹은 초국가 공동체transnational community 논의를 부상시키고 있다.

한편 그릭 쉴러Glick Schiller는 초국가주의를 "이주민들이 출신지와 정착지를 함께 연결하는 사회적 영역을 건설하는 과정"으로 정의했다(Kivisto 2001: 552 재인용). 키비스토(Kivisto 2001)는 초국가주의의 등장을 인간의 이주 패턴과 그와 관련된 사회적 변화로 설명한다. 즉 저개발 지역에서 안정적인 정치와 성공적인 산업화를 겪은 국가로 인적자본이 이동하면서 인종적 융합이 발생하고, 이주민 공동체가 형성되면서 초국가주의가 등장했다는 것이다. 초국가주의의 활성화 요인으로는 자본주의의 지구적 확산, 초국가적 비정부기구NGO의 성장, 탈민족적postnational 시민의 등장, 대중 문화의 융합 등을 꼽는다. 개인적인 위치가 초국가적인 사회적 회로에서 접촉점으로 작용하여 경계선을 가로지르는 사회적 구성 형태로 나타난다는 것이다. 초국가주의적 행태의 유형에 관하여 포르테스(Portes et al. 1999: 221)는 세 가지 유형으로 구분한다. 우선 '경제적 초국가주의'로서 다국적기업의 행태를 의미하며, 노동의 이동은 이에 포함하지 않았다. 둘째로 '정치적 초국가주의'로서 출신지와 정착지 모두에서 정치적 권력이나 영향력을 취득하기 위해 활동하는 사람들의 행태를 의미한다. 셋째로 '사회문화적 초국가주의'로서 출신지국외에 거주하며 민족 정체성 강화나 민족의 문화행사에 집단으로 참여하는 것과 같은 행태를 의미한다. 이주 후 정착 행태도 과거 19세기 말에서 20세기 초에는 주로 정착지의 문화, 경제, 정치에 흡수되었지만, 오늘날의 이주는 출신지의 네트워크를 정착지에 형성하여 국가적 경계를 넘어선다는 특징을 지닌다. 즉 출신지와 정착지라는 두 사회의 연계가 발생함에 따라 '초국가주의'와 '초국가적 이주민transmigrants'이라는 개념이 탄생하였다는 것이다.

포르테스(Portes 1997)에 따르면, 초국가적 이주자들은 경제적 성취와 사회적, 정치적 안정을 추구하고자 국가적 경계를 넘나들면서 밀도 있는 네트워크를 형성한다고 강조한다. 이러한 네트워크를 통해 점차 많은 사람이 이중적인 삶을 살아가고 있는데, 이들은 이중적 언어를 구사하며 다른 문화를 별 어려움 없이 소화해낸다. 이들은 두 국가에 두 곳의 거주지를 유지하고, 이 두 곳에서 정치적, 경제적, 문화적 이해를 추구하며, 이주자 출신국의 문제 개선에 적극적으로 반응하는 것으로 묘사된다. 초국가적 공동체의 구성원들은 오랫동안 지속되어온 민족주의적 정체성을 넘어 모순적이거나 유동적 정체성을 갖는다. 그리고 초국적인 개인과 집단들은 그들의 사회 환경을 변화시키거나 적응하기 위한 창조적 방법을 발견하고자 한다. 이들이 추구하는 바는 주로 정치적 또는 사회적 행동이 아니라 매일의 삶을 위한 전략이다. 그들의 삶의 전략은 국가적, 그리고 초국가적 사회 공간에서 발생하는 생존적 요소들이 함께 작용하고 있는 것이다(Castles 2002).

포르테스(Portes 2003: 875-880)는 출국의 맥락이 가혹하면, 이주자가 출신지의 어려운 상황에서 벗어나기 위해 이주를 선택한 경우라면 정착지 국가에 빠른 통합을 추구하며, 출신국과 관련된 활동에 관여하기를 꺼린다고 한다. 반면 출신지의 환경이 농촌이고 평화로운 경우 출신지를 위한 정치적, 시민적 활동에 적극적으로 나선다는 것이다. 또한, 이주민들이 분산되어 있고 두드러지지 않아 차별로부터 자유로운 경우에는 초국가적 행태를 나타내지 않지만, 정착지 국가와 사회가 이들에 대해 차별적이며 이주자들이 밀집되어 사는 경우 초국가적 행태가 나타난다고 한다. 초국가적 문화 활동이나 시민연합은 외부의 차별적 행태에 대한 위안처가 되며, 위협받는 개인의 존엄성을 보호하기 위한 저항의 자원이 된다는 것이다.

초국가주의적 행태는 이주민들의 이주와 정착과 관련된 맥락에서부터 출발한다. 이러한 이주의 맥락, 즉 이주의 근원과 경로, 그리고 정착에 영향을 주는 제도적 차원의 논의는 개별 이주자들의 초국가적 행태를 이해하는 거시적 관점을 제공할 수 있다. 지구화 시대인 오늘날 이주는 (민족) 국가가 여전히 중요한 역할을 차지하지만, 또한 사적인 많은 부분이 기업이나 가족 등 복잡한 체계 속에 포함된다. 이러한 비공식적 노력은 국가에 의해 이주의 행태가 적절히 통제될 수 없음을 통해 알 수 있다. 따라서 국가 내적 원인으로부터 세계체제와 같은 외적인 요인으로 관점을 전환하는 것이 필요하다. 이러한 관점의 전환에는 이주민의 적응이라는 점에만 초점을 맞출 것이 아니라, 이주와 다른 국제적 이동과의 관계, 즉 자본, 기술, 제도, 문화혁신 등과의 관계에도 초점을 맞추는 보다 거시적인 국제 정치경제적 접근이 요구된다고 볼 수 있다(Portes and Borocz 1989: 626).

한편, 재외 동포에 관한 연구에서 한인의 정체성 문제는 중요한 주제로 다루어진다. 이는 혈통을 기초로 한 단일민족성을 강조하는 한민족의 특성에 기인한다고 볼 수 있다. 개인에게 있어서 민족 혹은 국가 정체성은 다양한 측면에서 이해될 수 있다. 한국 사회에서는 혈통에 따른 종족집단의 성원 자격인 '민족' 개념과 정치적 공동체인 국가의 성원 자격인 '국민'을 사실상 동의어처럼 사용해

왔다(설동훈 2014: 280). 민족 정체성의 정의에 관해서는 다양한 논의가 있다. 윤인진(2000)은 민족 정체성을 한 개인이 어느 특정 민족 공동체에 소속되어 있음을 지각하는 것으로 본다. 김혜진(2008)은 민족 정체성이 주관적, 객관적 특징들을 바탕으로 자민족과의 동일화 과정과 타민족과의 상이점을 인식하는 과정을 통해서 형성되는 것으로 파악한다. 핀니와 옹(Phinney and Ong 2007)은 민족적 자기 동일시, 소속감, 자기 민족집단에 대한 태도, 그리고 사회적 참여와 문화적 관습 등이 민족 정체성을 구성하는 핵심 요소로 보고 있다. 이와 더불어 이석인(2015)은 민족 정체성과 문화 정체성, 즉 공통된 문화를 형성하고 공유하고 있다는 점과 연결하여 보고 있으며, 이를 바탕으로 한 개인이 특정 민족에 속한다고 느끼는 감정을 중요하게 봤다.

앤더슨(Anderson 2003)은 민족을 '상상의 공동체'로 묘사하여 동일한 혈통이나 역사 혹은 문화와 같은 객관적인 요소와 우리의식이라고 하는 주관적인 요소가 합하여 구성된 것으로 본다. 한편 홉스봄(Hobsbaum 1992)은 민족을 정치·문화적 엘리트들이 정치적 목적, 즉 체제 정당성을 얻기 위한 과정에서 나타난 파생물로 본다. 민족은 제도화된 정치체제인 국가를 통해서 보다 완전한 정치공동체를 형성하고, 국가는 제도를 통하여 구성원들에게 국민이라는 새로운 정체성을 부여한다. 개인에게 있어서 민족 혹은 국가 정체성은 절대적인 것이 아니라 자신의 정체성을 구성하는 많은 요소 중 하나일 뿐이다. 즉 개인은 민족 혹은 국가 정체성 이외에도 출신

지나 직업 혹은 계층과 같은 다양한 집단 정체성을 가진다. 초국가주의 시대인 오늘날 민족 혹은 국가 정체성은 새로운 국면을 맞이하고 있다. 즉 이중 혹은 다중국적이 존재하고, 사회적 공간 개념이 국가의 범위를 넘어 존재하기 때문이다. 한국은 2011년부터 국적법을 개정하여 '단일국적주의'를 파기하고 '복수국적주의'를 부분적으로 도입했다(설동훈 2014: 280). 한편 필리핀은 2003년 RA9225를 통해 이중국적 취득에 관한 법률을 공포하여 시행하고 있다. 이처럼 다변화되는 민족 혹은 국가 정체성에 대한 논의는 주로 해외 동포들에 대한 연구에서 살펴볼 수 있다.

해외 한인의 정체성 문제는 이주지 삶의 공간에서 가지게 되는 민족 정체성을 의미한다. 유사한 개념으로서 디아스포라 민족 정체성은 자신이 속한다고 가정하는 국민국가의 공간을 벗어나서 생활하면서 만들어진 민족 정체성을 의미한다. 이는 자신이 거주하는 공간의 환경과 그 속에서 자신이 처한 정치적, 사회적 상황에 따라 다르게 나타난다. 이러한 디아스포라 정체성의 특징을 데이비드 허다트David Huddart(2011: 146)는 '혼종적 정체성'으로 설명한다. 혼종적 정체성은 어느 곳에서도 고향처럼 편안하게 있을 수 있는 기괴하면서도 낯선 능력을 특징으로 한다. 그런데 이 능력은 절대로 고향을 갖지 못하는 짐이 될 가능성도 있다. 한편 홍태영(2011: 353)의 '탈주체화' 개념도 해외 이주민 정체성의 일면을 보여준다. 탈주체화는 고정된 정체성 혹은 고정된 주체가 아니라 끊임없이 생성되는 정체성과 주체의 형성을 의미한다. 국가 권력에 의해 주어진 정체성의 틀에서 벗어나 또 다른 위치와 관계들 속에서 새로운 정체성과 주체를 창조해가는 것이다.

이처럼 해외 한인들은 이주지에서 자신이 처한 사회적 위치성에 따라 자신의 정체성 또한 변화하며, 그 사회적 위치성은 이주 과정을 통해 형성되는 공적, 사적인 지역적 공간과 역할의 변화에 따라 만들어진 사회적 관계성을 의미한다. 특히 본국에서 형성된 이들의 과거 정체성은 정착지의 상황과 조건에 따라 적응하고 변화하는 양상을 나타낸다(박신규 2008: 51). 전 세계에 흩어져 있는 해외 한인의 정체성은 그들의 시공간적 기반의 차이에 따라 다양한 모습을 띠게 된다. 이들은 양쪽 사회의 가장자리에 위치하여 양쪽 사회 모두에서 내적 구성원으로서의 위치를 점유하고 있지 않다. 그러나 이들은 양쪽 사회 모두에서 연결점을 가지고 있으며 지속해서 양쪽 사회에 그들의 위치를 생성하고 조정해 나가려 한다(남혜경·김영순 2018: 668).

한인의 필리핀 이주에 관한 국내연구는 아주 제한적으로 존재하며(김동엽 2009; 김민정 2014, 2015; 박정현·김동엽·리노바론 2015), 이들 또한 특정 유형의 이주와 특정 부류의 이주를 다루고 있어서 필리핀 한인 사회 전반을 이해하는 데에는 부족하다. 김동엽(2009)의 연구는 한인들의 필리핀 은퇴 이주에 관한 내용을 다루고 있으며, 이는 한국 사회가 노령화되면서 노년기를 보낼 은퇴지로써 필리핀의 환경과 여건 등을 현지 사례를 통해 소개하고 있다. 한편 김민정(2014)의 연구는 한인의 필리핀 이주 초기 세대라고 할 수 있는 한인 결혼 이주자, 특히 1950년대 필리핀 남성과 결혼하여 필리핀에 정착한 한국 여성의 삶을 인터뷰를 중심으로 소개한 내용이다. 박정현·김동엽·리노바론(2015)의 연구는 한국과 필리핀의 교류사 전반을 정치, 경제, 사회, 문화로 나누어 포괄적으로 다루고 있으며, 필리핀 한인 사회의 역사적 맥락을 살펴볼 수 있다. 하지만 필리핀 한인 사회 내부의 구성과 분화와 같은 내용을 다루지는 않았다. 한편 외국 문헌으로서 필리핀 한인 사회의 형성 과정과 특성을 시대별로 구분하여 소개한 글인 카츠미(Kutsumi 2007)의 연구가 있다. 카츠미의 연구는 한인들이 필리핀에 본격적으로 진출하기 시작한 1970년대 이후 필리핀 내 한인 사회 조직이 어떻게 구성되고 분화되는가를 소개하였다. 그러나 카츠미의 연구는 주로 필리핀 현지 한인 사회의 구성과 분화에만 초점을 맞추었으며, 이주의 맥락이나 이에 따른 구성원들의 분화 등 필리핀 한인 사회를 이해할 수 있는 포괄적인 관점을 제시하지는 못했다.

이러한 기존 연구가 미비한 가운데, 본 저서에서는 필리핀에 정착해 사는 한인들의 진솔한 삶을 통해 한인의 필리핀 이주의 역사와 맥락을 이해하고, 더불어 정체성이란 개념을 중심으로 이주 시기와 맥락에 따라 떠나온 한국에 대한 이주민들의 인식 차이를 살펴보았다. 다음 장에서는 필리핀으로 한인들이 이주하게 된 배경을 이해하기 위해 국가 간 이주에 영향을 줄 수 있는 한국과 필리핀 관계 변화를 간략히 살펴보고, 한인의 필리핀 이주사를 시기별로 소개하였다. 그동안 필리핀의 한인 이주사는 제대로 정리된 것이 없어서 다양한 자료들을 수집하여 정리하고, 필리핀 이주민들의 인터뷰 내용을 통해 보완하였다.

필자는 다양한 필리핀 거주 한인들을 만나 인터뷰를 하면서 저들이 타국인 필리핀으로 이주하여 오랜 기간 적응하여 살아온 인생 여정이 아주 특별하며, 이 이야기를 남기고 싶어 한다는 느낌을 받았다. 어떤 이들은 필리핀 한인 사회가 조직되고 운영되어온 지 50여 년이 넘었는데도 불구하고, 필리핀 한인 이주사가 제대로 정리되어 있지 않다는 점에 대해 안타까움을 표현하기도 했다. 본 저서는 필리핀 한인 이주사를 제대로 정리하고 있다고 보기 힘들다. 그러나 향후 보다 체계적인 계획을 수립하여 필리핀 한인 이주사를 집필할 때 참고할 수 있을 것이다. 특히 초창기 필리핀에 이주한 한인들이 점차 사라져가고 있는 시점에서 이들의 이야기를 남기는 것은 중요한 의미를 가질 것이다. 따라서 이들의 생애사 인터뷰 내용은 분석 목적에 맞추어 일부를 발췌하여 인용하는 방법보다는 되도록 상세하게 전달하는 것에 더 큰 의미를 두었다.

본 저서에서 소개하는 생애사 인터뷰 내용은 독자들의 주관적인 해석이 요구된다. 일반적으로 사람은 자신의 삶을 미화하고 과장하려는 성향이 있다. 이러한 특성은 생애사 연구 분야에서 많은 논의가 이루어지고 있다. 본 저서에서는 필리핀 한인이 진술한 자신의 생애사 이야기에 대한 진실성 여부는 논외로 하였다. 시대적 맥락이나 상식 수준을 벗어나지 않는 한 자신의 삶에 관한 이야기를 그대로 기록했다. 독자들은 이러한 점을 참작하여 본 저서에 기록된 인터뷰 내용에서 '객관적 진실'을 구하기보다는 이주민들이 자신의 삶을 기억하고, 또한 진술한 '주관적 진실'에 초점을 두고 읽기 바란다.

2020년 초에 전 세계로 번진 코로나19 사태는 필리핀 한인 사회에 큰 충격을 주었으며, 또한 많은 한인이 스스로 혹은 타의에 의해 필리핀 생활을 접고 귀국하는 경우도 있었다. 필리핀의 코로나19 사태는 한국보다 심각하여 2020년 9월 10일 기준 바이러스 확진자가 24만 8,947명으로 집계되었으며, 연일 수천 명씩 확진자가 발생하고 있다. 제한된 국가 역량과 대도시 밀집형 주거 형태 등 효율적으로 전염병을 통제할 수 있는 체계를 갖추기 어려운 상황에서 도시 봉쇄 및 통행 제한 등과 같은 극단적인 처방에 의지하고 있다. 그러나 이와 같은 경제 활동 제한은 많은 국민의 생계를 위협하는 결과를 낳아 지속하기 어려운 상황이다. 이러한 사회적 위기 상황에서 필리핀 정부는 자국민을 보호하는 정책이 우선시될 수밖에 없을 것이다. 필리핀 정부는 코로나19 바이러스가 필리핀에 번지기 시작한 2020년 2월 말에 수도 마닐라 봉쇄정책을 세우고 실시 이전에 모든 외국인은 필리핀을 떠날 것을 권고했다. 필리핀 이주 한인들이 한국 국적을 유지한 채 외국인 신분으로 필리핀에 거주하는 경우가 대부분이기 때문에 코로나19 사태는 필리핀 한인 사회를 새롭게 조명해보는 계기가 될 것이다. 이는 전 지구화의 흐름 속에서 급속히 성장한 필리핀 한인 사회가 뉴노멀new normal로 지칭되는 비대면·반지구화 현상으로 인해 향후 어떻게 변화될 것인가를 살펴볼 수 있는 계기가 된다. 본 저서에서는 코로나19 사태가 발생한 후 몇 개월이 지난 시점까지의 필리핀 한인 사회의 동향을 다양한 소셜 미디어social media를 통해 얻은 정보를 소개하고자 한다. 이를 통해 그동안 급속히 성장한 필리핀 한인 사회의 본질을 되돌아보고, 미래의 필리핀 한인 사회가 어떠한 모습을 띠게 될지에 관한 생각을 담았다.

1장

필리핀 한인 사회
형성 배경

1. 한국과 필리핀, 전우에서 동반자로

한국과 필리핀은 지리적으로 근접해 있을 뿐만 아니라 냉전 시대 미국을 중심으로 한 자유진영의 일원으로서 친밀한 관계를 지속해 왔다. 필리핀은 유엔군의 일원으로 한국전쟁에 참전하였으며, 이는 양국 간 혈맹 관계의 초석이 되었다. 최근 한류의 영향으로 필리핀에서 한국에 대한 이미지는 대단히 긍정적이지만, 한국인의 필리핀인에 대한 이해는 여전히 부족하고 인식 수준 역시 여전히 낮다. 본 절에서는 한인의 필리핀 이주의 맥락을 제공한 한국과 필리핀 양국 간 정치·안보 관계, 경제 관계, 그리고 사회·문화 관계를 간략하게 살펴보았다.

기록상의 추론에 따르면, 한국과 필리핀 간 접촉의 역사는 6세기 흑치상지黑齒常之와 8세기 장보고가 필리핀과 접촉한 것으로 보이고 이후 간헐적으로 기록에 나타나 있다. 필리핀 측 문헌기록(Philippine Islands, 1493-1898)에 따르면, 한국이 최초로 등장하는 것은 1592년 이후이며, 특히 임진왜란 당시 일본에 끌려간 조선인 중 기독교도가 된 토마스Tomas의 행적에 관한 기록은 한국의 기독교 역사에 중요한 시사점을 제공하고 있다.

한국(조선)의 『조선왕조실록』에 필리핀(여송)이 처음 등장하는 것은 1807년(순조 7년)이며, 제주 목사 한종원이 표류한 필리핀인 처리에 관해 상소한 내용이 있다. 이에 앞서 흑산도 홍어장수 문순득文順得은 1801년 해상에서 표류하여 오키나와(유구)를 거쳐 필리핀에 도착했으며, 그곳에서의 경험은 이후 정약전의 『표해시말漂海始末』에 자세히 기록되어 있다. 문순득으로 인해 제주도에 표류한 사람들이 필리핀인임을 알게 되었고, 그가 그들의 통역을 담당하기도 했다.

이후 세계열강들에 의해 식민지 분할이 이루어지던 시기 한국과 필리핀은 1905년 미국과 일본이 조인한 태프트-카츠라 밀약Taft-Katsura agreement에 의해 각각 일본과 미국의 세력권에 포함되게 되었다. 이후 한국은 일본의 식민지로 전락하였으며, 필리핀은 미국에 의해 본격적인 식민통치가 시작되었다. 이 밀약은 일본이 태평양전쟁을 발발함으로써 폐기되었고, 한국과 필리핀은 전장에서 만나는 처지가 되었다. 일본군의 일원으로 제2차 세계대전에 참전하여 필리핀에서 활동했던 홍사익은 전후 필리핀에서 개최된 전범재판을 통해 사형선고를 받고 처형되기도 했다. 한편 안창호 선생은 일제강점기 치하 조국을 떠나 고통받는 동포들의 새로운 정착지로써 필리핀을 염두에 두고, 이를 실현하기 위해 필리핀을 방문하여 필리핀 당국자와 논의한 기록도 있다.

이상과 같은 제한된 정보를 통해 보면 자주적인 근대국가가 수립되기 이전에 한국과 필리핀의 관계는 간접적이며 외부에 종속되었다는 특징을 가졌다고 볼 수 있다. 그동안 한국과 필리핀의 교류역사를 깊이 있게 연구한 역사가가 없었기 때문에 고대 교류사는 대부분 추론 수준에 머물러 있다. 그리고 문헌에 나타난 양국 간 교류의 흔적들도 역사 연구의 관점에서 체계적으로 정리하여 기록할 필요가 있다고 본다. 19세기 초 필리핀의 생활 모습을 한국에 최초로 알린 문순득의 이야기나 전후 전범재판을 통해 처형당한 홍사익의 일화는 일부 대중들에게도 알려졌지만 보다 체계적인 연구를 통해 역사적 의미를 도출해볼 필요가 있다.

1) 정치·안보협력

필리핀은 제2차 세계대전 후 유엔한국위원회UNCOK의 일원으로 한국 문제에 깊이 관여하였으며, 1948년 대한민국 정부가 수립되었을 때 최초로 이를 인정한 국가 중 하나다. 필리핀의 한국전쟁 참전은 양국 관계의 중요한 전기가 되었으며, 라모스Fidel Valdez Ramos 전 대통령과 아키노Benigno Aquino 전 상원의원 등 필리핀의 저명한 인사들이 한국전쟁을 직접 경험하기도 했다. 한국전쟁에 파병된 필리핀군은 총 7,420여 명이며, 이들 중 전사자 116명, 실종자 16명, 그리고 부상자 299명 등의 인명 손실을 낳았다.

한국과 필리핀은 1954년 11월 11일 양국에 공사관을 설립함으로써 공식적인 외교 관계 채널을 열었으며, 1958년 2월 1일 양국의 공사관을 대사관으로 승격시켰다. 에드가르도 퀸테로Educardo Quintero가 필리핀 초대 대사로 취임하였고, 한국에서는 김훈을 초대 대사로 파견하였다. 이로써 필리핀은 미국, 영국, 터키, 타이완, 베트남에 이어 여섯 번째로 한국대사관을 개관한 국가가 되었다. 1960년 11월에 필리핀 외교부 장관이 한국을 방문하여 한국과 필리핀 간에 최초 협약인 「상호 비자요금면제협정」을 체결하였으며, 이에 대한 답방으로 1961년 2월 한국 외교부 장관이 필리핀을 방문하여 최초 「무역협정」에 조인하였다.

한국과 필리핀은 냉전체제하에서 미국이 주도하던 자유진영의 일원으로 양국 관계보다 다자간 협의체 안에서 협력 관계를 유지하였다. 대표적으로 양국은 아시아반공연맹Asian People's Anti-Communist League, 아시아의원연맹Asian Parliamentarian's Union, 아시아·태평양 각료이사회Asian and Pacific Council의 회원국으로 함께 활동하였다. 한국과 필리핀은 베트남전쟁에도 참여하였는데, 한국은 전투병을 포함해 연인원 약 30만 명을 파병하였고, 필리핀은 공병부대원combat engineers 약 2천여 명을 파병하였다. 박정희 대통령은 베트남전쟁 참전국 7개국 정상회담을 한국에서 개최하자고 제안하였으나 필리핀 마르코스Ferdinand Marcos 대통령이 우월한 외교력을 발휘하여 1966년 10월 21일 마닐라에서 본 회담을 개최하였다. 박정희 대통령이 이 회의 참석차 필리핀을 방문함으로써 한국 정상으로는 최초로 필리핀을 방문한 대통령이 되었다.

1972년 미국의 닉슨Richard Nixon 대통령이 중국을 방문함으로써 냉전체제하에서 활발히 진행되었던 국제적 반공연맹 활동이 중단되었다. 1972년 9월 23일 필리핀 마르코스 대통령은 계엄령을 선포했고, 같은 해 10월 17일에는 한국의 박정희 대통령도 계엄령과 유신헌법을 공포함으로써 양국 모두 독재체제로 전환되었다. 독재체제하에서 양국은 이렇다 할 외교적 교류가 없었다. 1980년 전두환 대통령은 아세안Association of Southeast Asian Nations, ASEAN 5개국 순방길에 필리핀을 방문하여 마르코스 대통령과 환담을 나누었으며, 두 대통령의 정치적 라이벌이었던 김대중과 니노이 아키노Ninoy Aquino Jr.는 망명 중이던 미국에서 상호 친분을 쌓기도 했다.

1983년 마르코스 대통령이 의회 정상화를 위해 선거를 시행한다고 공표함에 따라 야권의 선거를 독려하기 위해 귀국길에 올랐던 니노이 아키노 전 상원의원이 마닐라 공항(현 니노이 아키노 국제공항, NAIA)에서 암살당하는 사건이 발생했다. 암살자의 배후는 끝까지 밝혀지지 않았지만, 이 사건은 마르코스 독재정권의 잔혹성을 백일하에 드러내는 사건이었다. 이 사건을 계기로 필리핀 민주화운동은 큰 물결을 이루었으며, 결국 1986년 2월 시민혁명People Power을 통해 마르코스 독재정권이 붕괴되었다. 이 당시 황색 바람으로 대변되는 필리핀 민주화운동의 결실은 한국 민주화운동을 고무하였으며, 결국 1987년 6월 한국이 민주화를 성취하는 밑거름이 되었다.

민주화 이후 양국 간에 더욱 긴밀한 정치적 공조가 이루어졌다. 특히 1993년 5월 25일에 「범죄인 인도조약」이 체결되고, 1996년 11월 30일부터 발효됨에 따라 필리핀은 탈북인사들이 외교적 마찰을 피하기 위한 제3국 경유지가 되었다. 이에 따라 1997년 3월 중국을 통해 탈북한 북한 정부의 최고위급 황장엽이 중국과의 외교적 마찰을 피해 필리핀을 거쳐 한국에 입국할 수 있었다.

양국은 1994년 5월 24일 「방산·군수 산업에 관한 양해각서」를 체결하였으며, 이후 한국-필리핀 방산·군수 협력위원회 회담을 지속적으로 개최함으로써 상호 안보협력을 강화하였다. 이러한 협력 관계는 2014년 3월 필리핀이 한국산 F-50을 필리핀 차세대 공군 주력기종으로 채택하는 결과를 낳았다. 필리핀은 난사군도Spratly Islands를 두고 중국을 포함한 주변국들과 영유권 분쟁을 겪고 있으며, 한국은 독도와 이어도의 영유권을 두고 각각 일본, 중국과 갈등하고 있는 상황에서 상호 간 방위협력을 강화할 여지가 많다. 또한, 양국 간에는 활발한 정상외교가 이루어지고 있으며, 필리핀은 북한의 비핵화와 평화적 통일에 관한 한국 정부의 입장을 국제 사회에서 지속적으로 지지하고 있다. 양국 간의 정기적인 정책협의 기구로는 차관급이 주재하는 한국-필리핀 정책자문회의Korea-Philippine Policy Consultation Meeting가 있다.

2) 경제협력

정치적 관계와는 달리 1960년대 말까지 한국과 필리핀 간의 경제교류는 미미한 수준에 머물러 있었다. 양국 간에 맺은 최초의 경제 관련 협정은 1961년에 체결한 「무역협정」이었다. 당시 필리핀은 주로 한국의 전후 복구물자와 가구산업에 필요한 목재 등을 수출하였고, 한국에서는 일부 인삼 제품을 수출하기도 하였다. 1960년대 말부터 경제발전이 본 궤도에 오른 한국이 본격적으로 세계시장을 개척하기 시작하면서 수출 수요가 많지 않았던 필리핀을 그 대상에서 제외함으로써 양국 간의 경제교류는 활성화되지 못했다. 1970년대 한국은 유럽, 남미, 일본을 포함해 다양한 국가들과 무역협정을 맺어 수출을 촉진하였지만, 필리핀을 주요 수출국으로 간주하지는 않았다.

한국의 급속한 경제 성장으로 인해 1970년대 중반부터 한국과 필리핀 간 경제적 격차가 벌어지기 시작했다. 필리핀은 1970년에도 한국에 주로 원목과 당밀, 설탕, 마닐라삼Manila hemp, 동, 그리고 기타 원자재를 수출한 반면, 한국은 필리핀에 주로 공산품을 수출했다. 1982년부터는 한국과 필리핀의 무역수지가 역전되어 한국이 무역수지 흑자를 기록하기 시작했다. 1980년대 이후 한국과 필리핀의 경제 관계는 단지 무역 부문에 머무르지 않고 기술협력과 투자협력 분야로 확대되었다. 양국은 1983년에 「경제 및 기술협력에 관한 협정」을 체결하였으며, 1986년에 「이중과세방지협정」, 그리고 1994년에 「투자의 증진 및 보호에 관한 협정」을 체결하였다. 1980년대 중반 이후 한국의 제품과 자본, 그리고 인력의 필리핀 진출이 급속히 증가하였으며, 특히 1990년 필리핀의 경제자유화정책과 맞물려 양국 간 무역 규모가 급속히 증가하였다.

한편 필리핀 정부는 한국으로의 자국민 노동자 송출에 지대한 관심을 표명하고 있다. 1984년부터 한국으로 노동자를 파견하기 시작한 필리핀은 1990년대 이전 한국 내 외국인 노동자를 가장 많이 파견한 국가였다. 한국 정부는 1990년대부터 중소기업의 인력수급난을 해소하기 위해 공식적으로 외국인 노동자를 '외국인 산업 연수생' 명목으로 받아들이기 시작했으며, 이를 보완하여 2004년부터는 '고용허가제'를 도입하였다. 이에 따라 양국은 2004년 인력파

표 1 한국-필리핀 수출입 현황

(단위: 백만 달러)

	2012	2013	2014	2015	2016	2017
총교역액	11,495 (5.4)	12,489 (8.6)	13,364 (7.0)	11,570 (△13.4)	10,507 (△9.2)	14,295 (△36.2)
수출	8,211 (11.9)	8,783 (7.0)	10,032 (14.2)	8,318 (△17.1)	7,278 (△12.5)	10,593 (△45.6)
수입	3,284 (△8.0)	3,706 (12.9)	3,331 (△10.1)	3,252 (△2.4)	3,229 (△0.7)	3,702 (△14.9)
무역수지	4,927	5,077	6,701	5,066	4,049	6,891

자료: 한국무역협회

견에 관한 양해각서에 조인하였다. 고용허가제 명목으로 한국에 와서 일하는 필리핀 노동자들은 매년 갱신해야 하는 고용계약과 함께 고용주와의 불평등한 계약조건으로 인한 불이익이 많음을 지적하고 있다. 한편 한국은 급속한 경제 성장에 따라 1987년에 대외경제협력기금Economic Development Cooperation Fund, EDCF을 설립하여 국제개발 원조를 추진하였는데, 1991년 이래 필리핀은 한국의 공적개발원조Official Development Assistance, ODA의 주요 수혜국 중 하나다.

한국과 필리핀의 교역액은 2010년 이래 100억 달러를 상회하고 있으며, 2014년과 2017년은 대필수출액이 100억 달러를 초과하였다. 2017년 한국은 일본, 미국, 중국, 싱가포르에 이어 필리핀의 5대 교역국(수출 7위, 수입 4위)이며, 필리핀은 한국의 18대 교역국(수

표 2 한국 기업의 대필리핀 투자 현황

(단위: 천 달러)

구분		2014	2015	2016	2017	누계
대필투자	건수	209	179	200	214	4,474
	금액	124,837	216,730	182,406	577,526	5,405,469
신규 현지법인 수		40	41	52	48	1,650

자료: 수출입은행

출 11위, 수입 28위)이다.

한국의 필리핀 투자는 전기, 전자, 섬유, 조선뿐만 아니라 사회간접자본SOC 건설에 이르기까지 다양한 분야로 확대되고 있다. 필리핀은 신고 건수(진출기업 수) 기준 우리 나라의 투자 대상국 순위 11위(베트남, 미국, 중국, 일본, 홍콩, 인도네시아, 인도, 싱가포르, 케이맨 제도, 태국, 필리핀 순)에 해당한다. 한국 기업의 對필리핀 투자는 2017년 누계로 따지면 총 4,485개 회사, 54억 달러에 달하지만, 사업을 유지하는 투자기업의 수는 약 400여 개 업체로 추정된다.

오늘날 필리핀에는 한진중공업, 현대자동차, 삼성전기, LG전자 등 한국의 주요 기업들이 진출해 있으며, 한진중공업은 보니파시오 지역에, 삼성전기 생산법인은 라구나 지역에서 사무소를 운영하고 있다. 소매업의 필리핀 진출도 활발해지고 있으며 미스터피자(MPK 그룹)는 2015년 9월 마닐라 마카티에 소재한 그린벨트 쇼핑몰에 1호점을 개점, 2017년에 4호점까지 오픈했다. ㈜건화는 세부 간선

버스시스템Bus Rapid Transit System 프로젝트를 단독으로 수주해 32개월 동안 설계(8개월), 감리(24개월) 업무를 세계은행World Bank 재원으로 수행하고 있다. 온라인 쇼핑이 점차 활성화되면서 2013년 CJ O-쇼핑이 현지에 지점을 설립하면서 홈쇼핑 프로그램으로 활발하게 활동하였으나, CJ 해외 홈쇼핑 사업 전반의 경영 악화로 2020년 철수하였다. 2014년 필리핀 은행법이 개정되면서 외국 기업에 은행 시장을 개방하게 되었으며, 이에 따라 2015년 이후 기업은행(마닐라), 신한은행(마닐라), 우리은행(세부)이 필리핀 지점을 설립하고 영업을 개시하였다.

제조업과 건설업을 중심으로 휴대폰, 보안장비 등의 소프트웨어 개발사R&D, 아웃소싱 회사BPO, 소매업 등이 필리핀의 풍부한 자원과 저렴한 임금 및 영어 구사가 가능하다는 이유로 진출하고 있다. 1980~2016년 동안 업종별 투자 비중(금액 기준)은 제조업이 54.2퍼센트로 가장 높으며, 관광·요식(8.8퍼센트), 부동산(7.9퍼센트), 전기·가스·수도(7.3퍼센트), 건설(5.3퍼센트), 금융(3.4퍼센트) 순으로 나타난다.

3) 사회·문화 교류

1970년까지 한국과 필리핀의 사회·문화 교류는 주로 민간차원이나 국제기구를 통한 다자간 활동이 주를 이루었으며, 국가 차원의 양자 간 교류는 크게 이루어지지 않았다. 양국 간에 문화와 예술,

그리고 과학 분야의 증진과 발전을 위해 우호적 협력을 다지자는 취지의 「문화협정」이 1970년 8월 8일 최초로 체결되었으며, 1973년 4월 27일부터 발효되었다.

1989년 한국의 해외여행자유화정책 실시 이후 많은 한국인이 필리핀을 방문하게 되었으며, 필리핀 정부도 1990년 필리핀관광청 한국사무소를 개소하여 한국인 관광객 유치에 적극적으로 나서게 되었다. 1990년대 이후 필리핀 내에서 분야별로 다양한 종류의 한국인 단체들이 나타나기 시작하였고, 이에 따라 한국 음식과 태권도와 같은 한국 문화가 급속히 전파되었다. 또한, 이때부터 한국국제협력단KOICA이 필리핀에 자원봉사자들을 파견하여 활동하기 시작했다.

1990년대 들어 외국인 산업 연수생 신분으로 한국에 입국하는 필리핀 노동자들 수가 급속히 증가하면서 필리핀 노동자들을 중심으로 다양한 공동체 모임이 서울의 성수동, 자양동, 그리고 왕십리 등에서 생겨나기 시작했다. 최초의 필리핀 커뮤니티 모임은 게리 마티네즈Gary Martinez의 인도 아래 1991년 왕십리의 한 가정집에서 출범하였는데, 여기에서 한국어도 배우고 직장에 관한 정보도 교환하였다. 일부 필리핀 이주민들은 1992년부터 자양동 성당에서 미사를 드리기 시작했으며, 게리 마티네즈가 그가 이끄는 그룹을 데리고 자양동 성당으로 들어오면서 '자양동 필리핀 커뮤니티'가 조직되었다. 당시 대부분의 필리핀 노동자들은 불법체류자라는 불안정한 신분이었으며, 이들은 매주 함께 모여 미사를 드리고 운동도 하고, 또한 『삼파기타Sampaguita』(재스민류의 필리핀 국화)라는 뉴스레터를 발행하기도 하였다.

필리핀 이주민 수가 증가함에 따라 자양동 성당의 미사 장소가 비좁아지자 1996년 12월 가톨릭 서울교구의 도움으로 현재의 혜화동 성당으로 이전하게 되었으며, 글랜 지오바니 하론Glenn Giovanni Jaron 신부가 부임하면서 1998년 3월 '혜화동 필리피노 커뮤니티'가 출범했다. 또한, 하론 신부는 혜화동 성당 근처에 필리핀 이주민을 위한 가톨릭 센터를 개소하였으며, 이곳이 필리핀 이주민들의 중심 활동무대가 되면서 '혜화동 커뮤니티' 혹은 '필리피노 커뮤니티' 라고 불렀다. 매주 일요일에는 가톨릭 센터 인근 거리에 소위 '작은 마닐라 비즈니스 협회Little Manila Business'가 주최하는 거리시장이 열리는데, 혜화동 성당에서 동성고등학교까지 약 100미터에 이르는 각종 필리핀산 물품들과 음식들을 판매하는 노점상들이 즐비하게 들어선다. 1990년대 이후 한국 내 필리핀 이주민의 수가 급증하면서 각종 필리피노 공동체가 조직되었다. 2019년 현재 필리핀 대사관에 등록된 단체들만 해도 전국적으로 총 93개나 되며, 이 중 33개는 종교단체와 연관되어 있고, 60개는 시민단체이다.

1990년대 말부터 필리핀 이주민의 유형이 노동 이주에서 결혼 이주로 변하는 모습을 보였다. 이는 한국 정부의 세계화정책과 2000년대 들어 수많은 한국인이 필리핀을 방문하면서 필리핀 내에서 한국에 대한 이미지가 높아진 데 원인이 있으며, 더불어 한국 내에서 국제결혼에 대한 수요가 급속히 증가한 것도 또 다른 원인이다. 한국통계청에 따르면, 2000년까지 필리핀 국민과 결혼한 한국인 수가 총 1,176명에 불과했지만, 2011년부터는 그 수가 매년 2,000명이 넘는 것으로 나타났다. 한국인 남자와 결혼하는 필리핀 여성의 수는 중국인과 베트남인에 이어 세 번째를 차지하고 있다. 2012년 기준으로 한국에 사는 필리핀 국적 인구수는 총 4만 2,219명이며, 이들 중 40.15퍼센트는 단순노동자이고, 14.11퍼센트는 결혼 이주자인 것으로 조사되었다. 1996년에 한국인과 결혼하여 이주한 후 귀화한 이자스민은 외국인 최초로 제19대 대한민국 국회의 국회의원이 되었다.

한편 1990년대 이후 필리핀을 방문하는 한국인의 수가 급속히 증가하여 2012년부터는 매년 100만 명이 넘는 것으로 나타났다. 이들의 방문목적도 여행, 훈련, 어학연수, 유학, 사업 등 다양하다. 필리핀 정부는 국내 실버산업을 증진시키기 위해 외국인 은퇴자들에 대한 특별영주비자Special Resident Retiree's Visa, SRRV를 발급하고 있으며, 35세 이상이면 누구나 지원할 수 있다. 본 비자는 출입국은 물론 현지에서의 합법적인 활동을 위한 많은 혜택이 부여되기 때문에 많은 한국인이 이를 취득하고자 하고 있다.

2000년대 이후 필리핀 내 한국 커뮤니티 조직과 활동이 더욱 체계화하여 활발하게 진행되고 있으며, 2009년 3월 1일에는 대한민국 교육부가 인정하는 한국인을 위한 정규 국제학교가 마닐라에 설립되었다. 또한, 한국 문화를 필리핀에 더 효과적으로 알리기 위해 2011년 7월 한국문화원이 마닐라에 문을 열었다. 2004년 〈겨울

연가〉를 시작으로 한국 드라마가 필리핀에서 큰 인기를 끌게 되면서 한국 제품, 한국 음식, 그리고 K-Pop 등이 필리핀 대중들의 사랑을 받게 되었다. 이러한 흐름을 타고 한인 1.5세대들의 필리핀 주류 사회 진출이 눈에 띄게 증가하였다. 대표적으로 산다라 박은 필리핀 최대 방송 채널인 ABS-CBN에서 개최한 한 오디션 프로그램을 통해 데뷔하였으며, 현재는 한국의 대표 여성 그룹 2NE1에서 활동하고 있다. 이와 같은 한류 여파로 필리핀 젊은 층 사이에 한국에 대한 긍정적인 이미지가 상당히 높아진 것으로 나타난다.

2. 필리핀을 향한 한인의 발자취

1) 낯선 필리핀을 만나다—1900년 이전

한인의 필리핀 접촉에 관한 고대의 역사는 논란의 여지가 있지만, 일부 사료와 연구를 통해 약 6세기, 즉 삼국시대까지 거슬러 올라간다. 이를 뒷받침하는 사료로는 중국 허난성 뤄양시 북망산에서 출토된 비석 '흑치상지묘지명黑齒常之墓誌銘'이 있으며, 이는 백제시대 왕족인 흑치상지 가문의 내력을 밝히고 있다.[1] 이 비문에는 "부군府君의 이름은 상지常之이고, 자字는 항원恒元이며 백제인百濟人이다. 그

1 흑치상지에 관한 상세한 내용은 이도학(1991: 34-35)의 연구를 참조하시오.

선조는 부여씨扶餘氏에서 나와 흑치黑齒에 봉封해졌으므로 자손子孫이 인因해 씨氏를 삼았다"고 나와 있다. 여기서 흑치상지의 선조는 부여씨 왕족이었음을 알 수 있다. 그리고 흑치의 위치를 지금의 필리핀으로 추정하는 주장이 있다.[2]

요컨대 백제 왕실이 흑치상지의 선조를 흑치에 봉했고, 이런 분봉은 영역적 개념이 수반된 것이므로 백제의 해외 거점과 연결 지을 수 있다. 좀 더 면밀한 역사적 고증이 필요하지만, 흑치상지의 선조부터 필리핀과 밀접한 관련이 있었음을 추측할 수 있다. 이런 주장에 대한 증거로 일부 흥미로운 사실을 발견할 수 있다. 우선 필리핀인들에게서 보이는 몽고반점이 그것이다. 일반적으로 몽고반점은 북방계 민족, 즉 몽고인, 한국인 및 알래스카인 등 일부 민족에게서만 나타난다. 이는 중국인, 일본인, 기타 동남아 민족에게서는 찾아보기 힘들다는 것이 정설이다. 그러나 필리핀인들에게서 몽고반점을 쉽게 찾아볼 수 있으며, 전체 신생아 중 약 80~90퍼센트에 해당하는 아이들에게서 나타난다. 이를 필리핀의 일로코스 지방에서는 시딩방가Siding Banga라고 부르며, 마닐라 지역에서는 발랏Balat이라고 부른다. 또 다른 증거로는 한국과 흡사한 농기구를 사용하는 것과 한국의 장독대와 유사한 것이 일로코스 지방에서 발견되었다는 것이다. 이것의 용도가 한국의 김치와 유사하게 식초를 발효할 때 사용한다는 사실은 놀라운 일이 아닐 수 없다. 비록 학술적인 검증이

2 흑치국의 필리핀 추정에 대한 자세한 설명은 이도학(1996, 2010)의 연구를 참조하시오.

수반되어야 할 일이지만 한국과 필리핀 간의 교류가 삼국시대까지 거슬러 올라간다는 단편적 증거와 주장들은 흥미로운 내용임에 틀림이 없다.

또 다른 연구에 따르면, 한인으로서 필리핀에 첫발을 디딘 사람으로 진주사람 조완벽趙完璧을 들고 있다. 그는 1597년 정유재란 때 왜군의 포로가 되어 일본에 갔다가 그곳 상인의 눈에 띄어 1604년부터 1606년까지 매년 남부 베트남과 필리핀을 방문했고, 1607년 고향에 돌아왔다고 기록하고 있다.[3] 한편 임진왜란이 끝나고 일본에서 덕천가강德川家康 정권이 수립되면서 천주교도들에 대한 박해가 시작되었을 때, 천주교도 후안 나이토Juan Naito 등 350명의 일본인과 유럽인 신부들이 박해를 피해 필리핀으로 망명하게 되었다. 이들은 1614년 11월 일본을 떠나 그해 12월 21일 마닐라에 도착하였다. 망명한 천주교도 가운데 한 명의 여자와 두 명의 남자 등 총 세 명의 한국인 천주교 신자가 포함되어 있었다. 세 명의 한국인 천주교인들의 본명은 알 수 없지만, 박마리나Park Malina, Mary Park, 토마스Tomas, 가요Gayo라고 기록하고 있다. 필리핀으로 망명한 일본인 천주교도들은 중국인이나 필리핀인들과 격리되어 마닐라 인트라무로스Intramuros 외곽의 산미구엘San Miguel이라는 마을에 살게 되었다 (Abejo 2005; 김민정 2015: 259).

3 1614년 이수광이 지은 『지봉유설』의 「조완벽전」에 기록되어 있다. 『한국독립운동의 역사』 제55권 중 제2부에 의하면(한국독립운동사편찬위 편 2005) 『한국과 월남과의 관계』(최상수 1966: 95-103), 장달수의 한국학 카페(https://cafe.daum.net/jangdalsoo)를 참조하시오.

필리핀은 왕조역사의 부재와 더불어 고대 기록 문화가 발달하지 않은 관계로 공식적인 사료가 존재하지 않는다. 다만 스페인 식민지 시기에 작성된 각종 공문서와 서신 등을 모아 영어로 번역하여 편찬한 『필리핀군도, 1493~1898』(Blair and Robertson 1906, 이하 BR)가 있다. 이 자료집에서 언급되고 있는 한국(당시 조선)은 다양한 용어들(Acoray, Coray, Core, Corea, Coria, Correa)로 지칭되고 있다. 인덱스 자료를 참조해 찾아보면, 한국에 관한 언급은 1592년 자료에 처음 나타나고, 마지막으로 1640년 자료에 언급되어 있으며, 총 9권에서 언급하고 있다. 한국이 언급되고 있는 권 호들은 제8권, 제9권, 제10권, 제13권, 제14권, 제15권, 제19권, 제31권, 제32권 등이다.

16세기 말 스페인 식민정부는 해외 팽창을 꾀하던 일본의 도요토미 히데요시로부터 입조入朝를 강요받기도 했다. 그 내용은 주로 스페인 당국자들이 받은 일본으로부터의 공식적인 외교문서나 선교회에서 발행한 서신 등에 언급되고 있다. 특히 1592년 일본의 도요토미 히데요시 정부로부터 받은 서신에서는 유구(오키나와)와 한국을 점령한 사실과 중국을 침략할 계획을 위협의 의미로 밝히면서 조속히 굴복하고 사신을 파견할 것을 요청하는 내용이 나온다(BR 8권: 260). 1593년 스페인 관리가 일본 정부와 주고받은 외교 서신에서는 주로 일본이 자신의 위대함을 자랑하면서 굴복하지 않고 저항하는 한국을 본보기로 점령했다는 사실을 들어 경고하는 내용을 담고 있다. 스페인 측 문서에는 한국에 대해 별다른 정보가 없다는 사실과 함께 단지 가난한 나라로 묘사하고 있다(BR 9권: 44,

46, 55). 1598년 프란시스코 텔로Francisco Tello가 스페인 국왕Felipe II에게 보낸 서신에는 자신과 친분이 있으며 일본에 와 있는 한국인 장수 겐티오Gentio가 자신과 비밀리에 주고받은 서신을 언급하고 있다. 여기에는 겐티오가 "나는 기독교도는 아니지만, 기독교도와 친밀하게 지내며, 성경에도 관심이 있다"고 표현한 내용이 기록되어 있다(BR 10권: 171). 임진왜란 이후 주로 중국에서 보내온 외교문서나 스페인 본국으로 보낸 서신에는 중국에 대한 대목에서 한국은 단지 중국의 지배를 받는 속국으로 기록하고 있다(박정현 외 2015: 63-64).

전체 자료를 통해 가장 자세하고 흥미롭게 한국에 관해 묘사하고 있는 부분은 도미니크 선교회의 활동상을 기록한 내용으로써 한국으로 선교사를 파견하려고 시도한 내용을 담고 있다. 그 내용을 요약해보면 다음과 같다.

> 한국은 위대한 중국과 일본 사이에 아주 가까이 있는 나라이며, 사람들은 친절하고 단순하며 이중적이거나 남을 속이지 않는다. 또한, 사람들이 지적이고 중국 문자도 이해하지만, 이중적인 중국인과는 다르다. 한국은 1593년 일본으로부터 침략당했으며, 그때 많은 한국인이 일본에 노예로 끌려갔다. 이들 중 한 명이 기독교로 개종해 마닐라에 도착했다. 그는 토마스라는 이름으로 불렸으며, 그의 부친은 한국 조정에서 고위층에 있다. 그는 조국을 무척 사랑하고, 귀국하면 많은 부귀영화가 기다리고 있지만, 영혼의 구원에 관심이 많아서 선교 준비가 되기 전에는 돌

아가지 않겠다고 한다. 그의 고향에서 선교활동을 하기에 좋은 기회라고 생각되어 1618년 6월 13일에 세 명의 선교사를 그와 함께 일본으로 파송했다. 일본의 나가사키에서 선교사들의 신분이 탄로 나는 바람에 더는 그와 동행하지 못하고 헤어져야 했다. 그는 혼자 떠나면서 나중에 그들을 찾으러 사람을 보내겠다고 했지만, 그 후로 일본의 상황이 그리 좋지 않아 그로부터 소식을 듣지 못했다. 한국으로 가려던 세 명의 선교사 중 두 명은 다시 마닐라로 돌아왔고, 프레이Fray 신부는 일본에 남아 선교를 위해 일본어를 배우기 시작했다. 그는 나중에 일본에서 순교했다(BR 32권: 88-89; 박정현 외 2015: 62-65).

위의 기록들에 나타난 토마스의 행적은 흥미롭다. 그는 1614년 12월 20일 천주교 박해를 패해 필리핀에 도착한 일본인 후안 나이토와 함께 온 조선인 세 명 중 한 명이다. 그는 약 3년 6개월간 필리핀에 머물다 1618년 6월 13일에 한국 선교를 위해 스페인 신부 세 명과 함께 일본으로 떠났다고 기록되어 있다. 그 이후 토마스의 행적에 대해서는 아직 알려진 바가 없다.

한편 한국(조선)의 『조선왕조실록』에 필리핀(여송)이 처음 등장하는 것은 1807년(순조 7년)이며, 제주 목사 한종원이 표류한 필리핀인 처리에 관해 상소한 내용에 나온다. 이에 앞서 흑산도 홍어 장수 문순득은 1801년 해상에서 표류하여 오키나와(유구)를 거쳐 필리핀에 도착했으며, 그곳에서의 경험은 이후 정약전의 『표해시말』에 자세히 기록되어 있다. 문순득으로 인해 제주도에 표류한 사람들이 필리핀인임을 알게 되었고, 그들의 통역을 담당한 것으로 기록하고 있다.

> 여송국呂宋國의 표류인漂流人을 성경盛京에 이자移咨하여 본국本國으로 송환送還시키게 하라고 명하였다. 이에 앞서 신유년 가을 이국인異國人 다섯 명이 표류하여 제주濟州에 도착하였는데, 알아들을 수 없는 오랑캐들의 말이어서 무엇이 어떻게 되었다는 것인지 분별할 수가 없었다. 나라 이름을 쓰게 하였더니 단지 막가외莫可外라고만 하여 어느 나라 사람인지를 알 수가 없었다. 그래서 이자관移咨官을 딸려서 성경盛京으로 들여보냈는데, 임술년 여름 성경의 예부禮部로부터도 또한 어느 나라인지 확실히 지적할 수 없다는 내용의 회자回咨와 함께 다시 되돌려 보냈다. 그런데 그들 중 한 명은 도중에서 병이 들어 죽었다. 그리하여 우선 해목該牧에 머무르게 한 다음 공해公廨를 지급하고 양찬粮饌을 계속 대어주면서 풍토를 익히고 언어를 통하게 하라고 명하였는데, 그 가운데 한 명이 또 죽어서 단지 세 명만이 남아 있었다. 이 때에 이르러 나주羅州 흑산도黑山島 사람 문순득文順得이 표류되어 여송국呂宋國에 들어갔었는데, 그 나라 사람의 형모形貌와 의관衣冠을 보고 그들의 방언方言을 또한 기록하여 가지고 온 것이 있었다. 그런데 표류되어 머물고 있는 사람들의 용모와 복장이 대략 서로 비슷하였으므로, 여송국의 방언으로 문답問答하니 절절히 딱 들어맞았다. 그리하여 미친 듯이 바보처럼 정신을 못 차리고서 울기도 하고 외치기도 하는 정상이 매우 딱하고 측은하였다. 그들이 표류되어온 지 9년 만에야 비로소 여송국 사람임을 알게 되었는

데, 이른바 막가외라는 것 또한 그 나라의 관음官音이었다. 전라 감사 이면응李冕膺과 제주 목사 이현택李顯宅이 사유를 갖추어 아뢰었으므로 이 명命이 있게 된 것이다.[4]

그런데 흑산도 홍어 장수인 문순득은 어떻게 필리핀어를 배우게 되었을까? 그 또한 이들처럼 배를 타고 무역을 하던 중 표류당해 필리핀에 한동안 머물렀기 때문이다.[5] 문순득은 전라남도 신안군의 우이도牛耳島(소흑산도)에서 살던 상인이었다. 조선시대 당시에도 흑산도 홍어는 요즘처럼 최고로 인정받았다. 나주 영산포에서 홍어를 실어 나르며 돈을 벌던 문순득은 25세 되던 1801년 12월에 눈보라가 휘몰아치던 바다에서 그만 표류를 당해 유구국琉球國(오키나와)에 도달한다. 유구국은 조선과 왕래가 있던 국가이기에 문순득은 별다른 어려움 없이 고국에 되돌아갈 기회를 잡을 수 있었다. 유구에서 청나라로 떠나는 사신 일행과 함께 배를 탔으나 항해를 시작한 지 10여 일 후 문순득 일행의 배는 또다시 풍랑을 만나 기약 없는 표류를 시작했다. 표류 끝에 도착한 곳이 바로 지금의 필리핀인 여송국이었다.

여송국은 유구와는 달리 조선과 별다른 외교 관계가 없었으며, 이 시기 이미 서구의 식민지가 되어 있었다는 점에서 매우 특별한

4 순조실록 12권, 순조 9년 6월 26일 을묘 첫 번째 기사 1809년 청 가경(嘉慶) 14년, "여송국의 표류인을 송환시키라 명하다"를 참조하시오.

5 문순득의 표류와 관련된 자세한 내용은 최성환(2010a, 2010b)을 참조하시오.

지역이었다. 여송국에서 문순득 일행이 상륙한 곳은 북서부 해안인 일로미였는데, 이곳은 현재 일로코스 수르Ilocos Sur 지역으로 추정된다. 거리상 중국과 가까운 곳이어서 상업 활동을 하던 중국인 중 이곳으로 이주해서 사는 사람들이 많았다. 유구 호송선에는 유구에 표착했다가 이 배에 함께 탑승했던 복건 출신자가 많았기 때문에 그들의 도움을 받을 수 있었다. 『표해시말』에는 "일로미에 이르자 그곳에 살고 있는 복건인에게 부탁해 집을 빌리고 돈도 빌려 따로 살면서 먹을 것을 마음대로 했다. 또한, 우리를 불러 같이 살았다"고 되어 있다. 여송국에 도착한 호송선에는 조선인과 유구에 표류한 복건인, 그리고 호송책임을 맡았던 유구인 등 세 나라의 사람들이 함께 승선해 있었는데, 여송국에 표착한 이후 복건인과 유구인 간에는 체류비 문제로 미묘한 갈등 관계가 형성되었다. 결국 유구 호송선은 문순득과 김옥문, 일부 중국 표류인들을 여송국에 남겨둔 채 먼저 여송국에서 출항했다. 문순득은 여송국에서 몇 개월을 지내면서 그곳의 생활 모습과 언어를 빠르게 습득했다. 문순득 일행은 소주蘇州 상인들의 쌀 무역을 돕는 등 다양한 경제활동을 통해 여비를 만들었고, 1805년 1월 8일 청나라를 거쳐 그리운 가족의 품으로 돌아왔다.

문순득이 여송국(필리핀)에 머물면서 경험한 풍속을 귀국 후에 진술하여 기록한 『표해시말』 풍속편은 아마도 필리핀 문화에 관해 한국인들이 상세하게 접하게 된 최초의 자료일 것이다. 여기에 기록된 필리핀의 풍속들은 19세기 초 한국인들에게는 아주 생소한 이국적인 내용이었음을 짐작할 수 있다. 사람들의 예법으로는 "반드시 의자에 앉고, 사람을 만나면 예의를 차려 손을 흔들거나 갓을 벗어서 흔들고, 부모나 어른을 만나면 그 손을 끌어다 냄새를 맡는다"고 기록하고 있다. 여기에서 냄새를 맡는다는 것은 가톨릭 풍습에 따라 손등에 입맞춤하는 것을 의미했을 것이다. 식사와 관련된 문화로는 "밥 짓는 것은 남자가 하고, 밥을 먹을 때는 가운데 밥 한 그릇, 반찬 한 그릇을 놓고 남녀가 둘러앉아 손으로 먹으며, 귀인은 수저匙箸와 일간삼지一幹三枝(포크)를 사용한다"고 기록했다. 많은 동남아 국가에서처럼 필리핀에서도 손으로 음식을 집어 먹는 풍습이 있었는데, 이는 오늘날 시골 사람들이 즐기는 식사법이기도 하다. 수저와 포크를 사용하는 귀인은 아마도 스페인 신부나 그들의 영향을 받은 일부 귀족층 사람들일 것으로 추정된다.

음식에 관해서는 "콩이 없고 시장豉醬(된장)은 먹지 않으며, 양羊이 없고 쇠고기, 돼지, 녹두 열매를 즐겨 먹으며, 그 꼬투리를 따서 돼지고기와 섞어 나물을 만들어 먹는다"고 기록하고 있다. 국에 관해서는 "도마뱀으로 국을 만들어 먹는다"고 기록되어 있다. 담배에 대한 소개도 나오는데, "담뱃대가 없고 잎담배를 말아서 한쪽은 태우고 한쪽으로 빤다"라고 기록하고 있다. 이는 당시 필리핀에서 재배해 만들어지던 시가cigar를 의미하는 것으로 볼 수 있다. 민간요법도 소개하고 있는데, "가슴이 괴롭고 답답할 때는 빗물을 마시면 내려간다"는 현지인들의 말을 기록하고 있다.

필리핀 사람들의 언어에 관해서는 "국서國書에는 음音은 있으나 뜻이 없고, 글씨는 우본羽本(펜)으로 가로로 쓰는데 중국 글은 보이지 않는다"고 기록했다. 이는 스페인어를 그렇게 기록하고 있는 듯하다. 필리핀 사람들의 춤에 대해, "남녀가 마주 서서 손을 늘어뜨리고 음악에 맞추어 몸을 움직인다"라고 기록하고 있는데, 이는 필리핀 사람들이 스페인의 영향을 받아 오늘날에도 즐겨 추는 포크댄스를 묘사하고 있는 듯하다. 오늘날도 필리핀 일부 지역에서 즐겨하는 닭싸움鬪鷄(투계)에 관한 내용도 있는데, "닭싸움을 즐겨하고, 은銀으로 뒷발톱을 만들고, 싸움에서 지는 닭의 주인이 은을 바친다"고 기록하고 있다. 이는 당시 필리핀 사람들의 투계 모습과 성패에 따라 대가를 치르는 방식 등을 예측할 수 있게 한다. 형벌에 관한 내용을 보면, "도둑에게는 가죽 채찍으로 매질을 한 후 형틀칼을 씌우고, 족쇄를 채운다. 속전贖錢(형벌 대신 내는 돈)을 바치면 풀어주거나 노비로 삼아 기한이 차면 풀어준다"고 기록하고 있는데, 이는 그 사회를 깊이 경험하지 않은 이방인들은 쉽게 알 수 없는 내용이다.

필리핀의 건축물에 관한 내용도 나오는데, 일반 집의 건축 구조와 문순득이 필리핀에서 본 천주교 성당에 관한 내용을 담고 있다. 집은 "네모지고 반듯한 모양이며, 사방은 3~5칸으로 같지 않다"고 기록하고 있다. 그 구조는 "주춧돌은 없고, 땅을 파서 기둥을 세웠으며, 높이 2~3척丈 위에 층집을 만들고, 사다리를 두고 오르내린다"고 적어 필리핀의 전통적인 주상柱上 가옥 형태를 묘사한 듯하다. 또한 "벽과 바닥은 모두 판자이며, 앞뒤로는 모두 석린石鱗(유리)으로 창을 내며, 가난한 사람은 판자나 대나무로 덮는다"고 기록했다. "부자들의 담은 석회로 쌓고, 낙숫물을 내려받는 수고水庫를 만들고, 부엌은 수십 보 떨어진 곳에 따로 두고, 옥상에서 운제雲梯(구름다리)로 서로 연결한다"고 묘사했다. 교회를 나타내는 신묘神廟는 30~40칸의 긴 집이고 크고 아름다우며 신상을 모시고 있다. 신묘 한쪽 꼭대기 앞에 탑을 세워 두고, 탑 꼭대기에 금계金鷄를 세워 바람에 따라 머리가 돌게 했다. 또한, 종 4~5개를 걸어 날짜에 따라 다른 종을 친다. 한 사람이 종을 치면 사람들이 듣고 따라와서 예배를 드린다"고 묘사해 교회의 모습을 상상할 수 있게 한다.

필리핀 사람들의 의복에 대해서는 다음과 같이 소개하고 있다. 평민들이 입고 다니는 홑저고리는 "머리부터 아래로 덮어쓰고, 옷깃이 없으며, 소매는 팔을 겨우 넣을 수 있을 정도이며, 옷깃에 단추가 있어서 이를 묶게 되어 있다"고 묘사해 중국풍의 의상임을 알 수 있다. 성직자의 옷을 묘사하고 있는 부분도 있는데, "검은 비단의 장포를 입고 있으며, 우리 나라의 두루마리와 같고, 길이는 발에 이른다. 귀인의 바지는 아래로 버선과 잇대어 하나로 되어 있으며, 몹시 좁아 겨우 정강이가 들어갈 정도이다. 또한, 모자는 가죽으로 만들어 우리 나라의 전립을 좌우로 접은 것과 유사하다." 평민들은 "등나무로 만든 고깔형 모자를 쓰고, 천민들은 바둑판무늬의 천을 쓰개로 만들어 머리를 덮고 있다"고 묘사했다. 부인들의 저고리는 "남자의 것과 유사하며, 아래로는 주위가 모두 막혀 있는 치마가 있으며, 허리띠가 없고 옷깃을 접어서 전대처럼 만들어 묶는다"고 기록하고 있다. 필리핀에 대한 문순득의 견문 내용을 통해 서양과 동양의 문화가 접목되어 있는 당시 필리핀의 시대적 양상을 발견할 수 있다(박정현 외 2015: 65-71).

한편 1800년대에 한인이 필리핀을 방문하여 체류한 기록이 있으며, 이는 한인으로서 최초의 신부가 된 김대건에 관한 기록이다. 김대건은 다른 두 명과 함께 신학 공부를 위해 1836년 12월 마카오로 갔다가 마약으로 인한 폭동이 발생하여 1837년에 필리핀으로 피신했다. 그는 당시 마닐라에서 약 25킬로미터가량 떨어진 블라칸 주의 롤롬보이에 있던 도미니크 수도원에서 그를 돌봐주었으며, 그곳에서 약 6개월간 머물렀다(Kutsumi 2007: 61; 김민정 2015: 259). 오늘날 필리핀의 롤롬보이에는 김대건 신부를 기리는 조그마한 성지가 조성되어 있으며, 갓을 쓴 김대건 신부의 동상이 세워져 있다.

2) 망국 백성으로 필리핀을 가다—1900~1945년

한인의 필리핀 진출이 본격화된 시기는 1900년대 초이며, 개인 사업과 유학 목적도 있었지만, 식민지 상황이라는 특수한 상황에서 이루어진 타의적 진출이 많았다고 볼 수 있다. 일제강점기 상해 임시정부는 인도나 필리핀의 독립 추진 세력과 교류하면서 서로의 행사에 초대하고 방문했던 것으로 보인다.[6] 필리핀과 관련된 사안으

6 「동아일보」 1924.03.10자 1면 "國際少年大會 派遣者資格決定"을 참조하시오.

로 도산 안창호는 만주를 대신할 한인 이주지가 있을지 모색하기 위해 필리핀을 방문했다. 도산은 중국 정부로부터 여행권을 발급받고 1929년 2월 9일 상하이에서 미국 회사 선박을 타고 마닐라항에 도착하였다. 안창호가 필리핀을 방문한 가장 주요한 목적은 만주 지역에서 동포들을 위한 이상촌 건설과 독립운동 기지 개척이 여의치 않은 관계로 '남방' 지역에서 이를 진행해보기 위함이었다. 즉, 그는 만주의 한인들을 필리핀으로 이주시켜 독립운동 기지를 건설하고자 한 것이다. 그는 제일 먼저 필리핀 이민국을 방문하여 한인들의 이주 문제를 협의하였다. 그러나 그의 희망과는 달리 한인들의 필리핀 이주는 쉽지 않았다. 당시 필리핀 이민국장은 "조선인은 일본인임으로 여행권과 보증금으로 50원 이상만 지니고 오면 입국을 선선히 허가하겠노라"는 입장을 보였다.[7] 그렇지만 현실적으로 일본 여권을 받는 것도 불가능하였거니와 보증금으로 한 사람당 50원의 자금을 확보한다는 것은 더더욱 어려운 일이었다. 이에 안창호는 만주 지역에서 필리핀으로 한인을 이주시키는 것이 어렵다고 판단하였다. 그런데도 그는 당시 필리핀 상원의장 케손Quezon을 비롯한 민주당 영수들과 만나 계속해서 한인의 이주 문제를 협의한 것으로 전해진다(김도형 2015: 54-55).

안창호가 필리핀을 방문했을 당시 그곳에 체류하는 한인들은 모두 52명이었다. 이들은 조국을 잃은 국제적 미아 신세임에도 불구하

---

7 안창호. 1933. "比律賓視察記." 『삼천리』 5권 3호: 10-11면을 참조하시오.

고 조국의 독립을 위한 열성을 갖고 있었다. 그래서 중국 상하이에 있는 안창호를 필리핀으로 초청하여 대한인국민회 사업을 남방의 필리핀에서도 계승하려 했다. 안창호는 필리핀 한인 동포들의 뜻을 받아들여 필리핀 최초의 한인 단체인 '대한인국민회 필리핀지부'를 설립도록 했다. 이는 1929년 3월 1일 자로 필리핀 한인 강진수가 신한민보사에 보낸 소식에 "조국에 대한 의무를 만분지일이라도 다하여볼까 하는 열렬한 생각으로 금년에 우리 국민회가 성립되게 되었습니다"라고 말한 것을 통해 알 수 있다.[8] 필리핀 한인들이 국민회의 '지부' 혹은 '지방회'를 설립한 것은 분명히 독립운동을 지원하고자 하는 열망이 있었기 때문으로 해석된다(김도형 2015: 55).

안창호의 마닐라 방문에서 언급된 필리핀의 한인은 모두 52명이었는데 대부분은 인삼 장수였던 것으로 추정되며, 이들이 필리핀 한인 사회 초기 진출자들로 볼 수 있다(Kutsumi 2007: 61). 한인 인삼 장수들은 일찍이 1910년대 이전부터 싱가포르에 와서 여권을 신청하여 인도, 태국, 필리핀, 인도네시아 등지로 나갔다. 1930년대 역시 필리핀의 한인 대부분이 마닐라에 있던 한인 약방에 기거하는 인삼 장수나 약재상들이었다(김민정 2015: 259). 한편, 김동성의 여행기를 통해 추측해볼 수 있는 것은 인삼 장수 외에 동남아 지역 한인들은 주로 차이나타운에서 생활을 영위하고 있었을 것으로 판단된다. 왜냐하면 완바오산 사건이 발생하였을 때 필리핀에 거주하고

8 강진수. 1929. "필리핀 동포의 三一절 안도산의 심방." 『신한민보』 4.11자를 참조하시오.

있던 40여 명의 우리 조선 동포가 1931년 평양사건平壤事件 후로 중국 사람에게 버림을 받고 아무 직업 없이 곤궁에 빠져있음을 목격" 하였다는 언급이 있다.[9] 동남아 지역 한인들은 주로 중국인 상점의 점원이나 일꾼으로 있었을 것으로 보이지만 정확한 기록은 발견되지 않는다. 인삼 장수 외에도 동남아 지역에는 빙수상, 자수상 등 소규모 행상을 하는 사람들도 있었다.

필리핀 순방을 마친 안창호는 원래의 목적을 달성하지 못했지만, 필리핀에 대한인국민회 필리핀지부를 설립하고, 앞으로 만주의 한인들을 이주시킬 수 있는 곳을 둘러보는 등 어느 정도 성과를 거두었다. 그는 일제의 감시를 피해 그해 3월 30일 동포들의 뜨거운 송별을 받으며 선편으로 필리핀을 떠나 중국으로 돌아갔다. 1929년에 설립된 필리핀 국민회는 그 후 『신한민보』에 거의 언급되지 않는 것으로 보아 별다른 활동을 하지 않은 것으로 판단된다. 1942년 일본군이 필리핀을 점령하면서 필리핀의 한인들은 뿔뿔이 흩어졌다가 1945년 2월 마닐라가 미군에 의해 탈환되면서 3·1절을 기해 '필리핀 한인동맹회'를 조직했다. 이 조직은 그해 9월 8일 '대한인국민회 필리핀지방회'로 재건되었다. 이때 재건된 대한인국민회 위원장은 박윤화였다[10](김도형 2015; 56-57).

일제강점기에 필리핀에 유학한 대표적 한국인으로는 오영섭吳永

9 김동성. 1933. "南洋遊記", 「삼천리」 5권 3호: 4-5면을 참조하시오.

10 박윤화의 필리핀 이주와 정착에 관한 상세한 내용은 본 글 제3장을 참조하시오.

燮이 있었는데, 그는 1935년 6월부터 1938년 3월까지 퍼시픽유니온 대학교에서 유학을 하였다.[11] 그가 유학하고 있었을 당시 마닐라에 거주하는 한인들에 대해 기록한 부분을 통해 필리핀 한인들의 생활을 유추해볼 수 있다. 그의 필리핀 유람기에 "이 큰 도회지에 조선 사람의 집이라고는 543 Gnan Lnna Binondo Manila P.1에 약업藥業을 개업한 최명집 씨 댁崔命楫氏宅 하나뿐이고 조선 사람이라고는 최명집 씨 부부와 그 외 동거同居하는 조상복趙尙福 등 10여 인이 있을 뿐입니다"[12]라는 대목이 있다. 이를 통해 당시 필리핀 마닐라에 거주하는 최명집은 '약방'을 운영하고 있었고, 함께 동거하는 조상복 등 10여 명의 인삼 행상인이 있었음을 짐작할 수 있다. 오영섭은 1942년 『조광』지와의 좌담에서 "약 40명 있다던가요. 금광金鑛 기사가 한 사람, 그러고는 인삼 장사하는 사람도 있는 모양이에요"라고 언급했다. 또한, 그는 "조선 인삼이라면 거기서도 영약靈藥으로 치는 것이라 수입이 훌륭한데 그 수입을 가지고 전업轉業을 해서 고정해 있으면 상당한 지반地盤을 가지고 살 수 있지요"[13]라고 하여 당시 한인의 인삼 장사가 어떠했는지를 짐작게 한다. 또한, 위의 좌담회에는 미주 지역에서 대한인국민회 총회장을 역임한 바 있던 최정익도 참석하였는데, 그가 필리핀을 방문하였을 때, "내가 갔을 때도 고려

---

11 「삼천리」 잡지에 기고한 그의 글은 성현경(2015: 286–322)에 포함되어 출판되었다.

12 오영섭. 1935. "比律賓 대통령을 회견코저, 신국도의 그의 就任式前奏面," 「삼천리」 43: 7–11. 장달수의 한국학 카페(https://cafe.daum.net/jangdalsoo)를 참조하시오.

13 「朝光」. 1942. "南方共榮圈의 風俗文化를 말함(좌담회)." 8–4, 116. 장달수의 한국학 카페(https://cafe.daum.net/jangdalsoo)를 참조하시오.

표 3 광복 이전 필리핀 내 추정 한인 수

(년도: 1929~1938)

	1929	1931	1935. 10	1935	1938
한인 수	52	40+	42	10+	18
자료	『신한민보』에 기고한 안창호의 글 "비도에 우리동포"	『삼천리』에 실린 김동성의 글 "南洋(남양) 遊記(유기)"	조선 총독부	『삼천리』에 기고한 최초의 유학생 오영섭의 글 "比律賓(비율빈) 대통령을 회견코저, 신국도의 그의 就任式(취임식) 준비 장면"	조선 총독부

출처: 한국독립운동사편찬위 편(2005), 김민정(2015: 260 재인용)

상점이란 간판을 붙인 집이 있었지요. 조선 부인이 베치마를 입고 빙수氷水를 팔고 있더군요"라고 하였다.[14] 1939년 4월 필리핀 마닐라의 유니온 대학교를 졸업한 이여식李呂湜의 여행기에도 "비도比島 내에는 바기오 근방에 있는 대금광大金鑛에 조선인 기사技師 이의창李宜昌 씨가 중요한 지위에서 활약하고 있다"라는 언급이 있다.[15]

일제강점기에 동남아 지역에 거주했던 한인들에 대한 정확한 통계가 없지만 1935년 10월 조선총독부에서 세계 28개국에 산재한 한인들의 숫자를 발표한 자료가 있다. 이를 보면 한국 밖에 산재한

14 『朝光』. 1942. "南方共榮圈의 風俗文化를 말함(좌담회)." 8-4, 116. 장달수의 한국학 카페(https://cafe.daum.net/jangdalsoo)를 참조하시오.

15 松山呂湜(舊名 李呂湜). 1942. "比律賓의 印象, 馬尼剌 留學時代와 比島 風物記." 『대동아』: 14-3. 장달수의 한국학 카페(https://cafe.daum.net/jangdalsoo)를 참조하시오.

한인의 총수가 278만 3,254명이라고 한다. 그 가운데 아시아 지역인 홍콩 22명, 마카오 2명, 베트남 54명, 인도 15명, 필리핀 42명, 말레이반도 18명, 타이완 1,604명이 거주하고 있었다고 한다. 이를 볼 때 아시아 지역에서 한인들이 가장 많이 진출한 곳은 타이완이었으며, 그다음이 베트남, 필리핀, 말레이반도 순이었다.[16] 또 1938년 조선총독부가 발표한 통계에 따르면, 홍콩 7명, 마카오 3명, 베트남 54명, 말레이 15명, 인도 13명, 필리핀 18명이 있었다. 앞의 1935년 총독부의 발표는 동남아 지역 한인들에 대해 정확한 정보를 가지고 있지 않은 상태에서 발표된 자료로 추정할 수 있다. 왜냐하면 일제강점기 동남아 지역에 진출한 한인들은 상당히 유동적인 상태에 있었기 때문에 통계에 잡히지 않는 경우가 상당수 있었다.[17] 이들 한인은 사업과 생계를 위해 이곳저곳으로 옮겨 다녔기 때문에 정확한 숫자를 파악하기는 어려웠다. 이는 1929년 안창호가 필리핀을 방문하였을 때 그곳의 한인들이 52명이었다는 『신한민보』의 기사를 통해서도 알 수 있다.

한편 태평양전쟁의 발발과 함께 많은 한국인 징용병들이 필리핀에 들어왔다. 필리핀은 태평양전쟁기 150만 명에 달하는 엄청난 사상자가 발생한 곳이며, 전쟁의 와중에서 이곳에 강제 동원되었던

16 「한민」. 1940.04.25. "在外韓人已至三百萬." 1-2: 37. 장달수의 한국학 카페(https://cafe.daum.net/jangdalsoo)를 참조하시오.

17 「국민보」. 1938.02.09. "28개국에 산재한 한국동포의 수." 장달수의 한국학 카페(https://cafe.daum.net/jangdalsoo)를 참조하시오.

한인들도 대부분 희생당할 수밖에 없었다. 필리핀에서 한인 병사들이 소속된 부대는 제19사단, 제26사단, 제30사단 등이었으며, 이들은 1944년 필리핀전의 절정기에 파병되었다. 이들은 1945년 8월 15일 태평양전쟁이 끝나고 대부분 루손섬 라구나의 호반 근처에 있는 문틴루빠 포로수용소에 수용되었다가, 1945년 11월부터 순차적으로 귀환하였다(김도형 2014: 188-189).

필리핀 사람들 사이에는 일본군이 필리핀을 점령할 당시 행했던 대부분의 잔악 행위가 일본인이 아니라 한국인에 의한 것이었다고 믿는 사람들이 많다. 이런 소문의 근원이 정확히 어디에서 비롯되었는지는 알 수 없으나, 일제강점기 징병으로 끌려가 전선에 배치된 한국인들과 관련된 것으로 추측할 수 있다. 특히 종전 후 필리핀에서 전범으로 재판을 받고 처형당한 일본군 장교가 일본인이 아닌 한국인 홍사익이라는 사실이 그런 소문에 일조했음을 짐작할 수 있다. 일본군이 항복한 이후 남아 있던 패잔병들에 대한 전범 재판이 미군에 의해 진행되었다. 홍사익은 1944년 12월 필리핀에 주둔하고 있던 남방 총군 제14 방면군 병참총감, 즉 포로수용소 소장으로 재직했으며, 재직 시기에 연합군 포로에 대한 불법 처우와 포로 학대, 살해의 원인을 제공한 혐의로 마닐라에서 진행된 전범 재판에서 사형선고를 받았다. 당시 한국인이 처해 있던 불행한 역사적 맥락을 고려하지 않은 채 일본군 점령 기간 중 가장 잔혹했던 현장으로 간주되는 포로수용소의 소장이 한국인이었다는 사실만으로 점령 시 모든 잔혹 행위에 대한 책임이 한국인에게 전가된 것으로 볼 수 있다[18](박정현 외 2015: 73-74). 일본군 점령기 필리핀에서 행해진 잔혹 행위가 한국인에 의해 저질러졌다는 소문에 관한 학술적 연구가 한 필리핀 학자(Jose 2011)에 의해 이루어졌으며, 당시 일본군의 필리핀 파병에 관한 일본 측 자료를 바탕으로 소문이 사실이 아님을 주장했다.

3) 격동의 시대에 필리핀과 만나다—1945~1989년

필리핀 내 한인 사회의 형성 과정을 조사한 한 연구(Kutsumi 2007)에 따르면, 휴전 이후부터 1960년까지 약 30명의 한국 여성이 파병 필리핀 군인, 군무원, 엔지니어 등과 결혼해 필리핀에 정착한 것으로 나타난다. 한국전쟁을 계기로 많은 외국 군인들이 한국에 주둔했으며, 전후 어려운 국내 사정으로 인해 파병 군인이나 군무원 등 외국인과 결혼해 외국에 나가는 것이 유행하기도 했다. 결혼 대상은 대부분 미국인이었지만, 필리핀인과 결혼하는 사례도 있었다. 미국과 오랜 군사적 동맹 관계에 있던 필리핀은 미군이 주둔하고 있는 곳에 함께 주둔하는 경우가 많았다. 실제로 전후 한국에서 필리핀은 미국 다음으로 널리 알려진 국가였다. 1962년 3월 한국에 새로 부임한 주한 필리핀 대사의 부인은 박현죽이라는 이름의 한국 여성이었다. 대사로 부임한 막시미니 부에노 씨는 한국전 시기

18 홍사익에 관한 내용은 송건호(1991), 야마모토 시치헤이·정성호(1986)를 참조하시오.

유엔한국재건위원회UNCURK 필리핀 대표로 한국을 방문하였는데, 부인 박 씨는 이화여고 출신으로 조선호텔 프런트 데스크에서 일하다가 부에노 씨를 만나게 되었다고 전한다(『동아일보』. 1962.03.27. 1면 기사; 김민정 2015: 265).

한편 필리핀으로 결혼 이주한 여성들의 생활을 긍정적으로 묘사하고 있는 기사도 찾을 수 있다. 1966년 12월 『경향신문』은 오키나와로 징용되어간 한국인들이 종전 후에도 그대로 머물면서 무국적으로 사는 사정을 소개하고, 미군인과 결혼하여 온 국제결혼 한국 여성들도 다른 교포들과 전혀 교류가 없다고 하면서, "국제결혼한 이들끼리 깊이 유대를 가지고 교민회에서 떳떳하게 활동하고 있는 곳은 '필리핀'이다"고 전하기도 했다(『경향신문』. 1966.12.29. 3면 기사; 김민정 2015: 265). 신문에 소개될 정도로 안정적인 상황에서 결혼한 사례도 있겠지만, 현지 조사를 통해 국제결혼 신부들의 삶이 그렇게 긍정적인 것만은 아니었던 것을 발견할 수 있었다.[19] 물론 1950~1960년대 한국의 상황과 1970년대 이후 변화하는 한국의 상황 속에서 국제결혼을 한 사람들을 바라보는 시각도 변화했을 것이라 짐작할 수 있다.

1970년대 초까지만 해도 필리핀 한인 사회의 내부 구성은 국제결혼 한 한인 여성과 유학생, 아시아개발은행ADB이나 세계보

19 필자는 2017.01.04~23 필리핀 마닐라에서 현지 조사를 시행하였으며, 다양한 한인들을 만나 인터뷰를 했다. 인터뷰한 A 씨는 국제결혼을 한 한인 여성들이 홀대받는 경우도 많았으며, 자신의 삶을 영위하기 위해 관광 가이드와 같은 생업에 뛰어드는 경우가 많았다고 했다.

표 4 1950~1960년대 필리핀 한인 수

	1958년	1966년
필리핀 한인 수	200여 명	150여 명
근거	필리핀 교민회장 박윤화 인터뷰 기사(『경향신문』, 1977.02.28.)	유양수 대사가 회고한 박 대통령 환영 인구 수(유양수 1988: 37)

출처: 김민정(2015: 274)

건기구WHO 등 국제기구 직원, 정부 기관 관계자 등에 국한되었고 별 변화가 없었다. 그러나 1975년 대한항공 직항 노선이 생기면서 1970년대 말까지 유학생 수와 지상사 주재원 수가 늘어났고, 1973년 현대건설을 필두로 하여 이듬해 남광토건이 진출하는 등 건설회사들의 진출이 증가하면서 한인들의 수가 증가하였다. 이 시기에 필리핀에 들어와 정착한 사람들이 향후 필리핀한인회의 주도적인 인물이 되었다. 오랫동안 필리핀에서 거주하던 박윤화 씨가 1969년에 필리핀한인회를 조직하여 10년간 이끌었으며, 그의 뒤를 이어 1980년대부터 보다 안정된 조직체계가 갖추어진 한인회로 발전하게 되었다. 박윤화의 뒤를 이어 1979년에 제2대 한인회 회장으로 취임한 한덕우는 1965년에 무역업으로 필리핀에 이주해왔고, 1970년에 한글학교를 여는 데 기여하였다. 1982년에 제3대 회장으로 취임한 엄익호는 공군 중령 출신으로 역시 사업차 1975년에 이주해왔다(김민정 2015: 273).

1980년대 말까지만 해도 한국에서는 해외여행을 하려면 국가의 허락을 받아야 했기에 일반인들이 외국에 나가는 것은 극히 제한적이었다. 이 시기에는 일반인들이 여권을 발급받는 것 자체가 드문 일이었다. 외국에 나갈 수 있는 사람들의 신분은 대부분 외교관, 대기업 상사 주재원, 해운업계 종사자, 국제경기 참가 운동선수, 그리고 일부 유학생들 뿐이었다. 이 시기 필리핀 유학생으로는 평민당 부총재와 총재 권한 대행을 거쳐 민주당 최고위원을 지낸 박영숙 의원, 이성근 전 한성대 총장 등이 대학원 과정을 수학했다. 특히 필리핀국립대학교 로스바뇨스 캠퍼스Univerisity of the Philippines, Los Banos에 설치된 세계미작연구소International Rice Research Institute, IRRI가 한국의 농촌진흥청과 긴밀한 관계를 유지하면서 많은 한국 유학생들을 받아들이기도 했다. 이곳에서 1970년대 한국 녹색혁명의 대표적 품종인 통일벼 종자가 개발되기도 했다(박정현 외 2015: 104-105).

1970년대는 한국 교회의 필리핀 선교가 시작된 시기이기도 하다. 한인의 규모가 점진적으로 증가하면서 한인 교회의 필요성이 대두되었다. 이에 따라 1973년 한인 송년회에서 최초로 한인 교회 설립을 위한 논의가 이루어졌다. 이를 계기로 마닐라 한인연합교회가 1974년 부활절을 기점으로 창립 예배를 드렸고, 당시 유학생 신분으로 있었던 한상휴 목사가 초대 목사로 취임했다. 마닐라 한인연합교회는 박윤화와 신용기 이사를 주축으로 1976년 11월에 필리핀 정부에 종교기관으로 정식 등록했다. 1977년에는 김활영 선교사가 필리핀 교회 초청 첫 선교사 신분으로 필리핀 땅에 도착하여 라왁Laoag 지역에서 1년간 사역하다가 마닐라에 내려와 사역을 이어갔다. 그는 한국에서 사역하다 필리핀에 온 미국 베커 선교사와 당시 필리핀인 남편과 함께 살던 김선호, 김병례 권사 등 여러분의 도움으로 장로교 선교단체(Evangelical Presbyterian Mission, Inc.)를 결성하여 1978년 8월에 선교단체로는 최초로 필리핀 정부에 정식 등록했다(한국교회 필리핀 선교 40년사 발행위원회 2016: 42).

필리핀에 진출한 초기 선교사들로는 1973년에 유학생 신분으로 들어온 한상휴 선교사, 1977년에 합동 측 총회 파송을 받은 김활영 선교사, 순복음교회에서 파송 받은 박정자 선교사, 1979년에 파송된 김유식 선교사가 있으며, 같은 해에 마원석 전도사가 유학생 신분으로, 그리고 김지주 목사가 비거주 선교사로 들어왔다. 1980년에는 합동 측 백병수 선교사가 들어온 것으로 기록되어 있다. 당시에는 한국 교회가 선교에 대한 인식이 없었으며, 여권을 만들기도 쉽지 않은 상태였다. 더욱이 해외로 외화를 반출한다는 부정적 인식에 따라 해외투자나 유학도 부정적인 시각으로 보던 시기였기 때문에 이들 선교사의 필리핀 진출은 한국 교회의 선교에 대한 열정과 소명의식의 발로로 평가되고 있다. 한편 1980년대에 들어서는 각 교단에서 파견하는 선교사의 수가 급속히 증가했다. 이처럼 1985년 이전까지 필리핀에 진출한 선교사의 많은 수가 유학생 신분으로 와서 공부와 사역을 병행했다. 이들 중 일부는 공부를 마친 후 선교사로 정식 파송을 받기도 했다. 1985년 중반 필리핀에서 활동하는 한국인 선교사 수는 약 30여 명 정도였다(한국교회 필리핀 선교 40년사 발행위원회 2016: 44).

이 시기에 필리핀 내 한국 혹은 한인 사회와 관련된 다양한 단체들이 만들어지기 시작했다. 특히 한국전쟁에 참전했던 필리핀 퇴역 군인들은 1959년에 한국전필리핀참전용사회Philippine Expeditionary Forces to Korea, PEFTOK를 조직하여 한국과 필리핀을 연결하는 상징적 가교 역할을 했다. 한편 한인회가 주도한 한글학교가 1970년 8월 15일 마닐라에 설립되어 매주 토요일마다 수업을 시행하였다. 필리핀 국민의 한국인에 대한 인식은 몇몇 이슈들을 통해 점차 널리 확산하기 시작했다. 1962년에는 언론인 장준하 씨가 당시 아시아의 노벨상이라고 불리는 '막사이사이상'을 수상하면서 필리핀 국민의 주목을 받았다. 한편 1969년에는 태국에서 열린 제5회 아시아농구선수권대회는 필리핀에 한국을 알리는 중요한 계기가 되었다. 당시 준결승전이었던 한국과 필리핀의 경기에서 한국이 필리핀을 95대 86으로 승리하면서 농구를 열렬히 좋아하는 필리핀 국민에게 깊은 인상을 심어주었다. 특히 그 경기에서 놀라운 능력을 발휘하며 혼자서 50골을 넣은 신동파는 이후에도 필리핀 국민의 기억 속에 오래도록 남게 되었다. 한편 1980년대 들어 한국의 경제 성장과 더불어 필리핀 수출자유지역에 입주하는 한국 기업의 수가 늘어났고, 필리핀 내의 한인 사회 규모도 점차 확대되었다. 이에 따라 1980년 기존의 필리핀한인회가 필리핀한인총연합회United Korean Community Association in the Philippines로 개편되어 그 조직이 강화되기도 했다(박정현 외 2015: 79).

4) 해외여행 자유화의 바람을 타고 필리핀을 가다—1990~2005년

한국이 전 세계적인 관심을 받았던 1986년 아시안게임과 1988년 서울올림픽이 끝나고 이듬해인 1989년에 한국 정부가 실시한 해외여행자유화조치는 한국인의 해외 진출에 커다란 변화를 가져왔다. 기업들의 해외시장 개척 붐과 조기유학 열풍이 맞물리면서 관광, 어학연수, 사업 등 각기 다른 목적으로 많은 한국인이 필리핀을 방문했다. 1992년에 한국인의 필리핀 방문객 수는 2만 6천 명이었던 것이 1997년에는 13만 명으로 급속히 증가했고, 2003년에는 30만 명이 넘었다. 해외여행자유화정책은 기존의 공관원과 기업 주재원, 그리고 일부 유학생과 선교사들로 한정되어 있던 한국인의 필리핀 진출이 여행과 유학, 선교, 그리고 소상공인의 폭발적인 증가를 가져왔다. 특히 세계화의 물결과 함께 한국에 불어닥친 영어교육에 대한 열풍은 가까우면서도 저렴한 비용으로 영어를 공부할 수 있는 필리핀이 어학연수를 위한 목적지로 부상하기 시작했다. 이러한 수요에 맞추어 수많은 어학원이 설립되었고, 이들 학생이 생활할 수 있는 하숙집, 식료품점, 식당 등이 들어서면서 자연스럽게 한국인 커뮤니티가 형성되었다. 메트로 마닐라Metro Manila 북부 케손시의 돈 안토니오 인근의 한국인 밀집 지역이 이러한 유형으로 형성된 한인촌의 대표적 사례이다.

한편 1980년대 말과 1990년대 초 한국에서는 노동집약적 의류산업이 경쟁력을 잃어감에 따라 필리핀의 카비테 수출자유지역

표 5 필리핀 재외 한인 동포 수 변화 추이

(년도: 1968~2015)

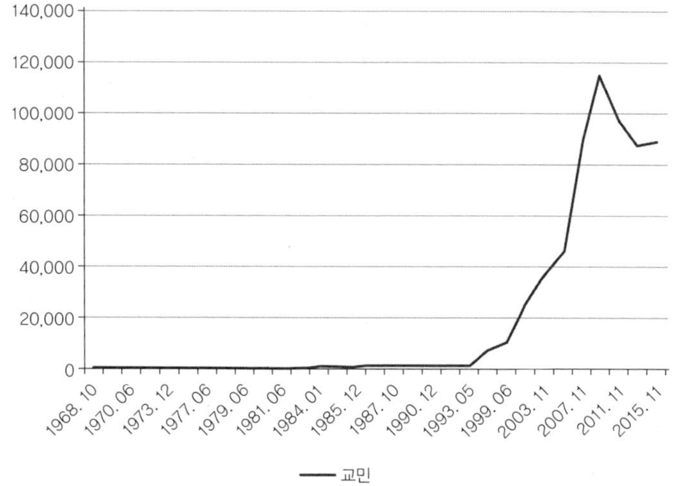

출처: 외교부 재외 국민 현황

Cavite Export Processing Zone으로 많은 한국의 중소기업들이 진출하였으며, 1995년부터는 삼성, 현대, 대우, LG 등 대기업들도 필리핀 시장 진출을 본격화하기 시작했다. 필리핀에 진출한 한국 기업들은 필리핀 경제에도 많은 영향을 주고 있으며, 특히 한진중공업이 수빅에 건설한 조선소는 필리핀을 세계 네 번째 선박 건조 국가로 만들었고 약 2만 명의 고용을 창출하기도 했다.[20] 한편 한국전력은 필리핀에 건설한 발전소를 통해 필리핀 전체 전력 소비량의 약 14퍼센트

20 필리핀 한진중공업은 2019년 1월 경영 악화를 이유로 파산신청을 하여 청산절차가 진행되고 있다.

를 생산하고 있음도 이를 말해준다(박정현 외 2015: 94-95).

한인들의 필리핀 진출은 기업뿐만 아니라 다양한 분야에서 이루어졌으며, 한국의 문화와 음식도 필리핀에 급속히 전파되기 시작했다. 한국문화교류단의 태권도 교관 자격으로 홍성천 현 한국국제학교 전 이사장이 필리핀에 처음 진출했다. 그는 1977~1986년까지 라살 대학교 체육학 교수로 근무하면서 태권도 보급에 크게 공헌했다. 오늘날 필리핀에서는 태권도가 큰 인기를 얻고 있으며, 필리핀 국가 대표가 국제대회에서 금메달을 기대할 수 있는 몇 안 되는 종목이 되었다. 한편, 이 당시만 해도 필리핀 한인 식당은 손으로 꼽을 정도였다. 코리안 빌리지, 송림원, 코리안 팔라스 등이 마닐라를 중심으로 영업을 했으며, 이때부터 필리핀에 거주하던 한인들은 물론 필리핀 사람들에게 한식 전파의 첨병 역할을 했다. 당시부터 존재했던 한식당들 가운데 코리안 빌리지와 코리안 팔라스를 제외하고는 대부분 자취를 감추었고 그 기록도 찾아보기 힘들다(박정현 외 2015: 107).

1989년 해외여행자유화정책이 시작된 이후 한국인 선교사들도 필리핀에 대거 입국했다. 이들은 정식 선교사로 혹은 유학생이나 일반인 선교사로 들어와 생활하면서 필리핀 한인 사회의 중요한 축을 형성하게 되었다. 이러한 환경 속에서 1980년 후반 선교사들의 주요 관심사 중 하나는 한국인 선교사 자녀교육을 위한 한국적인 문화와 영성과 국제적 감각을 가진 학교를 설립하는 문제였다. 이러한 인식에 따라 학교 설립을 위한 모금 활동이 시작되었으며,

1994년 6월에 한국선교단체협의회에서 김활영 선교사를 초대 교장으로, 신기찬 선교사를 이사장으로 임명하고 뉴 마닐라 지역에 건물을 임대하여 개교하였다. 또한, 1990년대에 들어서면서 서서히 시작된 '전략적 선교센터' 설립 문제도 2000년 들어 한국인 선교사들의 수가 더욱 많아지면서 본격화됐다. 특히 1990년대 말 한국 사회가 경제위기를 겪는 과정에서 체득한 지혜를 동원하여 비싼 주거비와 사역을 위한 건물 임대료를 아끼고 모아서 재원을 조달하는 방법이 추진되었다. 당시 한국에서는 21세기 지구화 시대의 도래가 사회적 이슈가 되고 조기유학과 영어교육이 붐을 일으키고 있었다. 이러한 시기에 센터를 중심으로 한 선교 사역은 많은 선교사들에게 안정적으로 사역할 수 있는 기반을 제공하기도 했다. 한편 1991년 12월에는 개인회원을 중심으로 조직되어 있던 선교협의회를 선교단체를 회원으로 하는 조직으로 개편하여 주비한국선교단체협의회를 출범시켰다. 본 협의회는 2006년에 주비한국선교단체협의회와 주비선교사교단협의회로 분리되어 있다가 2008년 6월에 이르러 한국선교사총연합회라는 이름으로 통합되었다(한국교회 필리핀 선교 40년사 발행위원회 2016: 46, 52).

1990년대 이후 필리핀 내에서 분야별로 다양한 종류의 한국인 단체들이 생겨났다. 이 시기 필리핀에 한인 수가 급속히 증가하고 장단기 유학생과 관광객 수가 빠르게 늘어나면서 한인 사회가 조직적인 측면에서도 전문화와 다양화가 이루어졌다. 필리핀의 한인 사회를 대변하는 필리핀한인총연합회를 비롯하여, 재필리핀한국부인회, 재필리핀선교단체협의회, 교포무역인협의회, 지상사협의회, 민주평통자문회의동남아협의회, 재필리핀학생협의회, 그리고 각 지방의 한인회가 조직되어 활동하게 되었다.

5) 휴식을 찾아가 새로운 삶을 시작하다—2006~2019년

2009년은 한국과 필리핀이 수교를 맺은 지 60주년이 되는 해였다. 필리핀 이주 한인 수는 2005년 이후 급속히 증가하여 2009년에 11만 5,400명으로 최고치에 이르렀다. 이는 2006년부터 한국 정부가 실시한 해외투자자유화정책과도 연관이 있다. 이 정책으로 인해 개인의 해외투자가 쉬워지면서 소자본 상공인들과 투자자들의 필리핀 진출이 급속하게 증가하였다. 필리핀을 방문하는 한국인 수도 많이 증가하여 2012년부터 매년 100만 명이 넘는 한국인이 필리핀에 입국하였다. 이는 필리핀에 입국하는 국가별 외국인 수로는 1위에 해당한다.

오늘날 필리핀의 한인 사회는 규모가 클 뿐만 아니라 내부 구성도 무척 다양하고 복잡하다. 영주권이나 시민권을 가진 한인이 전체 한인의 0.9퍼센트에 불과하며, 이는 대부분 필리핀 한인들이 불안정한 체류 신분을 가지고 있음을 말해준다. 필리핀 한인의 많은 경우 체류 선택지로 한국과 필리핀 중 양자택일이 아니라 다양한 영어권 선진국을 포함하고 있다. 즉 필리핀을 다른 영어권 국가로 가기 위한 일시적 경유지로 간주하는 예가 많다는 것이다. 이처럼 일시적 체류자격의 거주자가 절대다수고 내부 구성이 다양하다는 점은 필리핀 한인 주거 지역과 상권이 현지 사회와 긴밀하게 연결되지 못하고 배타적으로 형성되는 배경이 되기도 한다(김민정 2014: 230).

필리핀 한인 사회는 이처럼 구성 요소들의 차이로 인한 다양성과 더불어 근래에는 지리적으로도 다변화가 이루어지고 있다. 과거에는 필리핀을 방문하는 경우 대부분 마닐라에 도착하여 일정 기간 머물다가 지방으로 진출하는 패턴이었지만, 이러한 이주 패턴에 변화가 나타나고 있다. 이는 항공 노선의 다변화와 연관된다. 근래 다양한 항공사에서 마닐라를 거치지 않고 중부의 세부나 북부에 있는 클락 혹은 필리핀 관광지로 가장 잘 알려진 보라카이 인근의 깔리보 등으로 직접 운항하는 노선을 개설함으로써 굳이 복잡하게 마닐라를 거치지 않고 직접 목적지로 가는 경우가 많아졌다. 이는 필리핀을 방문하는 한국인 수는 증가했지만, 마닐라의 한인 수는 감소하는 결과로 나타나고 있다. 이처럼 한인 사회 구성원의 다변화와 지리적 분화는 필리핀 한인 사회의 결속력에 부정적인 영향을 미치고 있다. 비록 한인의 대표기관으로 필리핀한인총연합회가 존재하지만 회비를 내며 참여하는 수는 점차 감소하고 있으며, 한인들은 지역별 혹은 그룹별로 분화되고 있다.

필리핀 한인 사회의 중요한 축을 형성하고 있는 그룹들로는 공무원 혹은 국제기구의 파견 요원들, 기업의 주재원들, 한인회의 중심이 되는 현지 중소 상공인들, 자녀교육을 위해 필리핀에 거주하는 기러기 가족들, 선교를 목적으로 파송된 선교사 가족들, 그리고 유학이나 어학연수 등으로 일정 기간 필리핀에 머무르는 학생들로 구성된다. 해외 한인 사회의 일반적인 패턴이긴 하지만, 이들은 직장 혹은 사업과 관련된 조직이나 단체에 소속되어 활동하며, 지역적으로는 자녀들이 다니는 학교의 학부모회, 그리고 신앙생활과 기타 정보교환을 위한 교회 공동체를 중심으로 커뮤니티를 형성하고 있다.

장기로 해외에 체류하는 한인들의 경우 자녀교육은 무엇보다도 중요한 관심사며, 이는 또한 한국인으로서의 정체성과 관련된 문제기 때문에 정부의 관심사기도 하다. 이러한 관점에서 1970년대부터 주말학교 형식으로 한글학교가 시작되었지만, 필리핀에서 한국 교과 과정에 맞춘 교육이 시행되기 시작한 것은 2000년대 들어서다. 2002년부터 논의되기 시작한 필리핀 한국국제학교가 2009년 3월 1일에 정식 개교함으로써 필리핀에 거주하는 한인의 자녀교육을 담당할 최초의 정규 교육기관이 되었다. 한글학교와는 달리 한국의 정규 교육 과정을 따르는 국제학교의 경우, 장기체류 한인들의 자녀와 어학연수를 위해 필리핀에 장기체류하는 학생들을 대상으로 한다. 한국국제학교는 한국 정부와 대사관, 한국 기업과 한인들의 후원금으로 설립되어, 유치원에서부터 고등학교 과정까지 운영하고 있다. 한국 교육과학기술부에서 파견된 김성미 교장이 1대 교장으로 취임했고, 행정 직원을 포함한 34명의 한국인, 원어민, 필리핀 교직원들이 근무하고 있다(박정현 외 2015: 106). 한국국제학교가 설립되면서 필리핀 한인 자녀들의 진로에도 일부 변화가 나타나고 있다. 과거에는 대부분 필리핀에서 고등학교를 졸업하고, 영어권의 대학 특히 미국의 대학으로 진학하는 것이 일반적이었지만, 최근에는 한국국제학교를 졸업한 학생들이 한국에 있는 대학으로 진로를 결정하는 경향이 두드러진다. 일례로 2019년 1월 11일 개최된 제10회 졸업식에서는 유치원 7명, 초등학교 13명, 중학교 17명, 고등학교 20명 등 총 57명의 졸업생을 배출했으며, 이들 중 고등학교를 졸업한 학생 20명 모두 한국 소재 주요 대학에 진학했다.

이 시기 한국에서 크게 유행했던 조기유학 열풍으로 필리핀에도 많은 한국인 초·중·고등학교 학생들이 유입되었다. 필리핀에서는 영미권 국제학교에서 수학하는 한국인 학생들을 쉽게 발견할 수 있다. 또한, 근래 많은 학생이 단기 어학연수나 교환학생 명목으로 필리핀에 거주하고 있다. 한국통계청 자료에 따르면, 2010년 6월 기준으로 2000년 이후 누적 집계된 조기유학생만 15만 4,345명에 달하는 것으로 나타났다. 2010년 6만 8,000명이 다녀간 필리핀에서 어학연수는 관광에 이어 방문 목적 2위를 차지했다. 필리핀은 주요 선진국보다 비교적 저렴한 유학비용으로 중산층 가정에서 조기유학 코스, 연계 연수의 시발점으로 주목받고 있다. 또한, 최근 몇 년 사이에 한국의 대학들과 필리핀의 대학들이 교류협력(MOU 혹은 MOA)을 맺어 학생 교류와 공동연구 사업을 진행하는 경우가 급속히 증가하고 있다(박정현 외 2015: 115).

필리핀 한인 사회의 한 축을 이루고 있는 선교사의 규모도 급속히 증가함으로써 지역별 협의회 활동이 더욱 강화하고 있다. 2014년 집계된 바로는 필리핀에서 사역하는 선교사 수가 약 1,500명이 넘는 것으로 나타나며, 이들은 전국에 흩어져 지방선교사협의회를 중심으로 활동하고 있다. 이에 따라 필리핀 전 지역을 아우르던 중앙선교협의회는 별로 큰 사역을 감당하지 못하고 있는 것으로 평가된다. 그동안 마닐라를 중심으로 전국적인 네트워크가 형성되었지만, 항공편의 다원화로 이제는 마닐라 중심의 선교사협의회 운영이 효율성을 가지기 힘들어졌다. 더 나아가 마닐라 지역 자체 내에서도 지역 선교부의 활발한 활동이 한국선교사총연합회의 통일된 지도력을 분산시킨 원인으로 간주하기도 한다(한국교회 필리핀 선교 40년사 발행위원회 2016: 54). 2017년 1월 실시한 마닐라 현지 조사에서 인터뷰를 통해 메트로 마닐라 내의 한인 교회 교인 수가 교회별로 대략 30퍼센트가량 감소한 것으로 나타났다. 이는 마닐라 중심에서 전국적으로 분산되고 있는 한인 사회의 변화 행태가 마닐라 한인 교회에도 많은 영향을 주고 있음을 말해준다.

한편 필리핀 정부는 실버산업 육성을 위해 은퇴한 외국인들에게 특별영주비자를 제공하고 있다. 본 은퇴비자는 취득조건이 비교적 단순할 뿐만 아니라, 제공하는 다양한 혜택으로 인해 필리핀 내에서 안정적인 생활을 할 수 있다는 장점이 있다. 이에 따라 2000년대 중반에 많은 필리핀 한인들이 이 비자를 취득했다. 은퇴비자 발급 기관인 필리핀은퇴청Philippine Retirement Authority의 자료에 따르면 한국인의 은퇴비자 신청자 수는 2000년에 79명, 2001년에

138명, 2003년에 152명, 2004년에 219명, 2005년에 372명, 2006년에 1,179명, 2007년 2,620명으로 급속하게 증가세를 보였으며, 이후 점차 감소세를 나타냈다. 필리핀에서 은퇴비자 신청 조건은 연령이 35세에서 50세 사이면 미화 5만 달러를 필리핀 은행에 예치해야 하고, 50세 이상인 경우에는 미화 2만 달러만 예치하면 된다. 예치금은 콘도미니엄 소유권 구입이나 주택, 토지, 연립주택의 20년 이상 장기 임대, 골프나 컨트리클럽 지분 소유권 구입, 필리핀 증권거래소에 등록된 법인의 지분 투자 등으로 사용할 수 있다. 그리고 은퇴비자 취득 시 다양한 혜택을 약속하고 있다. 즉 수시 출입국 가능, 이민국에서 발행하는 출국확인서 및 재입국허가서 제출 면제, 이민국에 매년 등록해야 하는 외국인 등록 면제, 시가 미화 7천 달러 상당 개인 물품 반입 시 세금 면제, 입국일로부터 1년 이내 출국 시 여행세 면제, 특별 학업 허가Special Study Permit 면제, 연금 송금 시 면세 등의 혜택을 제공한다. 은퇴비자 신청 시 본인과 배우자, 그리고 21세 미만의 미혼 자녀 한 명은 동반인으로 은퇴비자 혜택을 받을 수 있다. 동반 자녀 한 명이 추가될 때는 1만 5천 달러를 추가로 예치하면 된다. 일단 은퇴비자 프로그램에 들어온 자녀는 21세가 넘어도 지속해서 비자가 유지된다(김동엽 2009; 박정현 외 2015: 116-117).

이처럼 한인들 사이에서 필리핀 은퇴비자를 발급받는 수요가 급속히 증가했던 것은 2006년 한국 정부가 실시한 외환규제 완화와 해외부동산투자규제 완화정책과 무관하지 않다. 해외 진출과 투자가 보다 쉬워짐에 따라 보다 안정적인 환경에서 거주하기 위한 방안으로 은퇴비자를 취득한 것으로 판단된다. 이러한 해외투자 활성화와 비슷한 시기에 한류 바람이 시작되어 필리핀 한인 사회에도 많은 영향을 미쳤다. 필리핀 주요 방송국의 황금 시간대에 한국 드라마가 연이어 방영됨으로써 필리핀 사람들 사이에 한국에 대한 이미지에 많은 변화를 가져왔다. 드라마의 유행은 각종 한국산 제품과 식품, 기업의 이미지에도 많은 영향을 준 것으로 나타났다. 한국동남아연구소(2010: 287-289)에서 마닐라 시민들을 대상으로 한 여론조사 결과에서도 한국인과 한국의 제품, 그리고 기업에 대한 이미지가 대단히 긍정적임을 볼 수 있다.

한국에 대한 필리핀 사람들의 호의적인 분위기는 일찍이 필리핀에 이주해 현지인과 함께 교육받은 한인 1.5세대들이 필리핀 방송가에 진출해 두각을 나타내는 현상으로도 나타나고 있다. 국내 걸 그룹 2NE1에서 활발한 활동을 펼쳤던 산다라 박이 대표적인 인물이다. 그녀는 당시 필리핀에서 가장 영향력 있는 방송사였던 ABS-CBN의 오디션 프로그램에 참여해 2등을 차지함으로써 필리핀 연예계에 데뷔했다. 이후 한국의 연예 기획사에 2NE1 맴버로 발탁되어 현재 한국 연예계에서 활동하고 있다. 이 밖에도 필리핀 방송 Q 채널에서 MC와 DJ 등으로 활동 중인 오상미Sam Oh, GMA 채널에서 활동 중인 이경희Grace Lee, 그리고 또 다른 오디션 프로그램에서 입상해 ABS-CBN 채널을 중심으로 MC와 코미디언으로 활약 중인 방성현Ryan Bang 등이 있다. 많은 필리핀 사람들이 이들이 한국인이며, 필리핀 방송가에서 대중적 인기를 바탕으로 확고한 기반을 다지고 있다고 보고 있다(박정현 외 2015: 110-111).

필리핀 내에서 한류 바람을 지속해서 이어가기 위한 노력이 한국 정부와 한인 사회를 중심으로 지속되고 있다. 지난 2010년 주필리핀 한국대사관이 이전하면서 새롭게 개원한 한국문화원은 2011년부터 한국 문화를 알리는 사업을 추진하고 있으며, 한국어, 탈춤, 국악, 사물놀이, 서예, 공예, 태권도, 한국 노래 등 필리핀 대중을 대상으로 다양한 문화 프로그램도 진행하고 있다. 아직 초기 단계에 있는 한국문화원 활동이 일방적으로 한국의 문화를 필리핀 사람들에게 주입한다는 인상을 주기보다는 한국과 필리핀을 잇는 문화 교류의 통로라는 인식을 심어주는 것이 필요할 것이다. 더불어 계층 간 소득 격차가 심한 필리핀에서 고가의 한국 제품이나 한국 음식 혹은 문화를 쉽게 소비할 수 없는 많은 필리핀 대중에게 좀 더 쉽게 한국 문화를 접할 수 있도록 유도하는 것도 필요한 과제로 지적되고 있다(박정현 외 2015: 111).

2010년대 후반부에 들어서는 필리핀 한인 사회에 다양한 변화가 나타나고 있는 것을 감지할 수 있다. 필리핀 현지 사정을 제대로 알지 못하고 막연한 기대감 속에 이주를 결정하고 필리핀에 와서 생활을 시작한 사람들이 각종 현실적인 문제에 봉착하면서 한국으로 돌아가는 경우가 많아졌기 때문이다. 이는 2018년 현지 한인과의 인터뷰를 통해 당시 한국과 필리핀 간의 이삿짐 물동량을 비교하여 필리핀으로 유입되는 것보다 한국으로 돌아가는 수량이 많다는 것을 통해 짐작할 수 있다. 또한, 필리핀에서 발생하는 한인 피살 사건 등이 한국의 언론에 자주 보도됨으로써 필리핀으로의 이주를 꺼리는 현상도 나타났다. 그런데도 여행 및 단기체류를 위해 필리핀을 방문하는 한국인 수는 계속 증가하여 2019년에는 178만 명을 넘었다. 이는 장기체류 한인 수는 줄어들지만, 여행이나 어학연수 등 단기체류 한국인 수는 여전히 증가하고 있음을 보여준다.

6) 코로나19 사태 이후 필리핀 한인 사회를 다시 보다—2020년 이후

필리핀에서 코로나19 바이러스가 번지기 시작한 것은 2020년 2월부터이며, 사태의 추이가 심상치 않자 필리핀 정부에서는 3월 초에 해외로 연결되는 모든 항공 노선을 폐쇄한다고 발표했다. 더불어 필리핀 내에 있는 모든 외국인에게 공항 폐쇄 전에 귀국할 것을 권유했다. 이에 따라 필리핀에 여행, 연수 혹은 기타 목적으로 단기 거주하던 많은 한인이 서둘러 귀국했다. 코로나19 사태는 필리핀 한인 사회에도 커다란 파문을 가져왔으며, 향후 사태의 추이에 따라 필리핀 한인 사회의 모습도 크게 변화될 것으로 예상한다. 전 세계적으로 번지며 많은 희생자를 낳은 코로나19 사태에 대처하는 각국 정부의 태도는 자국민 보호 우선이라는 국수주의적인 특성을 분명히 드러냈다. 코로나19 사태가 해외에 나가 있는 자국민을 보호하기 위해 특별기를 편성하여 귀국시키는 것이 국가의 의무처럼 여겨지는 상황이다.

코로나19 사태의 장기화와 이로 인한 해외여행 중단은 해외 이주와 정착이라는 문제를 새로운 관점에서 바라보는 계기가 되었다. 특히 필리핀처럼 한인 이주의 형태가 국적을 취득하여 귀화하는 것이 아니라, 한국 국적을 보유한 채 장기체류 비자를 취득하거나 단기체류 비자를 연장해가며 외국인 신분으로 거주하는 한인들로 이루어진 한인 사회는 코로나19 사태를 통해 그 취약성이 여실히 드러났다. 이는 단지 필리핀 한인들의 법적 지위나 체류 자격 문제뿐만 아니라 필리핀 한인 사회의 많은 구성원이 필리핀을 방문하는 한국인을 상대로 한 경제 활동을 통해 생계를 유지하는 상황에서 한국인의 필리핀 방문 중단은 곧 한인 사회의 경제적 기반이 붕괴되는 것을 의미하는 것이나 다름없다.

클락 국제공항에 한국으로부터의 직항로가 개설되면서 필리핀에 새로운 한인 집단 거주지로 부상했던 앙겔레스 지역의 한인 사회 소식은 이러한 상황을 대변해주고 있다. 소셜 미디어를 통해 알려진 앙겔레스 지역의 장기체류 한인 수는 코로나19 사태가 시작되기 이전인 2020년 3월만 해도 약 2만 5,000명에서 3만 명이었던 것이 8월경에는 겨우 2,500명 정도밖에 남지 않은 것으로 추정된다. 귀국한 한인 대부분은 필리핀 정부의 자국민우선정책과 불안한 의료 서비스로 인해 사태가 진정될 때까지 잠시 사업을 중단하고 귀국한 경우가 대부분이다. 즉 언제라도 사태가 마무리되면 다시 돌아가 사업을 지속할 것을 기대하고 귀국한 것이다. 그러나 사태가 장기화되면서 필리핀에 재입국할 길이 막히고, 현지에 남겨두고 온 사업장에 대한 관리도 제대로 이루어지지 못함에 따라 막대한 경제적 손실을 감수하고 있다. 이는 비단 앙겔레스 지역만의 문제가 아니라 필리핀 전역에 흩어져 있는 한인 사회 전반의 문제라고 볼 수 있다.

필리핀 정부의 외국인에 대한 시한부 철수 명령과 경제 활동 중단이라는 어려운 상황 속에서도 현지에 남아 생활하는 한인들은 나름대로 이유가 있다. 비록 비자를 연장하여 체류하는 경우라 할지라도 해외 이주를 결심하고 가족과 함께 필리핀에 와서 정착한 사람들은 한국에 어떠한 삶의 터전도 남겨놓지 않은 경우가 많다. 따라서 모든 가족과 삶의 터전이 필리핀에 있고 이를 제대로 정리할 시간적 여유나 환경이 되지 않은 상황에서 어쩔 수 없이 체류를 선택한 것으로 보인다. 필리핀 상황이 악화되고 한국으로의 귀국 특별기가 편성되어 한인들의 귀국행이 이어질 때 잠시 비를 피한다는 심정으로 귀국길에 오른 사람들은 사태가 장기화되면서 언제 끝날지 모를 이번 사태로 인해 많은 고통을 겪고 있다. 소셜 미디어를 통해 짐작할 수 있는 현지 체류 한인들의 삶 또한 장기간 경제 활동을 제대로 할 수 없는 상황에서 많은 어려움을 겪고 있는 것으로 보인다. 이처럼 어려운 상황 속에서도 필리핀에 체류하기로 결정한 한인들의 많은 경우 필리핀 국민과 결혼한 국제결혼 가족이 많다는 점이 향후 필리핀 한인 사회의 미래를 짐작하게 한다. 국제결혼을 한 한인들은 현지인 아내나 남편, 그리고 자녀를 두고 비교적 현지에 깊이 뿌리를 내리고 정착해 살고 있어서 한국으로의 귀국을 선택하기 어려운 상황이었을 것이다.

국내외적인 이동 통제와 이로 인한 경제 활동 제한으로 나타난 필리핀 한인 사회의 또 다른 현상은 소셜 미디어를 통한 소통이 증가한다는 점이다. 물론 이번 코로나19 사태가 발생하기 이전에도 지역별 한인들이 중심이 돼 온라인 카페나 단톡방이 개설되어 정보를 공유하고 소통하는 모습을 볼 수 있었다. 그러나 이번 사태가 발생하여 고립된 상태가 지속되면서 필리핀 현지에 남아 있는 사람들에 의한 유튜브 활동이 두드러지는 추세다. 이들은 자신들의 주변에서 일어나고 있는 일상적인 모습을 영상에 담아 전하면서 필리핀 현지 상황과 뉴스를 나름의 관점을 가지고 전달함으로써 구독자들과 소통하는 모습을 보여주고 있다. 불과 몇 개월 되지 않는 유튜브 채널에 구독자 수가 급속히 증가하여 수천에서 수십만까지 증가하는 현상은 소통의 범위가 필리핀 체류 한인들을 넘어서 일반 대중에게도 퍼지고 있음을 짐작하게 한다. 특히 인기 있는 유튜버의 대부분이 필리핀 현지인과 결혼한 한필 가족이라는 점이 특이하다. 국제결혼을 한 가족이 생활하는 일상의 모습과 주변 현지인과 소통하는 모습이 많은 사람의 시선을 끈다. 더불어 그동안 한국에서 일반인들이 TV 프로그램을 통해 주로 시청해왔던 동남아 국제결혼 가족의 모습과는 다르다는 점도 눈길을 끈다. 이들 유명 유튜버들은 스스로 자신의 진솔한 이야기뿐만 아니라 필리핀의 역사, 문화, 뉴스 등을 나름대로 분석해 영상 콘텐츠로 담아 대중에게 전달함으로써 많은 공감을 얻고 있다. 이들의 모습은 그동안 한국에서 동남아 출신 아내를 얻은 한국인에 대한 편협한 시각을 바로잡는

데에도 이바지하고 있다고 할 수 있다.

포스트 코로나19 시대는 사회의 모든 부분에서 새로운 정상new normal이 나타날 것이라 예상한다. 필리핀 한인 사회의 새로운 정상이 어떠한 모습으로 드러날지는 아직 예측하기 힘들다. 2021년 중반 이후로 예상되는 코로나19 백신 접종으로 모든 일상이 제자리로 돌아가고, 귀국했던 한인들도 필리핀으로 돌아가 이전처럼 이주민으로 사는 삶을 지속할 수도 있을 것이다. 그러나 코로나19 사태의 기억은 여전히 남아 있을 것이며, 이로 인해 필리핀으로의 이주나 정착에 대한 기본적인 생각과 태도에도 많은 변화가 있을 것으로 보인다. 또한, 외국인 신분으로 해외에 정착하여 살아가는 것이 얼마나 불안정한 것인가에 대한 인식도 높아질 것이다. 이러한 경험을 바탕으로 향후 필리핀 한인 사회에서 국제결혼 가족의 역할이 더욱 증가할 것이라 예상된다. 이는 현지인과의 결혼이 공식적인 이민의 거의 유일한 통로가 되는 필리핀의 현실에서 현지에 깊이 뿌리내리고 살아가는 국제결혼 한인들의 입지가 더욱 강화될 것이기 때문이다.

2장

필리핀 한인의 진솔한 이주와 정착 이야기

1. 필리핀 한인의 이주와 정체성 구분 짓기

오늘날 필리핀에 거주하는 한인 동포들의 이주는 경제적 요인에 따른 개인의 선택이라 간주할 수 있다. 물론 한국전쟁이 일부 이주의 원인이 되기도 했지만, 이는 전쟁이라는 사건보다는 개인이 경제적 합리성에 근거해 더 나은 기회를 제공하는 지역으로 이주한 것으로 봐야 할 것이다. 이러한 이주의 흐름과 형태는 한국과 필리핀 사이의 경제적 발전 격차가 원인을 제공했다고 볼 수 있다. 그러나 양국 간의 경제적 발전 격차는 이주의 필요조건이지 충분조건은 되지 못한다. 실제 이주의 흐름을 결정하는 흡입과 배출 요인은 경제적 요인뿐만 아니라 국가 간의 합의나 이주와 관련된 정책 등과 같은 다양한 정치·경제·사회적 요인들에 의해서 결정된다. 즉 이주는 정치·경제적 요인에 따른 개인의 합리적 선택으로 이루어진 것으로 요약할 수 있다.

필리핀으로의 이주가 가지는 특수성은 한국과 마찬가지로 필리핀도 귀화라는 방법 이외에 법적으로 시민권을 제공하지 않기 때문에 대다수의 필리핀 한인들은 외국인 신분으로 체류한다는 점이다. 이는 미국이나 호주 혹은 캐나다와 같은 합법적 이민을 통해 시민권을 획득하여 해당 국가의 국민으로 살아가는 한인들과 구분된다. 또한, 역사적 과정에서 부모 혹은 조부모가 이주하여 정착한 중국, 일본, 러시아의 한인 후손들과도 구분된다. 필리핀의 한인들은 대다수가 한국 국적을 소유하고 영주권이나 장기체류 자격으로 사는 사람들을 의미한다. 일부 필리핀인과의 국제결혼이나 특별한 계기를 통해 귀화하여 필리핀 국적을 취득한 예도 있지만, 이는 극히 제한적이다. 필리핀의 한인 동포 수는 1990년대 이후 급속한 증가세를 나타냈다. 이는 한국의 경제 발전과 더불어 해외 진출에 대한 각종 규제 완화, 그리고 세계화라는 시대적 흐름이 반영된 것으로 볼 수 있다. 또한, 1997년에 잠시 증가세가 주춤했던 것과 2008년 이후 감소추세를 보이는 것은 필리핀 한인 동포들의 생활이 한국의 경제적 상황과 밀접한 관련이 있음을 방증한다.

필리핀 이주 한인들의 특성은 필리핀 이주가 본격적으로 시작된 시점부터 시작하여 세 시기로 나누어 구분할 수 있다. 이 세 시기는 송출국인 한국과 수용국인 필리핀 간의 정치·경제적 상황의 변화를 중심으로 구분된다. 특히 양 국가의 경제적 위상의 변화를 중요한 요인으로 삼은 이유는 송출국과 수용국의 경제적 차이가 이주의 형태와 특성에도 많은 영향을 주기 때문이다. 즉 일반적인 이주 이론에서도 개발도상국에서 더욱 선진화된 국가로의 이주 형태와 선진 사회에서 개발도상국으로 이주하는 형태에는 차이가 나타난다.

첫 번째 시기에 해당하는 필리핀 이주 한인들은 1970년대 이전에 이주한 경우이다. 이 시기에 이주한 한인들은 일부 일본 식민지하에서 군인의 신분으로 필리핀에 왔다가 정착하게 되었거나, 독립 후 유학이나 상업을 목적으로 필리핀에 이주하여 정착한 사람들이다. 또한, 이 시기 가장 특징적인 이주 유형은 한국전쟁 이후 필리핀 군인이나 군무원과 결혼하여 이주한 한인 여성들이다. 이들은 대체로 열악한 한국의 경제·사회적 환경에서 벗어나 보다 선진적인 필리핀 사회로의 이주를 선택한 것으로 볼 수 있다.

두 번째 시기에 해당하는 필리핀 이주 한인들은 1970~1980년대에 이주한 경우이다. 이 시기는 한국의 경제 발전이 급속도로 이루어지고 있었으며, 한국과 필리핀의 경제적 발전 수준이 뒤바뀌는 시기로 볼 수 있다. 한국 기업들이 필리핀에 진출하면서 기업 주재원으로 이주했다가 이들 중 일부는 퇴직 후 필리핀에 남아 개인 사업을 시작한 사람들도 있고, 국제기구(ADB, WHO, IRRI)나 외국계 기업에 근무하던 사람들, 그리고 유학생과 선교사 신분으로 이주하여 정착한 사람들도 있다. 이 시기에는 한국 사회에서 해외로 나가는 것 자체가 특별한 것으로 여겨졌던 시대였다. 따라서 이 시기에 필리핀에 이주한 한인들은 대부분 한국 사회에서도 해외 진출이 가능한 특별한 자격이나 여건을 갖춘 사람들로서 보다 자발적이고 진취적인 입장에서 필리핀으로 이주한 것으로 볼 수 있다.

세 번째 시기에 해당하는 필리핀 이주 한인들은 1990년대 이후에 이주한 경우이다. 이 시기는 1988년 서울올림픽을 계기로 한국의 국제적 위상이 높아졌지만, 필리핀은 해외로 가정부와 노동자를 송출하는 국가로 전락함으로써 양국 간의 경제적 격차가 확연히 역전된 상태였다. 특히 1989년 한국의 해외여행자유화정책과 2006년 해외자본투자자유화정책과 같은 해외 이주에 많은 영향을 미친 국가정책은 필리핀 이주 패턴에도 많은 변화를 가져왔다. 또한, 1997년과 2008년 한국의 경제위기 상황은 한인의 필리핀 이주 흐름에 영향을 미치기도 했다. 한국의 경제위기 상황은 일시적으로 여행객의 감소와 유학생의 귀국 등으로 필리핀 한인 사회를 위축시켰다. 이 시기에는 필리핀을 찾는 한국인 관광객과 어학연수생 수가 급속히 증가했으며, 이들을 고객으로 하는 여행업, 숙박업, 요식업 등 다양한 업종이 나타났고, 이러한 업종에 종사하는 한인들의 수도 급속히 증가했다. 이러한 추세는 2020년 코로나19 사태를 계기로 새로운 변화를 겪고 있다.

이처럼 각 시기별로 다른 환경에서 이주한 필리핀 한인들은 국가와 민족과 연관된 정체성에 있어서도 차이가 있음을 볼 수 있다. 정체성identity이란 용어는 라틴어 'identitas'와 희랍어 'tautotes'에 어원을 두고 있으며, '동일성sameness'과 '자기성selfhood'의 의미를 동시에 포함한다. 동일성으로서의 정체성은 내가 무엇인지being라는 근본적인 질문에 관한 것으로서 변화하지 않는 속성을 가진다. 반면 자기성으로서의 정체성은 내가 누구이고 무엇이 되어 가는가becoming에 대한 대답으로서 변화하는 속성을 갖는다(미셸 세르 외 2013: 66; 박승규 2013: 455). 불변의 속성을 가진 정체성은 주로 집단에 의해 집단적이고 통일적인 인식을 개인에게 부과하고, 변화하는 속성을 가진 정체성은 자신이 처한 환경에 따라 스스로가 자신을 규정하는 것을 의미한다. 내가 관계 맺고 있는 공간의 변화는 나의 정체성 형성에 영향을 주며, 인간이 생활하는 모든 시공간은 변화한다. 그런 점에서 사실 모든 정체성은 지속적으로 변화한다고 볼 수 있다.

즉 변화하는 정체성은 차이와 다름을 부각하는 방향으로 변화한다면, 변화하지 않는 정체성은 같음과 동일시를 강화하는 방향으로 변화한다(박승규 2013: 463).

개인은 가족과 직업 집단, 시민 사회, 국가, 그리고 초국가적 공간에 동시적으로 귀속되고, 다양한 생활양식에 영향을 받으며 '나는 누구이며 나 자신을 어느 집단에 더 우선적으로 소속할 것인가?'에 대한 답변을 통해 자신의 정체성을 표현한다(김왕배 2003: 55). 개인의 정체성 형성에 있어서 가족과 국가는 중요한 행위자이다. 가족과 국가는 개인의 사회화 과정에서 중요한 행위자이기 때문이다. 또한, 개인은 사회적 관계 속에서 상호 공유하는 집단적 표상을 통해 자신의 정체성을 확인하기도 한다(홍태영 2011: 334). 한편 민족은 "동일한 역사적 공간, 신화, 기억, 집단, 문화, 경제 및 법률적 권리와 의무를 구성원 모두가 공유한 인류의 정치적 공동체"로 규정할 수 있다(Smith 1991: 14). 이러한 민족은 제도화된 정치체제인 국가를 통해서 공동체로서 보다 완전해진다(조의행 2015: 114).

근대 민족국가는 민족 정체성에 대한 강조를 통해 구성원들의 결속력을 강화한다. 이러한 민족 정체성에 대한 정의는 다양하다. 우선, 민족 정체성을 한 개인이 어느 특정 민족 공동체에 소속되어 있음을 지각하는 것으로 정의한다. 또한, 주관적, 객관적 특징들을 바탕으로 자민족과의 동일화 과정과 타민족과의 상이점을 인식하는 과정을 통해서 민족 정체성이 형성된다고 본다. 한편 민족적 자기 동일시, 소속감, 자신의 민족 집단에 대한 태도, 사회적 참여 및 문화적 관습 등을 민족 정체성의 핵심 요소로 간주하기도 한다(이석인 2015: 193). 이처럼 민족 정체성은 역사와 문화에 기초한 사회 정체성이며, 조상 대대로 관계를 맺고 있는 한 집단에 대한 충성을 의미한다. 따라서 민족 정체성은 내가 규정한 정체성이 아니라, 민족이 규정한 정체성이고, 그것이 나의 정체성으로 치환되는 것이다(박승규 2013: 462).

이주민의 정체성은 자신이 속한다고 가정하는 국민 국가의 공간을 벗어나서 생활하면서 만들어진 정체성을 의미한다. 이는 자신이 거주하는 공간의 환경과 그 속에서 자신이 처한 정치적, 사회적 상황에 따라서 다르게 나타난다. 이러한 이주민 정체성의 특징을 데이비드 허다트(2011: 146)는 '혼종적 정체성'으로 설명한다. 혼종적 정체성은 어느 곳에서도 고향처럼 편안하게 있을 수 있는 기괴하면서도 낯선 능력을 특징으로 한다. 그런데 이 능력은 절대로 고향을 갖지 못하는 짐이 될 가능성이 항상 존재한다. 한편 홍태영(2011: 353)의 '탈주체화' 개념도 이주민 정체성의 일면을 보여준다. 탈주체화는 고정된 정체성 혹은 고정된 주체가 아니라 끊임없이 생성되는 정체성과 주체의 형성을 의미한다. 국가 권력에 의해 주어진 정체성의 틀에서 벗어나 또 다른 위치와 관계들 속에서 새로운 정체성과 주체를 창조해가는 것이다.

이주민은 자신이 처한 사회적 위치에 따라 자신의 정체성이 변화하며, 그 사회적 위치는 이주하는 과정을 통해 형성되는 공적, 사적인 지역적 공간과 역할의 변화에 따라 형성되는 사회적 관계를 의미한다. 특히 본국에서의 과거성에서부터 시작된 이들의 정체성은 정착국의 상황과 조건에 따라 적응하고 변화하는 양상을 나타낸다(박신규 2008: 51). 전 세계에 흩어져 있는 한인 이주민들의 정체성은 그들의 시공간적 기반의 차이에 따라 다양한 모습을 띠게 된다. 이들은 양쪽 사회의 가장자리에 위치하여 양쪽 사회 모두에서 내적 구성원으로서의 위치를 점유하고 있지 않다. 그러나 이들은 양쪽 사회 모두에서 연결점을 가지고 있으며 계속해서 양쪽 사회에서 그들의 위치를 생성하고 조정해나가려 한다(남혜경·김영순 2018: 668). 한인 이주민의 정체성에 관한 기존의 연구들은 이러한 위치성에 초점이 맞춰져 있으며, 이러한 위치성은 곧 거주 국가의 정책적 특성과 주류 사회와의 관계에 따라 다르게 나타난다. 따라서 한인 이주민이 다수 존재하는 몇몇 국가들의 사례를 살펴봄으로써 그러한 차이를 발견할 수 있을 것이다.

우선, 일본 식민지하에서 탄압을 피하여 자의적으로 이주했거나, 일제가 대륙침략을 위한 병참기지화 목적으로 실시한 이주정책에 따라 중국으로 이주한 한인(조선족)들의 정체성은 중국 공산당의 민족평등정책과 밀접한 관련이 있는 것으로 나타난다(강수옥 2013; 박경용 2014; 박창욱 1996; 박경용·임경희 2016; 이은정 2019; 이현정 2001). 이현정(2001)의 조선족 정체성에 관한 연구에 따르면, 조사지 10대 조선족 청소년들은 조선말보다 한어를 구사하는 데 더 익숙하고, 음식, 옷, 사고 등에 있어 더 이상 한족과 구별되는 문화적 차이를 드러내지 않는다. 그러나 이들 역시 한족과 구별되는 조선족이란 정체성을 인식하고 있는데, 이들이 구별 근거로 제시하는 것이 결코 '소수 민족'으로 규정됨으로써 갖게 된 사회·경제적 차별이 아니라 오히려 음식·언어와 같은 '원초적인 요소'라는 점이다.

미국에 거주하는 한인들의 정체성은 다양한 측면에서 연구되고 있으며, 주로 세대 간의 차이와 백인 주류층과의 관계 혹은 타인종과의 관계성이 많은 영향을 준 것으로 나타난다(김왕배 2003; 박준규 2002; 류지영 2005; 이석인 2015; 홍순형 1996). 미국은 1903년 하와이 사탕수수 농장의 노동자로 진출하기 시작하면서 이후 아메리칸드림을 좇아 조국을 떠난 한인들의 목적지가 되었다. 이민자로 만들어진 국가 특성상 미국에 거주하는 한인들의 정체성은 이민 2~3세대로 이어지면서 인종 차이로 인한 차별의식과 소수민족으로서 낮은 자아의식에 영향을 받았다. 김왕배(2003)의 연구에 따르면, 특히 1.5세대들은 이주 후 언어의 장벽을 다년간 경험하고, 소수민족으로서 사회적 차별을 인지함으로써 정체성에 더욱 큰 혼란을 겪는다. 그 결과 '주변인'으로서의 의식이 강하게 형성된다는 것이다. 이들은 백인 주류층과의 삶의 구조적 균열, 타인종들과의 반목과 갈등 속에서 주체로 살아가기 위해 그들 나름의 다양한 방법으로 자신들의 정체성을 형성하고자 한다.

재일 한인(재일교포)의 정체성은 광복과 분단이라는 조국의 현실 속에서 분리되고, 민족과 국적에 따른 일본 사회의 차별과 배제를 경험하며 2, 3세대로 이어질수록 한민족에 대한 정체성이 희미해져 가는 것으로 나타난다(김범수 2018; 남근우 2011; 박권일·서경식

2006; 서경식 1996; 임영언 2007). 재일교포 지식인 서경식 교수는 일본 사회에서의 편견이나 차별은 '조선 민족' 전체를 향한 뿌리 깊은 것으로 본다(서경식 1996: 65). 그에게 이주민으로 살아간다는 것은 "깨어지지 않는 유리벽에 고립되어 있는 것"이다. 끝없이 국민으로서의 자격을 심문받고, 의심받고, 배제당하는 삶이라는 것이다(박권일·서경식 2006: 53). 재일 한인 청소년의 민족 정체성을 연구한 임영언(2007)은 그들의 경험과 처한 환경에 따라 다양하고 복잡한 정체성이 존재하고 있지만, 재일 한인 개개인들은 재일이라는 독자적인 정체성을 추구하고 있다는 점을 지적하고 있다.

이상의 주요 한인 이주 국가들 이외에도 구소련의 연해주와 사할린은 일제강점기의 식민지 상황을 피해서 혹은 노동자로 많은 한인이 이주한 지역이다(박경용 2014; 유 게라심 1996). 1930년대 스탈린 정부하에서 실시된 강제 이주정책에 따라 중국과는 달리 집단으로서 한민족 공동체를 유지할 영토적 기반을 상실했다. 한인(고려인)들은 중앙아시아와 카자흐스탄의 광활한 지역에 흩어져 살면서 모국어를 잃고 민족의식이 희미해져 갔다(유 게라심 1996). 구소련 한인들의 정체성은 그 맥락에 있어서 중국과 흡사하며, 국가의 민족정책에 따라 많은 영향을 받은 것으로 볼 수 있다. 한편 독립 이후 1960년대 저개발국에서 선진국으로의 노동 이주로서 '파독 광부'와 '파독 간호사'가 있으며, 이들이 계약 기간이 끝나고 현지에 정착하면서 유럽 지역 한인 이주민의 원조가 되었다. 이들에 대한 연구는 연로한 이주 1세대가 생존해 있고, 또한 자발적 이주라는 특성 때문에 개인에 대한 생애사를 중심으로 '자기성'으로서의 정체성에 주로 초점이 맞춰져 있다(이효선·김혜진 2014; 남혜경·김영순 2018; 손대원·윤서옥 2017; 양영자 2013a, 2013b, 2016). 이들의 정체성은 미국 이민 1세대와 흡사하게 사회 구조, 즉 인종적인 차이로 인한 차별과 주류사회에 제대로 통합되지 못하는 주변인으로서의 정체성을 드러낸다.

해외 이주 한인의 정체성과 관련된 기존의 많은 연구가 설문조사와 같은 정량적 방법을 사용하고 있다. 이는 해당 지역 이주민의 집단적인 정체성을 객관적으로 제시하는 방안이다. 한편 개인의 구술 자료는 개인의 주관적 경험을 회상하여 현재로 불러내는 작업이라는 점에서 지극히 주관적이고, 또한 개인적일 수밖에 없다. 하지만 역설적으로 구술 자료의 가치를 바로 그 주관성과 개인성에서 찾기도 한다. 즉 구술 자료는 단순히 사람들이 했던 것만이 아니라, 그들이 하길 원했던 것, 그들이 하고 있다고 믿었던 것, 그리고 그들이 했다고 생각하는 것도 말해주기 때문이다(Portelli 1991: 50; 윤택림 2009: 513). 또한, 이주민의 생애사 연구는 개인의 총체적 삶의 이야기를 포착할 수 있을 뿐만 아니라, 그 이야기를 통해 그 너머의 넓은 사회·역사적 맥락을 발견할 수 있다(민성은·최성호·김영천 2017: 472). 미국, 중국, 일본과 같이 대규모의 한인 동포 1.5 혹은 2세대 이상의 후손들이 존재하는 지역에서는 개별적 특성을 넘어 일반적인 특성을 발견하기 위한 정량적 연구가 유효하다. 그러나 동남아시아 국가들과 같이 이주의 역사가 그리 길지 않고, 또한 그 규모가 크지 않은 경우에는 유럽의 경우처럼 개인의 생애사 연구를 통한 접근이 유효한 방법으로 볼 수 있다. 또한, 생애사 연구는 한인 동포의 이주와 적응, 생활사에 대한 기록이나 연구가 희소한 경우 활용할 수 있는 방법 중 하나다. 더구나 점차 사라져가는 이주 원로세대들의 구술 자료를 남기는 것은 의미 있는 일이기도 하다.

다음에 소개하고 있는 필리핀 한인 동포들에 대한 실제 이주와 정착에 관한 이야기는 필자가 2017년과 2018년에 실시한 필리핀 현지 조사 기간 동안 인터뷰한 내용을 녹취하여 기록한 것을 주로 사용하였다. 이미 사망한 사람의 이야기는 그가 생전에 인터뷰하여 언론에 기재되었던 내용을 일부 참조하였다. 본 인터뷰에 포함된 한인 동포들은 다양한 소개 과정을 거쳐 임의로 선택된 사람들이며, 이주 시기별로 구분하여 정리하였다. 이들이 각 시기별로 필리핀 한인 동포를 대표하는 사람들이라고 볼 수 없다. 그러나 개인별로 다양한 이주 동기와 정착 과정에서의 경험은 각 시기별 특징을 발견할 수 있게 한다.

필자는 구술자를 만나 인터뷰 목적을 설명하고 동의를 구해 대화 내용을 녹음했다. 본 인터뷰 내용은 필자가 준비한 질문 내용에 따라 구술자가 진술한 내용을 녹취하고 그 내용을 요약하여 제시한 것이다. 구술자의 진술 내용은 단지 자신의 과거 기억에 의존한 것이기 때문에 착오가 있을 수 있으며, 또한 자신의 과거를 재구성하는 과정에서 일부 왜곡이나 과장도 있을 수 있다. 따라서 본 인터뷰 자료는 필리핀 한인 동포들의 이주와 정착에 관한 주관적 진술이며, 필리핀 한인 동포에 관한 객관적 사료史料로 간주할 수 없다. 하지만 구술자들이 자신의 경험과 기억, 그리고 믿음에 기초하여 진술한 이야기 속에는 필리핀 한인들의 이주와 정착에 관한 다양하고 진솔한 내용들이 담겨 있음을 알 수 있다. 본 장에서 인터뷰 내용을 그대로 제시하는 이유는 독자들 스스로 다양한 사례들을 통해 나름대로 필리핀 한인들의 이주와 정착에 관한 의미를 재구성하기를 바라기 때문이다.

본 인터뷰 내용은 1) 이주와 정착, 2) 한인 사회 관계, 3) 현지인 관계, 그리고 4) 가족과 미래 등 네 가지 영역으로 나누어 순서대로 정리하였다. 또한, 서술 방식은 인터뷰한 사람을 일인칭(나)으로 하여 자신의 경험을 이야기하는 방식을 취하였다. 인터뷰를 요청하면서 실명을 밝히기를 꺼리는 사람은 영문 알파벳으로 이름을 표기하였고, 실명을 밝히는 데 동의한 사람은 실명을 사용하였다. 인터뷰한 사람의 성향과 개인적 경험의 차이에 따라 네 영역 중 강조되는 부분과 비중이 다름을 보여준다. 시기별로 구분하여 이주와 정착 이야기를 소개하고 그들이 가진 정체성에 대해 간단한 분석을 해보았다.

정체성은 상황적 변수의 변화와 함께 타 행위 주체와의 끊임없는 상호작용을 통해 재구성되고 전수되는 것으로 간주된다. 필리핀 거주 한인들의 정체성의 특징을 파악하기 위해 이주 패턴에 영향을 미친 양국의 정치·경제적 위상 변화를 중심으로 구분한 세 시기와 이주의 형태 중 국제결혼 여부만을 분석의 대상으로 삼았다. 필리핀 한인 동포들과의 집중 인터뷰 내용 중에서 정체성을 파악하기 위한 부분으로 필리핀에 거주하면서 한민족으로서의 자기 동일시와 소속감, 한민족 공동체를 대변하는 한국에 대한 감정, 그리고 한인 사회에 대한 참여 정도를 중심으로 분석하였다. 또한, 자녀교육에 있어서 어떠한 정체성을 전수하고자 했는지를 알아보기 위해 자녀들의 한국 국적 유지 여부와 한국어 구사 능력 등을 살펴봄으로써 재외 동포로서의 탈주체화 성향을 살펴보았다.

2. 필리핀 이주와 정착 이야기

1) 더 나은 삶의 조건을 찾아서—제1시기 이주(1970년 이전)

박윤화 씨의 필리핀 이주와 정착 이야기

박윤화 씨는 1913년생으로 평안북도 의주군(현 의주시)에서 태어났으며, 1978년 12월 31일에 필리핀에서 교통사고로 사망했다. 그는 1935년 필리핀으로 이주하였으며, 필리핀 여성과 결혼하여 4남 1녀의 자녀를 두었다. 박윤화 씨의 이주와 정착에 관한 이야기는 1977년 2월 3, 4, 24, 25, 28일 『경향신문』 3면에 "해외에 사는 한국인: 살아 있는 필리핀 이민사 박윤화 씨"라는 제목으로 강신귀 특파원이 인터뷰하여 연재한 글을 인용하였다. 또한, 2017년 7월 26일 마카티에서 박윤화 씨의 딸 엘리자베스 박Elizabeth "Betsy" Park과의 인터뷰와

2018년 1월 16일 빠라냐케에 살고 있는 큰아들 로버트 박Robert Park과의 인터뷰 내용을 포함하여 맥락에 따라 정리하였다.

나는 1913년에 독립운동가들을 많이 배출한 평북 의주군 고성면 용산동에 있는 한 넉넉한 농가에서 태어났다. 18세가 될 무렵 나는 공부하기 위해 만주로 떠났다. 사실 공부도 목적이었지만 일경의 감시를 피하기 위한 목적이 더 컸다. 만주로 가기 전에 고향 교회 학생부에서 낸 팸플릿에 실린 나의 글이 독립사상을 고취시켰다고 해서 당시 일경의 고등계에서 문초를 받기도 했다. 18세의 어린 나이로 정처 없이 만주로 떠난 나는 만주 동변에 있는 고급상과학교에 입학했다. 그러나 내가 학교에 들어가 2학년이 될 무렵 일제가 만주를 집어삼키기 위해 일으켰던 완바오산 사건을 통해 일본군이 만주로 다시 진주하게 되면서 나는 고향으로 돌아왔다.

그 당시 나의 꿈은 미국에 가서 박사학위를 따는 것이었지만, 집에 와서 몇 년을 보내다 보니 일경의 감시는 더욱 심해지고 꿈은 점점 멀어지는 것 같았다. 그래서 서울에라도 가서 길을 뚫어보자는 생각으로 상경을 했다. 이렇게 무작정 상경해서 당시 서울에 있었던 미국대사관을 찾아갔으나 미국에 갈 수 있는 길이 없었다. 당시는 제2차 세계대전의 전운이 감돌 때라 미국 비자를 얻는 것이 거의 불가능했다. 여러 번 찾아가서 간청했더니 대사관 직원이 일단 필리핀으로 가면 미국으로 가기가 쉽다고 일러주었다.

내가 나름대로 필리핀행을 결정한 것은 당시 필리핀이 미국의 통치를 받고 있어서 우선 미국에 가기 수월하다고 판단했고, 또한 영어도 익히고 미국으로 가는 여비를 장만할 수 있겠다는 생각 때문이었다. 1935년 5월 나는 부산에서 일본 나가사키행 연락선에 몸을 실었다. 당시 필리핀에 가려면 일본에 가서 필리핀행 배로 갈아타야만 했다. 당시 22세의 청년으로 통통배를 타고 며칠 밤낮이 걸려 마닐라에 도착한 것이 1935년 5월 말경이었다.

여비만 달랑 들고 필리핀에 온 나는 아는 사람도 없고 말도 안 통하는 이곳에서 우선 먹고 잘 걱정이 태산 같았다. 며칠 여인숙 같은 데서 자고 나니 돈이 떨어져 지금의 리잘 공원Rizal Park에서 며칠 동안 노숙하기도 했다. 당시 마닐라에는 화교들이 많이 살고 있어 차이나타운을 이루고 있었다. 나는 혹시 그곳에서 기거할 곳을 찾을 수 있을지 모른다는 생각으로 차이나타운을 찾아갔다. 다행히 그곳에서 발견해낸 것이 고려약방古麗藥房이었다. 나는 고려古麗라는 상호가 고려高麗를 잘못 표기한 것이라면 혹시 이곳에서 동포를 만날 수 있을지 모른다는 기대를 안고 약방에 들어갔다. 뜻밖에도 그 약방은 한인 최명집 씨가 경영하던 곳이었다. 눈물이 나도록 반가웠다. 나중에 알았지만 최 씨 외에 또 한 사람이 마닐라에 있었는데, 두 사람 모두 중국인을 상대로 인삼을 팔고 있었다. 또 인삼을 무역하기 위해 말라야(말레이시아)에서 마닐라로 들락날락하는 한국인 인삼 장수도 10명 정도 있었다. 내가 처한 사정 얘기를 하니, 최 씨는 약방 일을 도와주면서 같이 살자고 반겨주었다. 그때 처음 동포의 따뜻한 정이 얼마나 고마운가를 뼈저리게 느꼈다.

이렇게 해서 나는 낮에는 약방 일을 거들면서 마닐라 대학(현 필리핀국립대학교의 전신) 영문과 야간부에 다녔다. 당시 필리핀에는 마닐라 대학 외에도 몇몇 미션 스쿨이 있었지만, 학생 수가 적어 공부하고 싶으면 아무나 대학에 들어갈 수 있었다. 마닐라 대학도 말이 대학이지 1년에 입학하는 학생이 고작 40~50명 정도로 규모가 작았다. 낮에는 고려약방의 점원으로 일하고 밤에는 학교에 다닌 지 그럭저럭 6개월이 지났다. 고려약방에서는 주로 부산과 인삼 무역을 하고 있었다. 하루는 최 씨가 나더러 약방 일도 알게 되었으니 독립해서 약제 무역을 하라고 권해 나는 학교에 다니며 약제 무역을 시작했다. 최 씨의 도움으로 부산에 있었던 신형대 제약 주식회사와 거래를 터서 홍삼, 백삼, 인삼은단 등을 수입해서 팔았다. 약제 무역은 그런대로 재미가 있었고 나는 얼마간의 돈도 저축할 수 있었다. 내가 마닐라 대학 3학년이 되던 해 태평양전쟁이 터졌다.

태평양전쟁이 발발하자 미군들이 필리핀에 있는 일본인을 잡아 수용소에 가두기 시작했다. 한인도 체포한다는 소문이 들려와 이틀 동안 꼼짝하지 않고 방 안에 숨어 있었다. 이대로 있다가는 꼭 잡힐 것 같아서 한인이 있는 곳에라도 가자 마음 먹었다. 3년 동안 고학을 하면서 모아두었던 한약재와 집기를 버리고 한밤중에 마차를 타고 고려약방으로 향했다. 고려약방에 닿으니 그곳에서는 주인 최 씨 외에 한인 두 명이 반갑게 맞아주며 우선 약방 2층에 숨어서 사태를 지켜봤다. 매일 라디오에 귀를 기울였고, 미국 방송을 통해 미국에 있는 한인은 자유롭다는 것을 알게 되었다. 그러던 중 하루는 미군 헌병이 느닷없이 약방에 들이닥쳤다. 옆집에 살던 필리핀 사람이 미군에 고발한 것이었다.

그 필리핀 사람은 최 씨의 도움도 꽤 많이 받았지만 최 씨가 돈을 잘 번다고 시기해서 밀고한 것 같았다. 최 씨와 나, 그리고 다른 두 명은 경찰서로 끌려갔다. 나는 우리들을 다루었던 미군에게 여권을 보여주면서 우리는 일본인과 다른 한인이라고 항의했지만 허사였다. 심지어 여건을 빼앗고는 돌려주지 않았다. 그날 오후 우리들을 경찰서에서 미군 헌병대로 끌고 가더니 일본인과 함께 유치장에 넣었다. 우리 일행은 12시간 동안 먹을 물 하나 얻지 못한 채 또다시 미군 트럭에 실려 수용소로 옮겨졌다. 당시 마닐라에서 5~6킬로미터 떨어진 곳에 일본인 회사의 사택이 있었는데, 미군들은 그 건물을 수용소로 사용하고 있었다. 거기서 우리들은 매일 주먹밥을 먹으면서 수용소 생활을 했다. 수용소에서 한 달쯤 지났을 때, 일본군이 진주하면서 풀려나게 되었다. 수용소에서 나와 집에 가보니 피땀 흘려 모아둔 상품들은 모조리 약탈당한 상태였고, 나는 다시 빈털터리가 되었다. 게다가 전쟁 때문에 물자마저 귀해 배급 물자로 겨우 끼니를 이어갈 수밖에 없었다.

다시 일본 사람들이 필리핀으로 와서 회사나 상점을 차리기 시작했다. 당시 일인들이 사업 자금조로 일본 정부의 융자를 받는 것을 보고 얼마나 부러워했는지 모른다. 돈도 없고 그렇다고 손 벌릴 데도 없었던 나는 고생고생하며 모은 적은 돈으로 배급 물자로 나온 쌀과 담배를 싸게 사서 넘겨주는 장사를 하기 시작했다. 미군정 치하에서는 일본인으로 오인을 받아 적국 국민 취급을 받고, 일본 치하에서는 일본인이 아닌 제삼국인 취급을 받아야 했다. 배급 장사를 하는 동안에도 일본 형사들이 방해했다. 그렇게 미군이 다시 필리핀에 상륙할 때까지 4년 동안 배급 장사를 하며 근근이 지냈다.

1945년 4월 마닐라 인근에서 미군과 일본군의 치열한 전투가 벌어졌고, 결국 미군이 진주한다는 소식이 들여왔다. 우리는 일본군이 패하고 미군이 다시 들어온다는 소식에 반가웠지만, 또 다른 시련이 우리를 기다리고 있었다. 다시 돌아온 미군 특무대CIC는 마닐라의 일본인과 더불어 한인에 대한 검문을 시작했다. 이때 나도 마닐라 교외에 있는 전범수용소로 끌려갔다. 고려약방 최 씨 등 서너 명의 한인이 이미 잡혀와 있었다. 그때 수용소에는 우리 일행 외에도 징용 또는 학병으로 끌려 왔던 한인이 거의 1백여 명이나 되었다.

수용소에서 전쟁범에 대한 조사를 시작하였고, 우리들도 일단 전쟁범으로 조사를 받았다. 그러더니 얼마 후에 임시석방이란 이름으로 풀려 나왔다. 석방 조건으로 우리는 1주일에 한 번씩 특무대에 출두하여 보고해야 했다. 수용소에서 풀려나와 보니 마닐라 시가지는 완전 무법천지였다. 성난 필리핀 사람들이 일본인은 물론 한인도 눈에 띄는 대로 잡아다가 총으로 쏘아 죽이는 판이었다. 간신히 몸을 숨겨 집에 왔지만 양식이 떨어져 굶기를 밥 먹듯 했다. 1주일에 한 번씩 미국 특무대에 보고해야 했기에 겨우 사람들 눈을 피해 미군에 보고하고 오면 온몸에 진땀이 났다. 이렇게 연금과도 같은 생활을 한 지 얼마 안 되어 마닐라는 8·15광복을 맞이했고, 일본의 항복이 알려지자 마닐라 곳곳에서 축하의 폭죽이 터졌다.

시가지 분위기는 더욱 험악해져 일본인과 한인에 대한 수색은 날로 심해졌다. 광복의 기쁨 대신 실의에 빠져 집 안에 숨어 있던 어느 날 반가운 손님이 찾아왔다. 평소에 친분이 두터웠던 중국인 차본남 씨였다. 필리핀의 중국 화교들은 이미 장개석 총통이 이끄는 국민당 지부를 조직했었는데 차 씨는 그 조직의 간부를 맡고 있었다. 차 씨는 우리 나라도 일제의 수모를 받았는데 어찌해서 숨어 있느냐고 말하면서 같이 일해보자고 했다. 차 씨의 소개로 나는 화교 신문사에 일자리를 얻을 수 있었다. 그 신문은 국민당 기관지였는데 나는 영문 광고를 중국어로 옮기는 일을 했다. 필리핀에 있는 화교 약 2천 명을 대상으로 한 신문이어서 규모는 작았지만 대우가 좋았고 입사하고 얼마 안 있어 나는 신문 광고 부책임자로 승진했다. 신문사에 들어간 후부터 나의 신분은 비교적 자유로워졌고, 또 세월이 흐르자 무법천지였던 마닐라도 흥분이 가시고 점차 안정되어갔다.

당시 조국이 독립되었으니 보따리를 꾸려 귀국하려 했지만, 남북한이 갈라져 고향에 가지 못하게 되어 지금까지 눌러앉게 되었다. 결국 마닐라에 뿌리를 내린 나는 처음에 돈도 없고 해서 일본과 거래하는 무역회사에 다녔지만, 일본인과 접촉하는 것이 싫어 곧 그만두었다. 그리고 목재 수입상인 청우사에 들어가 필리핀에서 원목을 수입하는 일을 도와주면서 한국과 연결된 사업을 하게 되었다. 1955년에 무역회사(회사명 Associate Commercial Trading)를 차려 기업인으로서 자리를 굳혀나갔다. 필리핀에서 나오는 나왕 원목을 한국에 수출하는 사업을 했는데, 당시 원목 무역이 초창기여서 처음에는 여러 번 실패했지만, 차츰 사업이 번창했다. 그러다가 1976년에 필리핀 정부가 원목 수출을 총생산량의 25퍼센트가량으로 제한하는 정책을 발표하면서 원목 수출 사업은 점차 기울게 되었다. 이후 필리핀 사람과 동업으로 건축업을 하기도 했으며, 그 외에도 한인들과 함께 여러 가지 사업을 했다.

다른 한인들과의 관계에 대해 말하자면, 내가 이곳에 처음 왔을 때는 한인이라고는 몇 명 되지 않았다. 초기에는 나에게 많은 도움을 준 고려약방의 최 씨와 일부 인삼 장수들이 전부였다. 한인으로서 태평양전쟁을 경험하면서 많은 어려움을 겪었고, 또 그 과정에서 여러 한인을 만나게 되었다. 전쟁이 끝나고 전범수용소에서 나와서 수용소 이외에 마닐라에 흩어져 있는 한인이 약 20여 명 정도 된다는 것을 알게 되었다. 몇몇은 모여 이제는 광복이 되고 나라를 되찾았으니 한인을 규합하고자 했다. 나는 국민당의 차본남 씨를 통해 당시 중경에 있던 임시정부에 마닐라에 있는 교포들이 조국 독립을 위해 적극 협력하고 모금을 해서 자금을 보내겠다는 내용의 편지를 보냈다. 그러고 얼마 안 돼 임시정부로부터 "당신 편지를 보니 감사하다. 돈을 보낼 생각하지 말고, 그곳 수용소에 갇혀 있는 한국인 포로를 위해 쓰라"라는 내용과 함께 "중국 국민당과 협력해서 교포 보호에 만전을 기하라"는 내용의 김구 선생의 친서가 전달되었다.

나는 고려약방 최 씨와 함께 우선 중경 임시정부의 지시대로 전범수용소에 있는 한국인 포로 석방 교섭에 나섰다. 미국 특무대를 찾아가 한인 포로 석방을 여러 차례 교섭했지만, 일본군 군무원이라도 포로니만큼 포로에 관한 국제 규약에 따라 원적지로 보내 처리해야 한다는 답변만 들었다. 이 무렵부터 마닐라에 한인이 한두 명씩 늘어났다. 마닐라의 치안이 안정되자 일본군에 끌려왔다가 탈출했던 사람들이 모여들기 시작했던 것이다. 돈도 없고 말도 통하지 않은 이들에게 나는 직장도 알선해주고 상해를 거쳐 본국으로 돌아갈 수 있도록 여비 등을 마련해주기도 했다.

광복 후 시작한 원목 수출 사업이 잘되어 당시 필리핀에서 가장 성공한 한인으로 꼽힐 정도였다. 사람들은 나를 박 회장으로 불렀으며, 화통한 나의 성격으로 당시 한인들에게 많은 인심을 샀던 것 같다. 한국에서 외교관이나 운동선수들이 필리핀에 오면 돌봐주기도 하고 이러저러한 도움을 주곤 했다. 그중에는 농구선수 신동파도 있었다. 1956년 한인회가 조직된 이래 줄곧 한인회장을 맡으면서 한인의 일이라면 궂은일도 마다하지 않았다. 우리 나라 운동선수 팀이 필리핀에 원정경기를 오면 앞장서서 선수들을 보살펴주었기 때문에 우리 나라 복싱협회에서는 나를 명예 부회장으로 추대하기도 했다. 우리 집은 한국 공관이 들어선 1958년 이전만 해도 민간 외교의 중심지가 되었다.

나는 필리핀에 코리아에 대한 좋은 이미지를 심기 위해서 많은 일을 했다. 복싱선수나 농구단을 초청해서 경기를 주선하기도 했으며, 동포 선수단이 필리핀에 오면 으레 나를 찾았다. 우리 나라에서 최초로 세계 챔피언에 도전한 서강일 선수와 필리핀의 에르히테 전도 내가 주선했다. 그리고 이화여고, 한국은행 농구팀을 초청하여 필리핀에 코리아 여자 농구를 알리는 데 힘쓰기도 했다. 내가 한인회를 조직했을 때만 해도 이곳의 한인들은 공관 직원을 합쳐 겨우 200여 명에 불과했지만, 지금(1977)은 800명이 넘는다. 그만큼 조국이 발전한 증거일 것이다. 또한, 한국에 다녀온 필리핀 사람들이 발전된 조국을 보고 부러워하는 것을 들으면 가슴이 뿌듯하다. 올해에 내 환갑잔치를 서울에서 하려고 했는데, 사정이 여의치 않아 못하게 되어 섭섭했다. 나는 모두가 한민족의 긍지를 살려 보다 성실하게 일하고 단합해야 한다고 당부하고 싶다.

필리핀 사람과의 관계에 관해서 말하자면,[1] 지금도 40대 이상의 필리핀 사람들은 한국인에 대해 썩 좋은 감정을 가지고 있지 않은 편이다. 징용이나 학병으로 나갔던 한인들이 필리핀 사람들을 많이 해쳤기 때문이라고 한다. 당시 징용 나갔던 한인들은 일본군이 시켜서 어쩔 수 없이 했겠지만, 일부는 행동이 지나친 경우도 있었다는 얘기를 들었다. 또한, 만주에서 있었던 사건처럼 일본이 나

1 박윤화 씨는 현지인과의 관계에 관해서는 자세한 말을 남기지 않았다. 그가 신문 인터뷰에서 언급한 일부 내용과 큰아들 로버트와 딸 베티의 말을 통해 정리한 내용이다.

쁜 짓을 벌여놓고 한인에게 덮어씌운 일도 적지 않으리라 생각한다. 미군이 마닐라에 다시 돌아와서 남아 있는 일본인을 찾기 위해 검문 검색할 당시, 최 씨 집에 숨어 있던 우리를 이웃 필리핀 사람이 일본인이라고 신고한 일도 그런 감정의 표현이 아니었을까 싶다. 또한, 광복 직후 필리핀 사람들이 일본인이나 한인 할 것 없이 잡아다가 총으로 쏴 죽이려 해서 피해 다녔던 일도 기억에 남아 있다. 하지만 전쟁 후 사회가 안정되고, 또 귀국에 대한 희망도 사라지면서 현지에 적응해 살게 되었다. 필리핀 아내를 만나 결혼도 하고, 필리핀 파트너와 건축 사업도 함께 했다. 아이들에게 필리핀인 대부를 만들어줄 정도로 필리핀 사람들과 친밀한 관계를 유지했다. 무엇보다도 한국과 필리핀이 친밀한 관계로 발전할 수 있도록 나름 많이 노력했다. 필리핀 사람들이 좋아하는 복싱이나 농구를 통해 친해지려고 경기를 여러 차례 주선하기도 했다.

우리 가족에 관해서 말하자면 마음이 아프다. 내가 서울을 떠날 때 고향에 계신 부모님께 3년이면 돌아오겠다고 편지를 띄운 것이 마지막 편지가 될 줄은 몰랐다. 북한에서 작고했거나 아니면 고생하고 있을 부모님에게 자식 된 도리를 못다 한 것을 생각하면 눈물이 난다. 광복 후 이어진 조국의 분단으로 결국 귀국하지 못하고 필리핀에 정착하게 되었고, 당시 39세였던 나는 1951년에 필리핀 여고생이었던 마르셀라마안 셀라(당시 16세)와 결혼했다. 결혼 후에 아내는 대학에 진학하여 치과의사가 되었다. 우리 부부 사이에 4남 1녀가 태어났는데, 나는 독립을 위해 평생 동안 애쓴 이승만 박사를 흠모하여 아이들의 이름을 이 박사의 영문 성姓인 Rhee를 따서 지었다. 장남은 R자인 로버트Robert Park, 차남은 H자인 헨리Heney Park, 삼남은 E자인 에드워드Edward Park, 장녀도 E자인 엘리자베스Elizabeth Park로 지었다. 막내아들은 스티븐Steven Park으로 이름을 지었다.

(이하 딸 엘리자베스의 인터뷰)[2] 아버지의 뜻과는 다르게 저희 자녀들은 거의 필리핀 사람처럼 자랐습니다. 아버지는 해외 한인 사회에 대한 공헌으로 1978년 12월 대통령 훈장을 받고 1주일 만인 12월 31일에 지프니 사고로 사망했습니다. 그때 저는 18세였고, 늦둥이로 낳은 막내는 6세였지요. 아버지는 자식이 생기자 한국 국적을 만들어주었습니다. 그러나 1966년경에 아버지가 필리핀으로 귀화하면서 저희 국적도 필리핀으로 바뀌었습니다. 초기에 필리핀에 온 한인들이 현지인과 결혼해서 낳은 아이들은 대부분 한국어를 할 줄 모릅니다. 아버지는 주로 영어를 사용했고, 타갈로그어도 조금 했습니다. 아버지의 한국 가족을 본 적은 없으며, 1960년대 아버지의 조카가 공부하러 필리핀에 와서 1년간 함께 지낸 적이 있다고 들었습니다. 아버지는 말은 안 하셨지만, 고향을 많이 그리워한다는 것을 느낄 수 있었습니다. 아버지가 한국어로 노래하는 것을 자주 들었습니다. 매주 일요일 한국인들과 함께 모임을 했던 것이 기

2 엘리자베스는 1961년생으로 베티(Betsy Park)란 이름을 사용하고 있다. 베티는 한국어를 몰라서 영어로 인터뷰를 진행했으며, 필자는 베티와 두 차례 마카티에서 만나 많은 얘기를 나누었다.

억납니다. 아버지가 한국에 귀국할 의사가 있었는지는 모르겠지만, 한국을 자주 오가곤 했습니다. 1978년 12월 29일 한국에서 받은 훈장을 보여주며 자랑스러워했습니다. 자신이 죽고 한국에 가서 묻히게 된다면 국립묘지에 묻히게 될 것이라고 했습니다.

저는 스스로 한국인이라고 생각합니다. 한국에 방문하고 싶었지만 기회가 없었습니다. 친구들은 저의 성(Park)을 부르며 저를 한국인이라고 생각합니다. 제가 다녔던 학교는 센트럴에스콜라 대학교 Central Escola Univ., CEU였는데, 당시 한국인은 거의 없었습니다. 저는 농구선수가 되고 싶어서 CEU에 들어갔습니다. 한국어를 배우지 않은 것이 후회스럽기도 합니다. 필리핀 친구와는 별문제 없이 지냈습니다. 제가 아주 어렸을 때 한복을 입고 찍은 사진이 있습니다. 아버지와 함께 사무실에 가거나 학교 갈 때 아버지가 데려다주시곤 했는데, 아버지가 걸음이 빨라서 뛰어갔던 기억이 납니다. 방과 후 운전기사가 학교로 데리러 와서 아버지의 사무실로 가 놀았던 생각도 납니다. 어렸을 때 아버지가 사과, 김치 등 많은 한국 식품을 가져왔습니다. 아버지는 내가 남자 옷을 사도 별로 싫어하지 않았지만, 엄마는 언제나 나에게 여자 드레스를 사주려고 했습니다. 형제 중에서 제가 아버지를 가장 많이 닮았다고 합니다. 아버지는 누구에게도 아쉬운 말을 하지 않았고, 저희에게도 그렇게 해야 한다고 가르치셨습니다.

아버지는 1978년 12월 31일에 연말 모임에 참석하기 위해 지프니를 타고 가시다가 버스와 충돌하여 전복되는 바람에 머리가 부딪

쳐 사망하셨습니다. 당시 오빠가 차를 가지고 나가는 바람에 아버지는 지프니를 타고 가다가 그 사고를 당했던 것입니다. 아버지께서 사망하신 후 우리 가족은 한국인 공동체에 참가하지 않고 있습니다. 어머니는 동방대학University of East, UE에서 치대를 졸업했고, 치과의원을 열어 운영하기도 했습니다. 어머니는 1986년에 뇌출혈로 돌아가셨습니다. 아버지가 돌아가신 후 큰오빠가 카지노에 빠져서 아버지가 모은 재산을 거의 모두 탕진하고 어렵게 살았습니다.

(이하 큰아들 로버트의 인터뷰)[3] 아버지는 여름이면 바기오에 있던 박 씨Dr. Park를 방문하시곤 했습니다. 그리고 늘 함께 다니던 김 씨Mr. Kim(김성록으로 추정됨)가 있었으며, 그분도 필리핀 여성과 결혼했습니다. 그는 항상 아버지 사무실에 와 있었습니다. 아버지는 한국 정부에서 훈장을 받고 돌아와서 1주일도 안 되어, 1978년 12월 31일에 한인 교회가 있는 마카티로 가는 길에 사고를 당해서 돌아가셨습니다. 아버지가 갑자기 돌아가신 후 2~3개월 동안 나는 아무 일도 못 하고 술만 마시며 지냈습니다. 아버지가 돌아가셨을 때 저는 28세였고, 나의 대부god father가 운영하는 회사에서 일하고 있었습니다. 아버지가 돌아가신 후 나는 아버지가 하시던 일을 물려받지 않았습니다. 그 사업에 대해서는 잘 몰랐고, 대부와 함께하는

3 로버트 박은 1951년생으로 한국어를 거의 하지 못해 영어로 인터뷰했다. 베티가 아버지에 관한 자료는 큰오빠가 더 많이 가지고 있을 것이라고 전화번호를 알려주어서 전화한 후 빠라냐케에 있는 집을 방문하여 인터뷰를 실시했다. 많은 이사와 화재 등으로 인해 아버지에 관한 어떠한 자료도 남아 있지 않다고 했다. 인터뷰 내용은 주로 희미한 기억에 의존해서 자신의 이야기를 듣는 정도로 가볍게 진행했다.

일을 계속했습니다. 대부가 1979년에 미국으로 갔고, 이후에 대부가 나도 미국으로 불러서 가게 되었습니다.

어머니는 좀 철이 없었던 것으로 기억합니다. 16세 어린 나이에 결혼했고 아버지하고는 나이 차이도 20살이 넘었기 때문입니다. 내가 중학생 때 어머니는 대학에 다녔습니다. 내게는 어머니라기보다는 누나 같았습니다. 아버지가 한국에 가면 집에서 친구들과 파티를 열곤 했습니다. 치대를 졸업한 후 마카티에 있는 집에 치과의원을 차리기도 했습니다. 어머니 쪽으로 고혈압 가족력이 있는데 어머니도 1986년에 뇌출혈로 돌아가셨습니다. 나는 지금 68세인데 내 혈압이 140~240이라고 의사가 말합니다. 바로 아래 동생인 헨리도 어머니 쪽의 고혈압 유전을 받아 50세이던 2009년에 죽었습니다. 막냇동생 스티븐은 사고로 죽고, 둘째 에드워드는 공항 근처에서 혼자 살았는데, 집에 불이 나는 바람에 우리 집에 와서 함께 살고 있습니다.

W 씨의 필리핀 이주 이야기

W 씨는 1936년생으로 필리핀 남성과 결혼하여 1955년에 필리핀으로 이주해 현재까지 필리핀에서 살고 있다. 필리핀 남편은 이미 사망했고 슬하에 자녀는 2남을 두고 있다. W 씨의 이주와 생애에 관한 이야기는 2017년 7월 27일 마카티에 있는 새생명교회에서 필리핀노인회 모임 후에 잠시 인터뷰한 내용을 맥락에 따

라 정리한 것이다. 본인 이름을 밝히는 것을 꺼려 W 씨로 기록했다.

나는 대구에서 태어났다. 세 살 때 어머니가 돌아가셨고, 아버지가 재가를 해서 많은 자식을 낳았기 때문에 나는 어려서부터 일을 해야 했다. 누구도 나를 도와주는 사람이 없었다. 야간에 하는 학교에 나가서 타이프를 배웠고, 그 덕분에 부산에 있는 미군 캠프에서 일할 수 있게 되었다. 거기서 타이피스트로 일하다가 1955년 내가 19세 때 필리핀 남편을 만났다. 남편은 선박 기술자marine engineer로 한국에 와 있었다. 남편은 착하고 잘생겼으며, 또한 필리핀에 가면 영어를 공부할 수 있겠다고 생각해서 결혼을 결심했다. 당시에 그런 결정을 한 것에 대해 지금도 잘했다고 생각한다. 남편이 군인 신분이었기 때문에 군인 비행기를 타고 필리핀에 왔다. 필리핀에 와서 처음에는 말도 통하지 않아 많이 외로웠다. 남편은 주로 외국엘 많이 다녀서 나 혼자 있는 시간이 많았다. 외롭다는 것 빼고는 다 좋았다. 날씨도 춥지 않고, 물건값도 싸고, 그 당시 필리핀 사람들은 다 좋았다. 필리핀 사람들은 자기 아내와 자식들에게 잘하는 편이다. 나는 한국에서부터 종교가 가톨릭이었다.

나는 필리핀에 와서 고등학교high school에 다녔고, 오캄포 대학교De Ocampo Univ.에서 안경학을 전공했다. 나는 요리를 배우고 싶었는데, 안경점을 하던 남편의 작은아버지가 한국에서 안경원을 차릴 수도 있으니 안경학을 공부하라고 해서 하게 되었다. 졸업 후에 집에서 시력을 재고 안경을 만들어주는 일을 했다. 아들이 도와줘서 함께 했으며, 동네 사람들을 상대로 해서 별로 돈이 되지는 않았다. 그 일이 싫어져서 다른 사업을 찾았는데, 남편이 벽돌 만드는 기계를 사서 벽돌을 만들어 파는 사업을 해보라고 해서 그 일을 하게 되었다. 그쪽 분야에 아는 사람들이 많아서 몇 년 동안 그 일을 했다. 그러나 나를 도와주던 아들이 미국으로 가는 바람에 그만두게 되었다. 이후 행상도 하고, 음식 장사도 하고, 요리 학원에 다니기도 했다. '코리안 빌리지'라는 식당에 가서 일해주기도 했다. 일하면서 매일 바쁘게 지내느라고 심심할 틈이 없었다.

필리핀에 이주한 후 초기에는 대사관에서 자주 초대해서 가곤 했다. 그때 한국인이 80명 정도 있었다고 했는데, 대사관에서 파티를 열어서 부르면 30~40명 정도가 참석했다. 당시는 필리핀 사람과 결혼한 사람이 많았는데, 그들은 대부분 보통 사람이 아니라서 무시당하지는 않았다. 공부를 많이 한 사람도 있었다. 지위가 높은 필리핀 사람과 결혼한 사람도 있었고, 무용을 하는 사람도 있었고, 공부를 많이 한 훌륭한 사람들이었다. 그 사람 중 일부는 필리핀에서 상류층 생활을 했다. 자식들이 의사가 된 사람도 있고 대부분 잘되었다. 그들 대부분이 필리핀화 된 것 같았다. 일부 공부를 많이 한 사람들은 나중에 중국이나 미국으로 가기도 했다. 그때 당시 필리핀에 왔던 사람들은 지금 대부분 돌아가셨다.

필리핀에 처음 왔을 때 마닐라 삼팔록Sampalrok이란 곳에 정착했다. 아직도 그 근처에 살고 있는데, 거의 빈민가처럼 되었다. 나는 다른 지역에서는 거의 살아본 적이 없다. 필리핀에서의 생활은 한국보다 여러모로 풍부해서 좋았다. 필리핀 사람들은 한국 아줌마가 좋다고 한다. 필리핀 사람들은 한국 사람이 돈이 많은 사람이라고 생각한다. 그리고 요즘 필리핀 사람들은 한국에 가고 싶어 한다. 내가 필리핀에 아주 오래 살았지만, 여전히 필리핀 사람들은 나를 한국인이라고 생각한다. 필리핀 사람에게는 자꾸 베풀지 않으면 못된 사람 취급받는다. 그러니 누군가 찾아오면 조금이라도 도와줘야 한다.

우리 가족은 경제적인 부분에서는 남편이 해외로 다니면서 제법 돈을 많이 벌어 어려움 없이 살 수 있었다. 아들 둘은 처음에 한국말을 가르치려 했지만 싫어해서 필리핀어와 영어만 익히게 되었다. 당시에는 굳이 한국말을 가르쳐야 한다고 생각하지 못했다. 우리 아이들은 한국인의 피가 있다는 것에 대해서 좋아한다. 전에 한국에 데려가기도 했다. 필리핀에서는 한국인의 피가 있다는 것이 차별의 원인이 아니라 오히려 우월하게 생각한다. 큰아들은 학교에서 공학engineering을 전공했는데, 미국에 있는 친구가 오라 해서 가더니 돌아오지 않았다. 공부를 더 가르치지 않아서 아쉬운 점이 있다. 아이들에게 한국인으로서 자랑스럽게 살라고 가르치려 했다. 둘째 아들은 해양기술자marine engineer다. 주로 배를 타느라 거의 10개월 만에 한 번씩 돌아온다.

남편은 형제가 많은데, 그 가족과도 친하게 지내고 있다. 남편은 내가 69세 때인 12년 전에 죽었다. 지금은 손자들 근처에 집을 지어 살고 있다. 한국에는 언니가 한 분 계시는데, 한 번 필리핀에 와

보더니 자주 오고 싶어 한다. 나는 필리핀 국적을 가지고 있는데, 한국 국적을 따려면 필리핀 국적을 포기해야 한다. 필리핀은 이중 국적을 가질 수 없다.[4] 그래서 한국에 가면 45일까지만 머무를 수 있다. 연장하려면 돈이 많이 든다. 그래서 잠깐씩밖에 갈 수 없다. 한국에 아파트를 하나 사 놓고 왔다 갔다 하면서 살면 좋겠다.

요즘은 TV나 한인 신문을 통해 한국 뉴스도 보고, 한국에 대한 정보를 계속해서 접한다. 나는 필리핀에 와서 한인연합교회Union Church를 오랫동안 다녔다. 지금은 새생명교회도 나가고, 주로 집 근처에 있는 성당을 다닌다. 옛날에 친하게 지내던 친구들은 대부분 없다. 다른 모임에는 잘 안 나가고 노인회에만 나가고 있다. 노인회에 나와서 한국 사람들과 대화도 하고 소식도 듣는 것이 좋다. 우리 동네에는 한국 사람이 한 명도 없다. 집에서 가만히 있는 것보다 이렇게 나오는 것이 좋다. 손자들이 어디 가면 쫓아가곤 한다.

김상조 씨의 이주와 정착 이야기

김상조 씨는 1934년생으로 일본에서 출생했으며, 30세 되던 1964년 필리핀으로 이주하여 현재까지 필리핀에서 거주하고 있다. 한국인 부인과 결혼하여 슬하에 자녀는 1남 1녀를 두고 있다. 김상조 씨의 이주와 생애에 관한 이야기는

4 구술자가 한국과 필리핀의 변경된 국적법을 잘 모르는 것 같았다.

2017년 7월 31일 마카티시의 한 식당에서 이루어진 인터뷰 내용을 맥락에 따라 정리한 것이다.

내가 필리핀으로 이주하게 된 계기는 작은아버지(이하 숙부님)의 영향이 컸다. 일본에서 태어났지만, 학교는 서울에 살고 계셨던 숙부님 집에서 다녔다. 숙부님 성함은 김예수Charly Kim라고 하는데, 일본에서 지퍼를 만드는 회사에 다니시다 1934년에 필리핀으로 파견돼 처음 오게 되셨다. 숙부님은 필리핀에서 회사 일을 하면서 개인적으로 고철 장사를 했다. 나중에는 다니던 회사를 사직하고 고철 장사에만 전념했으며, 일본이 필리핀을 점령했을 때는 정부에 고철을 판매하기도 했다. 그러나 일본이 패망하자 필리핀 사람들이 일본인들을 잡아서 죽이거나 가두었다. 숙부님도 일본 회사에서 일했으니 일본 사람으로 알고 붙잡혀서 끌려가 죽임을 당하려던 차에 지프차를 타고 지나가던 미군 장교가 영문을 물어서 한국인인 것이 밝혀지게 되었다. 당시 숙부님이 한복을 입은 어머니 사진을 주머니에 넣고 다녔는데, 그것이 한국인임을 밝힐 수 있는 단서가 되었다. 숙부님은 미군 수용소에 있다가 한국으로 귀국하게 되었고, 귀국해서는 미군에 입대하여 근무하다가 제대하였다. 그 당시 숙부님은 미군 장교들과 친해서 미군 부대에 필요한 시설물을 건축하는 데 물자를 조달해 많은 돈을 벌었다. 그러나 숙부님이 무역업에 뛰어들었다가 사기를 당하는 바람에 벌어놓은 돈을 모두 탕진했다. 그 일로 인해 숙부님은 한국 사람에 대해 정이 떨어져 다시 필리핀으로 오게 되었다.

숙부님은 이전에 필리핀에서 알고 지내던 친구에게 초청장을 부탁해서 1948년에 필리핀에 혼자 입국했다. 필리핀에 와서 숙모님을 초청하려다가 6·25전쟁이 터지는 바람에 못 하고, 결국 1962년에야 숙모님도 필리핀에 들어올 수 있었다. 숙부님은 필리핀에서 일제강점기 때 고철 장사를 해서 많은 돈을 벌었으며, 한국으로 돌아가면서 세부에 있는 친구에게 그 돈을 맡겨 두었었다. 그 친구는 일본군이 철수한 이후 곧바로 백화점을 차려 많은 돈을 벌었다. 숙부님이 필리핀에 돌아와서 그 친구를 찾아갔으나 맡겨둔 돈은 돌려받지 못하고, 잠시 그 친구의 일을 돕다가 마닐라로 가게 되었다. 이후 숙부님은 주로 일본 회사의 기계를 수입하는 일을 해서 돈을 벌었다. 숙부님은 그 당시 필리핀에서 한국인으로서는 제일 여유 있게 사는 사람이었다.

나는 부산에서 대학을 다니다가 그만두고 3년간 군대를 다녀온 후 직장생활을 하고 있었다. 필리핀에 오기 전에는 전주에 있던 화공약품 가게에서 일했다. 필리핀에서 여유가 있어서 화공약품 가게를 했으면 돈을 벌었을 터인데 자금이 없어서 무역업을 하게 되었다. 필리핀에서 사업을 하시던 숙부님이 도와줄 사람이 필요하다고 해서 1964년 나를 필리핀으로 불렀다. 내가 필리핀에 와서 영어를 제대로 하지 못하니 숙부님이 많이 실망한 눈치였다. 숙부님은 나에게 무엇을 하고 싶은지 물어보기도 했다. 숙부님은 내가 필리핀에 들어오고 6개월쯤 되었을 때 돌아가셨다. 숙부님이 돌아가시고 난 후, 일본 회사가 들어와서 숙부님 회사를 인수했다. 숙모님은 숙부님이 남겨준 돈으로 식당을 시작했다. 필리핀 시민권이 없으면 식당을 열 수 없었기 때문에 필리핀 장교와 결혼해서 필리핀 국적을 가지고 있던 한국인 미스 플로레스Ms. Flores와 동업으로 코리아가든Korea Garden을 시작했다. 거의 10년간 함께 장사하다가 식당은 결국 미스 플로레스에게 넘어갔다.

숙부님이 돌아가신 후 숙모님이 나에게 도와줄 형편이 되지 않으니 한국으로 돌아가라고 했다. 숙모님은 나에게 한국 들어갈 비행기 삯을 주면서 더는 도와줄 수 없으니 알아서 하라고 했고, 그 길로 나는 숙모님 집을 나오게 됐다. 1965년에 숙모님 집을 나온 후 나는 필리핀 가정집에서 한 달에 20페소를 내고 하숙을 시작했다. 그때 고생을 많이 했는데, 50센타보 하는 빵 하나를 사면 반은 아침으로 먹고, 나머지 반은 저녁으로 먹곤 했다. 그 당시 다른 사람들이 내 모습을 보고는 일이나 제대로 할 수 있을까 싶어서 한국에 들어가라고 권유했다. 그래도 나는 여기서 무언가 해보겠다고 남았다. 당시 거리를 다니다가 목이 말라서 한국인 회사에 들어가 물 좀 달라고 해도 거절당하는 경우가 많았다. 한국 사람들은 자기한테 도움이 되는 사람이나 아니면 자기보다 지위가 높은 사람에게만 잘 대해주고 그렇지 않은 사람은 무시하는 성향이 있다. 그때부터는 한국 사람에게 일절 손을 내밀지 않았다. 사업을 하면서도 일절 사업자금을 빌리거나 하지 않았다. 돈이 없으면 없는 대로 굶어가면서 사업을 했다.

혼자 필리핀에서 무얼 할까 찾아다니다가 한국 물건을 수입해 팔아야겠다는 생각이 들었다. 그래서 당시 한국에서 무역을 크게 하는 회사들인 대우, 서통, 삼성, 삼호무역 등에 편지를 썼다. 무역에 대해 아무것도 몰라 편지 쓰듯이 보냈는데, 그중 답신으로 오는 편지를 보고 무역서신 스타일을 배워가며 일을 시작했다. 처음에는 한국에 있는 회사들에 필리핀에서 팔 수 있을 만한 적당한 아이템을 제시하지 못했다. 그러던 참에 전에 숙부님이 일본 회사 것을 취급하던 제품인 수도 연결관pipe fitting을 부산에서 만든다는 것을 알게 되었다. 필리핀 시장 가격을 알아보니 한국 제품과는 가격이 맞지 않았다. 서울과 인천에서도 샘플이 왔는데, 미진금속 제품이 가격도 맞고 좋아서 샘플을 아는 사람들에게 가져갔더니, 여기저기 전화해보고 치수별로 수량을 적어서 주문을 받았다. 그것으로 삼호무역에 전보를 쳐서 3퍼센트 수수료를 받기로 하고 3만 달러짜리 거래를 최초로 시작했다. 3퍼센트 수수료를 받기로 했으니 900달러를 받게 된 것이다. 당시 나에게는 아주 큰돈이었으며, 내가 필리핀에서 살 수 있도록 해준 돈이었다. 이후에도 여기저기 주문을 받아서 10만 달러에 달하는 거래를 성사시켰다. 당시에는 송금도 안 되고 한국에 들어가 수수료를 받아야 했는데, 한국에 갈 비행기 비용이 없었다. 대사관에 가서 사정을 말하고 빌리려 했는데 거절당했다. 당시에 우리 나라 사람이 하던 목재회사가 몇 개 있었는데, 거기에서 누군가에게 돈을 빌려서 한국에 들어가게 되었다.

그때 한국에 가서 남대문 시장, 부산의 시청 근처 상공회의소 등지를 찾아다니며 무역 아이템을 찾았다. 부산에서 브래지어에 넣는 스펀지, 수원에서 시곗줄, 인천에서 라이터 등을 샘플로 가지고 와서 아는 친구한테 팔아보라고 하면서 사업을 시작했다. 본격적으로 사업을 시작하다 보니 방해 공작이 들어왔다. 하루는 대사관 상무관이 부르더니 내가 하려는 아이템은 이미 다른 사람이 하고 있으니 하지 말라고 명령조로 말했다. 그래서 전에 전보 보낼 돈이 떨어져 대사관에 1,000페소를 빌리러 왔을 때 빌려주지도 않더니만 내가 아무런 도움 없이 사업을 하는데 왜 하지 말라고 하냐고 싫은 말을 하고 나왔다.

약 5년간 브래지어용 스펀지, 시곗줄, 라이터, 손톱깎이 등 거의 60여 가지 아이템을 거래했다. 거래하던 삼호무역이 4년 만에 부도가 나는 바람에 직접 메이커를 찾아서 조그만 무역회사에 신용장을 개설하고 무역하는 방법을 가르쳐주기도 했다. 그 회사들이 신용장으로 은행에서 융자도 받고 하면서 나를 고맙게 생각했다. 그런데 가장 큰 문제는 거래할 아이템을 찾는 것이었다. 한국에 갈 때면 여기저기 쫓아다니면서 아이템을 찾았다. 광산에서 쓰는 동일벨트나 한국벨트에서 나오는 트랜스미션 벨트를 약 5년간 거래했고, 샌드페이퍼를 매월 10만 달러씩 거래했다. 내가 수입하던 아이템들이 전에는 일본 회사에서 들여오던 것이 많았는데, 이제는 장사가 안 되니까 필리핀에서 중국인과 손잡고 직접 공장을 만들어 물건을 생산하게 되자 관세도 인상되고, 또 수입을 금지하면서 하나둘씩 중단되었다.

내가 제일 재미 봤던 아이템은 아주 싼 비닐장판이었는데 이때 아주 히트를 쳤다. 한 번에 10 컨테이너씩 들어왔는데, 나는 수수료만 챙겼지만, 그것을 판 사람들은 50퍼센트씩 이윤을 남겼다. 당시 시골에 가면 집마다 방바닥에 비닐장판이 깔려 있었다. 그 아이템을 5년 동안 진양하고 럭키와 함께했다. 진양은 부도가 났고, 나중에 럭키가 직접 무역에 뛰어들었다. 그래서 한국에 들어가 부천에 있는 회사를 찾아 들여오려고 했는데, 필리핀에서 직접 생산하는 회사가 생기면서 수입이 금지되었다. 지금까지 한국에서 거의 200여 가지 아이템을 수입해다 팔았다.

당시 박윤화 회장도, 사과 무역을 하던 사람도 나한테 자기 회사로 들어와서 일하라고 권유하기도 했다. 마지막으로는 보르네오에서 사무용 파티션을 수입해서 약 20년 가까이 무역업을 했다. 1987년부터 필리핀에 조금씩 콜센터가 들어오기 시작했고, 알고 지내던 중국인 친구가 이 아이템을 한번 해보자고 해서 시작했던 것이다. 초창기 콜센터 사무실 파티션은 거의 다 보르네오 것을 썼다. 매월 주문이 30만 달러씩 들어왔다.

대사관에는 필요한 서류에 도장을 받을 때만 찾아가지 별로 찾지 않았다. 수수료를 송금할 때 대사관에서 도장을 받아야 하기 때문이다. 대사관에서 사업상 특정 한국인을 도와주기 위해 나에게 협박하다시피 한 일도 있었다. 그래서 정보를 주지 않기 위해서라도 찾아가지 않았다. 나는 필리핀에서 발행하는 동전을 수입하려고 했다. 한국에 가니까 풍산금속 무역부 담당 이사가 매우 좋아하며 서류를 갖추어 내일까지 오라고 했다. 그런데 다음날 가보니 상무가 하지 말라고 했다. 대사관에서 다른 사람이 이미 풍산금속에서 총알을 받아서 납품하고 있었는데, 내가 가서 동전 얘기를 하니까 상무가 그 정보를 그 사람한테 줘서 연결시켜줬던 것이다. 처음에는 동전 완제품을 들여왔고, 나중에는 원본이 들어왔는데, 그 아이템 하나만도 엄청나게 수익이 나는 것이었다. 그 아이템에 관심을 가진 다른 사람들도 있었다.

나는 사업을 하면서 주로 중국인과 거래를 했고, 한국인과는 거래할 기회가 없었다. 내가 만난 한국 사람들은 성품이 그리 좋지 않고 삐뚤어져 있었다. 중국 사람에게 물건을 가져다주면, 그들이 파는 식으로 거래를 했다. 나도 자본을 대고 같이 하자고 했으면 할 수 있었을 텐데 그렇게 하지 않았다. 지금 생각해보면 나도 한국 식료품을 수입하는 일을 했어야 했는데 그것을 하지 않은 것이 아쉽다. 그쪽은 내가 생각도 못 한 세계였고, 또 한국 사람들이 이렇게 많이 들어오리라 생각지도 못했기 때문이다. 마지막에 포항제철 철광에 손 못 댄 게 한이 된다. 그건 한국에서는 뒷배가 있어야 하는데, 당시 나도 뒷배를 만들려면 만들 수 있었다. 그러다가 쌍용이 필리핀에 들어와 나에게 도와달라고 해서 초창기에 몇 번 주문을 받았는데, 나중에 값이 안 맞아서 어려워졌다. 그 후에 포항제철이 대량생산하면서 수출할 곳이 많아져 필리핀에는 들어오지 않게 되었다. 내가 하던 회사 이름은 한라트레이드인데, 전에는 코리아프로덕트KorPro라는 이름이었다. KorPro라는 이름으로 물건을 들여왔는데 실패했고, 이후에 한라트레이드라는 이름으로 무역을 했다. 내 아들은 현재 주로 주방 도구를 수입해서 필리핀 지방정부에 납품하는 일을 하고 있다.

나는 여기에 영주권자로 있는데, 한국과 필리핀 양국이 맺은 협정에 따라 매년 각각 50명씩 영주권을 주던 시기에 지원해서 받았다. 당시 한국인 지원자는 나 혼자밖에 없었다. 그때 영주권을 받았기 때문에 다른 사람들은 매년 세금을 내야 하는데, 나는 보고만 하면 된다. 해외에 나갈 때도 외국인등록카드ACR card를 가지고 다닌다. 여기에서 나는 외국인 신분이기 때문에 소매업은 못 하고, 도매나 무역업만 할 수 있다.

다른 한인들과의 관계에 대해서 말하자면, 나도 처음에는 한인 상공회의소나 무역인협회에 다니려고 했지만 그만두었다. 초창기에는 대사관에서 초대하면 가곤 했다. 요즘은 노인회만 나가고 있다. 한국 사람과는 초창기에 술을 같이 하는 경우도 있었다. 내가 혼자 지내면서 외로울 때는 일본 오키나와에서 온 여자들이 하는 술집에 가기도 했다. 한국에서 온 뱃사람들이 가끔 그런데 오는데, 함께 술자리를 하려고 하면 자기네끼리만 했으면 좋겠다고 하면서 사상(이념) 문제 때문이라고 말하기도 했다. 사상 문제 때문에 겁을 먹었던 것이다. 가끔 이민국에 잡혀서 들어가는 사람도 있었다. 옛날에는 대사관에 남산(정보원)에서 나온 사람이 없었는데, 한국 사람이 많이 들어오면서 참사관이 들어와서 사상적 관점으로 사람을 보는 것 같았다. 나는 박정희 대통령을 아주 좋게 본다. 처음 필리핀에 와서 보니 한국에 대해 아는 사람이 없었다. 박정희 대통령도 처음 여길 방문했을 때 괄시를 받았다. 그리고 얼마 있다가 마르코스 대통령이 생각을 바꾸기 시작했고, 우리 대사관에 박정희 대통령과 새마을운동에 대한 자료를 달라고 부탁하기도 했다.

1960년대에는 필리핀에 한국 사람이 많지 않아서 좋았다. 베트남에 갔던 사람들이 필리핀으로 들어오기 시작하면서 좀 나빠지기 시작한 것 같다. 좋은 사람도 있었지만, 깡패 같은 나쁜 사람도 많았다. 베트남에서 온 사람들은 저녁에 갈 데가 없으니까 우리 집 사람이 운영하던 식당(뉴코리아)에 와서 밥을 먹곤 했다. 일부 한국 사람은 일본에 갔다가 비자를 연장하기 위해 한국으로 가지 않고 필리핀으로 오는 사람도 있었는데, 그런 사람들이 들어오면서 더 나빠졌다. 1980년대 지나면서 일본에서 한국 사람이 많이 들어오기 시작했다. 일본에서 많은 빚을 지고 온 사람도 있었다. 어떤 사람은 박카스를 가지고 와서 중국 사람하고 거래하기도 하고, 진로 소주를 들여와 재미를 보기도 했다. K 씨라고 불리던 사람이 있었는데, 일본에서 돈 떼먹고 이곳에 왔다. 그런 사람들이 한국에 들어가면서 한국에도 필리핀이 알려지게 되었고, 그 후 한국에서 영어를 배우러 많은 사람이 오기 시작한 것 같다. 한국 사람이 그렇게 많이 들어오게 될 줄 생각지도 못했다. 그게 다 박정희 대통령이 먹고 살 만큼 만들어준 덕분이라고 생각한다. 워낙 많은 사람이 들어오다 보니 사고도 자주 난다.

여기에 있는 한국 사람들은 서로 마음을 열고 받아주기보다 출신이 어디냐고 하면서 서로 차별하는 것 같다. 내가 사는 빌딩에도 한국 사람이 있는데, 한국 사람이 한국 사람을 더 꺼리는 것 같다. 인사를 해도 잘 안 받아줄 때가 있다. 한국에 대한 뉴스는 별로 관심을 두고 보지 않는다. 재외국민투표도 이번에 처음으로 했다. 저번에는 대사관에 가려다가 내가 투표를 해서 뭐하나 해서 안 했다. 노인회 회장은 가끔 나한테 전화를 해서 식사를 하자고 한다.

필리핀 사람들은 친해지면 좋은데, 가난한 사람이 많으니까 돈을 빌려달라고 하는 사람이 많다. 빌려주면 안 돌려주는 경우도 많다. 그렇다고 필리핀 사람들 감정을 건드리는 것은 좋지 않고 항상 좋은 관계를 유지해야 한다. 돈거래는 조금씩은 주지만, 사업자금처럼 큰 거래는 하지 않는다. 내가 만나는 필리핀 사람들은 주로 사업을 하다 만나거나 집을 구하면서 알게 된 사람들이 대부분이다. 정부에서 일하는 사람들은 잘 모른다. 정부 사람과 친하게 지내려면 돈이 많이 든다. 아들이 지방정부에 납품하기도 하는데, 대금 지불기일이 좀 늦어지기도 한다.

한국 사람에 대한 이곳 사람들의 인상은 그리 좋지 않다. 한 번은 내가 일 때문에 한 중국인을 찾아갔는데, 손을 내저으며 상대조차 안 해줬다. 직원들한테 왜 그러냐고 물어봤더니, 한국 사람하고 거래했다가 돈을 떼였다고 한다. 중간에서 일하던 한국 사람이 돈만 받고는 도망갔다는 것이다. 그런 일이 있고 난 뒤 한국 사람은 상대도 안 한다고 했다. 그렇게 당한 사람이 몇 사람 있다고 들었다.

나는 장사 때문에 필리핀 여기저기를 많이 돌아다녔다. 자게 만드는 조개를 구하려고 북쪽으로도 가고, 남쪽의 술루, 홀로, 삼보앙가, 다바오 등 이슬람 지역까지도 다녔다. 무슬림들은 사귀기 어렵다. 북쪽을 가니까 타이완 사람들이 고기 잡으러 거기까지 와서 고기 잡다가 잡히기도 하고, 그래서 그런지 감시를 많이 하고 나한테도 어디서 왔냐고 물었다. 필리핀 지방 사람들은 대체로 순하고 좋다.

우리 가족에 대해서 말하자면, 나는 1970년에 한국에 들어가서 결혼을 했다. 그런데 아내가 운이 없어 암에 걸려 1988년에 사망했다. 아내가 죽고 재혼을 하려니까 아이들 교육이 문제라서 대학을 나올 때까지만 참자고 생각했다. 딸내미를 미국에 유학 보내고, 아들을 결혼시켜 생활할 수 있게 해주고, 그러다 보니 세월이 다 갔다. 혼자서 아이들 키우는 데 신경 쓰다 보니 어느새 70이 넘었다. 75세가 되어 일도 그만두고 재혼하고 싶은 생각도 있지만, 상대를 찾기가 어렵다. 작년부터 노인회에 가입해서 참석하고 있다. 나이 많은 사람은 얼마씩 기부금을 내기도 하고, 노인회 회장님이 자꾸 마음에 있는 사람이 있으면 한번 만나보라고 한다.

아들은 필리핀 여자와 사귀다가 그 여자가 다른 남자를 만나는 것을 보고 실망해 한국 여자와 결혼하기로 마음을 바꿨다. 한국에 들어가서 영어 학원에 다니는 여자를 만나 결혼해 필리핀으로 데리고 왔다. 아들은 지금 필리핀에서 사업을 하면서 살고 있다. 아들은 부인이 한국 사람이라서 한국어를 배우고, 손자들도 커가면서 엄마한테 한국어를 배우고 있다. 나는 한국 여권을 가지고 있는데,

여기서 사업을 하기 위해서는 아무래도 시민권이 필요해서 아들한테 필리핀 시민권을 취득하게 했다. 딸은 은행에 취직하고 싶어 했는데 외국인 신분이라 은행에 들어갈 수 없어서 크게 실망했다. 대한항공 화물기에서 일하다가 미국에 가서 간호 대학교에 입학허가서를 받고 돈을 보내달라고 연락이 왔다. 필리핀에서 대학을 나왔기 때문에 1년만 인정받고 3년간 더 공부했다. 지금은 미국에서 간호사로 생활하고 있으며 존슨엔존슨에 다니는 미국 사람과 결혼해서 살고 있다.

외국 사람과 국제결혼을 해도 자기들끼리만 잘살면 괜찮다고 생각한다. 우리 자식들은 모두 필리핀에서 태어나 여기서 공부를 했다. 어머니가 한국 사람이라서 어려서는 한국 사람처럼 자랐다. 아들이 필리핀 여자와 결혼하지 않은 것은 외국인으로서 필리핀 여자를 통제하기 어렵지 않았나 싶다. 필리핀 여자와 결혼해 잘 사는 중국 남자들도 있다. 만약 아들이 필리핀 여자와 결혼한다고 했어도 반대하지 않았을 것이다. 성격 좋은 필리핀 여자와 결혼하는 것도 나쁘지 않다고 생각한다. 아무튼, 아들은 한국 여자와 결혼해서 필리핀에서 자리 잡고 잘살고 있다. 딸은 미국인과 결혼해 미국에 사는데 손자가 하나 있다. 사위는 나이가 좀 있어서 외국 여자를 찾았던 것 같다. 미국에 가서 만나봤는데 사람이 쾌활하고 괜찮았다. 가끔 필리핀에 다니러 온다.

이제는 한국에 가봐야 친구들도 없고, 고등학교 친구가 몇 명 있을까 싶다. 요즘은 주식시세를 살피고 거래하면서 시간을 보낸다.

전에 같이 거래하던 사람이 증권회사를 하던 사람인데, 그 사람한테서 배우기 시작했다. 주식거래로 재미를 본 적도 있는데, 생각했던 것과 달리 위험하다. 역시 주식은 투기이다. 잘 알고 하면 괜찮은데, 모르고 투자하면 위험하다. 집에서 컴퓨터에 주식시세가 나오니까 그걸 보면서 시간을 보낸다. 심심하면 백화점 같은 데를 돌아다니고, 매일 아침 걷는 운동도 한다. 골프는 배울 여력이 없어서 못 배웠다. 중국 사람 중에는 가끔 골프를 치는 사람도 있지만 그리 많지 않다. 그런데 한국 사람들은 골프를 안 하면 격이 떨어진다고 생각하는 것 같다.

제주도에 집을 한 채 사서 거기 가서 살아볼까도 생각해봤는데, 한국에 가서 한국 사람들과 만나는 것이 좀 겁이 난다. 남북 관계도 불안하다고 해 염려도 된다. 여행을 다니려고 해도 혼자 가기가 어렵고. 여행이나 같이 갈 친구 같은 짝이 있으면 좋겠다.

김용찬 씨의 이주와 정착 이야기

김용찬 씨는 1948년생으로 한국에서 태어났으며, 19세 되던 1967년 필리핀으로 이주하여 살다가 지난 2019년 4월에 돌아가셨다. 필리핀 부인과 결혼하여 슬하에 자녀는 1남 1녀를 두고 있다. 김용찬 씨의 이주와 생애에 관한 이야기는 2017년 8월 3일 케손시에 있는 김용찬 씨 자택에서 이루어진 인터뷰 내용을 맥락에 따라 정리한 것이다.

나는 서울에서 태어나 자랐지만, 아버지 고향은 경기도 양주군(현 양주시)이다. 초등학교 때 아버지 고향에 간 적이 있다. 형제는 형이 한 명, 여동생 한 명, 그리고 남동생 한 명이 있다. 내가 한국에서 초등학교를 졸업하고 중학교에 입학할 무렵, 14세 되었을 때 당시 세계식량농업기구FAO에서 일하시던 아버지가 로마로 발령받아 같이 가게 되었다. 로마에서는 2년 6개월 정도 살았다. 그리고 아버지가 다시 태국으로 발령받아 태국에 가서 약 3년 6개월을 살았다. 태국에서는 국제학교에 다녔지만, 매번 낙제해서 졸업도 못 했다. 그래서 필리핀에 와서도 바로 대학에 들어가지 못하고 산토토마스대학교UST 부속 고등학교에서 1년간 공부한 후 졸업했다. 그 후 아테네오 대학교에 들어가 1년 동안 공부하다가 필리핀국립대학교University of the Philippines, UP로 옮겼다.

내가 필리핀에 오게 된 것은 우선 미국으로 가는 것을 원하지 않았기 때문이다. 국제학교에 다니면서 미국인(백인)에 대한 트라우마가 생겼던 것 같다. 그래서 백인이 사는 나라에 가는 것이 싫었다. 다시 한국에 돌아가 공부하고 싶었는데, 그 당시에는 외국에 살다가 한국에 있는 대학에 들어갈 수 있는 제도가 없었다. 아버지가 내 학업 문제에 대해 FAO와 연관되어 필리핀에서 사업하는 사람과 얘기를 나누었는데, 나를 필리핀으로 보내면 그분이 돌봐주겠다고 했다. 그래서 1967년 8월에 필리핀에 오게 되었다.

처음 필리핀에 와서는 많이 힘들었다. 아버지의 지인이었던 필리핀 사람이 나의 양아버지god father가 되어 유피빌리지UP Village 근처에 있는 집에서 고등학교에 다녔다. 버스를 타고 다녀야 해서 불편했지만 잘 적응했다. 내가 이전에 국제학교에 다녀서 필리핀에 와서도 문화적 측면에서는 별로 문제가 없었다. 당시에는 필리핀이 동남아에서 제일 잘 사는 나라였던 것으로 알고 있다. 당시는 필리핀이 아주 서구화된 사회라고 느꼈다. 미니스커트나 댄스, 밴드 등 미국 사람들의 문화를 많이 접하고 느낄 수 있었다. 1967년 당시 필리핀 국민은 마르코스를 지지했는데, 깡패들을 마구 잡아들여서 그랬던 것 같다. 삶의 질이 태국보다 훨씬 나았던 것으로 기억한다.

1972년에 UP 경제학과를 졸업했다. 나는 일을 한 경험이 없었기에 바로 아시아경영대학원Asian Institute of Management, AIM 경영학 석사과정MBA에 들어가 공부했다. 1974년에 MBA를 졸업하고, 양아버지가 당시 건설부 장관과 친해서 나를 필리핀 정부에 들어가 일할 수 있게 해주었다. 나는 대학을 졸업하기 6개월 전에 필리핀 여자와 결혼해서 영주권도 있는 상태였다.

필리핀 정부에서는 약 1년 정도 일을 하다가 나왔다. 그리고 SGB라는 컨설팅회사(회계사 사무실)에 들어갔다. 거기서도 1년 정도 일했는데, 나를 훈련시켜서 한국으로 파견 보내려고 했다. 필리핀에서 1년 정도 근무한 후에 한국으로 가라고 해서 한번 가보고 결정하겠다고 했다. 그때가 1978년으로 내 나이 30세 되던 해였는데, 한국은 거의 15년 만에 들어가는 것이었다. 한국에는 약 한 달 정도 있었는데, 결국 한국에서는 못 살겠다고 결정했다. 외국에서만 생활하다가 한국에 들어가 보니 답답해서 못 살겠다는 생각이 들었다. 한국의 억압적인 시스템이 마음에 들지 않았다. 그리고 무엇보다도 한국에서 내가 해야 할 일이 무엇인지 보이지 않았다. 사람들이 일은 별로 하지 않는 것 같은데, 밤늦게까지 사무실에 남아 있는 것이 이상했다. 같은 급에 있는 사람에게 물어봤는데, 그 사람도 잘 모르는 것 같았다. 필리핀에 돌아가 중국계 필리핀 사람인 상사가 불러서 왜 돌아왔냐고 물어보기에 한국은 컨설팅 개념이 없는 것 같다고 했다. 그 상사는 그래도 가능성이 있다고 하면서 그냥 필리핀에서 근무하라고 했다. 하지만 내가 미안해서 사직서를 내고 나왔다.

회사에서 나온 후 딱히 할 일도 없어서 UP에 있는 경영학 박사 과정DBA에 들어갔다. 학부에서는 경제학을 했는데, 경제학은 수학 실력이 부족해서 힘들 것 같아 경영학을 했다. 함께 수학하던 급우 중 동남아수산연구소Southeast Asia Fisheries Development Center[5]에서 일하다가 박사 과정에 들어온 사람이 있었다. 그 연구소는 태국, 필리핀, 말레이시아, 인도, 베트남, 싱가포르가 회원국이고 일본이 주도해서 만든 국제기구이다. 그 친구의 권유로 거기에 들어가 일하게 되었다. 주로 하는 일은 각국에 양어장을 만들어 수산물 양식을 하는 것이었는데, 일본에서 해양 식량 문제 해결을 위해서 만든 것이었다. 필리핀에서는 이 기구를 아쿠아컬처Aqua Culture라고 불렀다. 주

---

5 태국, 필리핀, 말레이시아, 인도, 베트남, 싱가포르 등이 회원국이고 일본이 수산물 자원 확보를 위해 만든 국제기구이다.

로 필리핀에서는 흔한 생선인 방우스Milk Fish를 부화시켜 키우는 것을 연구했다.

이 기구의 필리핀 본부는 일로일로Iloilo에 있었다. 소장CEO이 일로일로라도 가겠냐고 해서 가기로 했다. 그 기구에서는 총 10년간 근무했다. 그동안에 아내는 UP-마닐라에서 교무처장으로 행정 일을 보다가 다시 교육학 박사학위를 시작했고, 학위논문의 사례 지역을 일로일로로 잡아서 함께 지낼 수 있었다. 일로일로에서는 2년 동안 일했는데, 그곳에서 일어나는 부정부패에 대해 문제 제기를 하니 마닐라 사무실로 발령을 냈다. 그 당시 부패한 소장이 물러나게 되었고, UP 수산대학 학장이 소장으로 임명을 받아 왔다. 그 학장은 내가 학교에 있을 때 같이 테니스를 치던 사람이었다. 새로 임명된 소장에게는 친한 그룹이 있었는데, 주로 정부의 자연자원부에 근무하는 사람들이었다. 거기에도 부정부패를 저지르던 사람들이 많이 있었다. 내가 언론에 부패 사실을 터트린 사실을 알고 있어서 임명 후 제일 먼저 나를 자르라고 했던 것 같다. 마음속으로는 나를 자르고 싶지 않아서 그랬는지, 나를 다시 일로일로 사무실의 경제부 담당자로 발령을 냈다. 사표를 내라는 의미였지만, 사표를 내지 않고 일로일로로 갔다. 주 업무는 연구소의 연구 결과를 어민들과 연결해주는 일이었다. 직원이 총 두 명이었는데, 내가 계획해서 필리핀 전체 양어장에 대한 조사를 시행했다.

새로 소장에 임명된 사람은 그 일이 너무 거칠어서 사표를 냈고, 다른 사람이 임명되었는데, 그 사람은 예전에 쫓겨난 소장의 아들 같은 사람이었다. 그 사람과도 문제가 많았다. 나에게 잠자코 있으라고 하면서 계속 부정부패를 저질렀다. 내가 그 사실을 다시 언론에 폭로하자 다양한 협박이 들어왔다. 그래도 그만두지 않으니까 나에게 파면과 함께 형법으로 기소하겠다며 협박을 했다. 내 뒷조사를 해서 약점을 잡고 있다고 했다. 그래도 내가 조용히 있지 않으니 결국 나를 파면하고 일로일로 시골 법원에다 기소했다. 내가 전국 양어장 조사를 하면서 쓴 비용 1,360페소를 개인적으로 유용했다는 죄명이었다. 그래서 나도 노동청에 제소했다. 법정 싸움은 약 3년 동안 지속되었다. 양아버지가 경비원security guard 용역회사를 하고 있었는데, 경비원이 한 5천 명 정도 되는 회사였다. 양아버지 회사에 들어가 일하다가 1986년에 필리핀 시민혁명이 일어났다. 그리고 그 소장도 쫓겨났다.

혁명 후 농림부 장관이 내게 누가 소장을 했으면 좋겠냐고 해서 이전에 소장을 했던 학장을 추천했고, 그가 다시 소장으로 임명되었다. 그가 나를 다시 복직시켰고, 나를 마닐라 베이 귀퉁이에 있는 센터에 임명했다. 거기는 직원이 약 100명 정도 되었고, 잉어, 틸라피아, 메기 등을 연구했다. 나는 거기서 3개월 정도 일하다가 사표를 내고 나왔다. 내가 할 일은 다 했고, 또 그 일이 내 일이 아니라는 생각이 들어서였다. 그 기구에서 한 10년 동안 전쟁을 하다시피 지내다 보니 부정부패가 끝나지 않을 것이라는 생각이 들어 더는 그런 곳에서 일하고 싶지 않았다. 사표를 낸 다음 무슨 일을 해야 할 것인가에 대한 고민은 전부터 했다. 나처럼 경제학을 공부하고,

MBA를 한 사람은 수두룩했다. 그런데 그런 사람 중에서 나처럼 한국 사람이면서, 또한 필리핀 사람인 경우는 나밖에 없다는 생각이 들었다. 내가 앞으로 한국을 오가면서 배울 수 있는 것이 무엇인지 찾아봐야겠다는 생각이 들어 즉시 사표를 냈다. 그것이 1986년 8월경이었다.

집에 와서 이제 사무실에 안 나간다고 했더니 아내가 미쳤냐고 했다. 그 후 한국에 와서 다시 한국을 보게 되었다. 그때 당시 아내는 집에서 가방을 만드는 조그만 공장을 하고 있었다. 그 가방공장이 벌써 10년이나 되었는데, 고작 직원이 세 명에서 일고여덟 명으로 늘어난 정도였다. 그동안 아내가 대학에서 강의하고, 내가 가져다주는 월급으로 유지해온 것이었다. 내가 집으로 돌아와 청소부터 시작해서 가방 만드는 회사를 한 단계 한 단계 키워나갔다.

한국에서 일하면서 필리핀에 와서 골프를 치는 사장이 있었는데, 그가 가방을 만들어 수출하는 사람이었다. 내가 그 사람에게 한국에 가서 가방 만드는 것을 봐도 되느냐고 요청해서 한국에 갔다. 대전에 있는 공장에 가서 가방 만드는 기술을 배워와서 지금의 킴벨KimBel International Inc.이 이만큼 커지게 된 계기가 되었다. 나는 15년 동안 청계천을 들락날락하면서 많은 것들을 배웠다. 재봉틀과 가방 원단 등에 대해서 배우고 또 필리핀으로 가지고 와 킴벨을 키웠다. 하나씩 하나씩 공장 건물도 짓고, 지금은 직원이 350명 정도 되고, 매장도 60개가 넘는다. 우리 집안 식구들이 하는 사업은 가방공장 말고도 딸 내외가 운영하는 예식장, 아들이 하는 컴퓨터회사가 있다. 킴벨의 광고는 우리 딸이 맡아서 하고, 65개가 넘는 가방 브랜드의 매장관리는 아들과 며느리가 하고 있다. 독립적으로 자기 사업을 하면서 우리 회사도 도와주고 있다.

한인 사회와의 관계에 대해서 말하자면, 내가 필리핀에 온 이주 초창기인 대학생 때만 해도 한국대사관에서 한인들을 초대해서 거기서 만나곤 했다. 초기에 한인회장을 지낸 박윤화, 한덕우, 유병희 씨 등과는 알고 지낸 지 아주 오래되었고, 그다음으로는 ADB 직원들이 꽤 있었다. 그분들은 주로 대사관에서 부를 때 가서 만났다. 잠시기는 하지만 한인회 임원도 하고 민주평화통일자문회 위원도 했었다. 한인회 임원은 한두 달 정도 하다가 별로 하는 일도 없어서 더는 나가지 않았다. 한인회는 별다른 프로그램도 없이 그냥 일이 생기면 대처하는 정도였다. 무엇을 하겠다는 생각도 없고, 그냥 회장이 명예를 위해서 혹은 자기 사업에 도움이 될까 해서 하는 것 같았다.

한국 소식은 주로 영자 신문인 『코리아타임즈』를 읽고 접한다. 친하게 지내는 한국인 K 씨와 골프를 치며 한국 소식을 듣기도 한다. 사람 심리나 문재인 대통령의 활동에 대해 대화를 많이 한다. K 씨는 누군가의 소개로 우리 직원을 가르치는 수업을 하게 되면서 만나기 시작했다. K 씨는 생각이 깊고 세상을 넓게 보려고 하는 사람이다. 또 한국 사람 중에서 드물게 양심적이고 남하고 대화하기를 좋아하는 사람이다. 함께 대화하면서 한국 문화에 관해 토론도 하고, 문화, 역사, 철학 등에도 흥미를 느끼게 되었다.

일본 정부는 일본인들을 위해 하는 일이 많은데, 한국 정부는 동포들에게 도움을 주는 프로그램이 별로 없다. 만약 정부가 무언가를 한다면, 한국 사람에게 필리핀에 대한 교육을 해 정보를 주는 프로그램이 생겼으면 좋겠다. 한인회나 교회나 민간에서도 할 수 있겠지만, 권위 있는 정부 조직이 나서서 해야 사람들이 더 관심을 가지니까 말이다. 정부에서 나서서 조직을 만들어 지역마다 사람을 보내 그런 프로그램을 만들게 해야 한다. 한국 사람들은 권위가 없으면 따르지 않는다.

혁명 후 코라손Corazon Aquino 정부에서 대통령의 고향인 딸락Tarlac에 한국의 중소기업을 유치하라고 요청이 와서 관여한 적이 있다. 한국의 중소기업을 유치하기 위해 2년 동안 왔다 갔다 했다. 여러 팀이 한국에 가서 중소기업 사장들 100여 명 정도씩을 모아놓고 유치 목적에 관해 설명하기도 했다. 그런데 그 사장들이 너무나도 아는 게 없다는 것을 알았다. 아무런 계획도 없이 그냥 정부에서 하라니까 무언가 있겠지 하고 달려든 사람이 대다수였다.

한국 사람은 주로 가방 사업을 하는 사람들과 일했는데, 신용이 있는 가방원단을 생산하는 회사를 찾는 게 중요하다. 그런 회사를 찾는 데 5년 정도 걸렸다. 한국 사람과 일하는 데 애로점은 신용이 없어서 믿을 수가 없다는 것이다. 공장을 가보면 물건도 잘 나오고 규모도 큰데 한순간에 망하는 경우가 있다. 나도 한 번 크게 당할 뻔한 적이 있다. 근래에는 한국을 1년에 한두 번씩 들어간다. 가파치 가방을 만들고 코치Coach에도 가방 원단을 공급하는 장 사장이란 사람을 만나러 간다. 한국, 중국, 베트남에서 원단을 사서 공급하는 일을 하는데 거래하면서 평생 친구가 되었다.

필리핀 현지인과의 관계는 내가 회사에서 직원관리와 생산관리를 맡고 있어서 그 특성에 대해 잘 이해하고 있다. 필리핀 사람들은 시키는 것만 하고, 스스로 발전하려 노력하지 않고, 그냥 평생 그 일만 하려는 특성이 있다. 어떤 면에서는 그것이 편하기도 하지만, 어떤 면에서는 답답하기도 하다. 반면 내가 경험한 한국 사람들은 너무 빨리 나서서 자기가 뭔가 하려는 경향이 있다. 한국 드라마가 필리핀 사람들에게 한국에 대한 이미지를 매우 좋게 만들어주었다. 하지만 보통 필리핀 사람들에게 한국 사람은 소리 지르고 악쓰는 사람이다.

우리 가족에 대해서 말하자면, 나는 대학을 졸업하기 6개월 전에 필리핀 사람과 결혼했다. 아내는 나보다 네 살 반 정도 나이가 많다. 아내는 미국에서 석사를 마치고 돌아와서 UP에서 강의하고 있을 때 나를 만나 결혼했다. 내가 당시 도서관학과를 다니던 한국 사람 두 명과 친하게 지냈는데, 그중 한국 여자의 친구를 소개받아서 결혼하게 되었다. 그 두 사람도 UP를 다니면서 결혼하고 아이도 낳은 것으로 알고 있다. 그리고 아내를 소개해줬던 여자분은 졸업 후에 경희대 영문과 교수가 되었고, 남자는 캐나다 대사까지 지냈다.

필리핀 여자와 결혼하겠다고 하니 아버지가 많이 반대했다. 무엇보다도 갑자기 결혼하겠다고 하니, 혹시 애를 가져서 그러나 싶어 더 반대했던 것 같다. 하지만 나는 부모님과 워낙 일찍부터 떨어져 살아서 내 결혼에 대해 다른 한국인들처럼 압력이 그다지 통하지 않을 것이라는 걸 아버지도 알고 있었던 것 같다. 결혼하고 영주권을 받았으며, 1976년에 필리핀 시민권을 받았다. 당시 마르코스가 중국을 방문해서 마오쩌둥을 만나려고 필리핀에 와 있던 중국 사람들에게 차별 없이 시민권을 주겠다고 해서 특별 대통령령으로 한꺼번에 시민권을 준 적이 있다. 그 이후에는 아주 특별한 경우가 아니면 시민권을 주지 않는 것으로 알고 있다.

다른 형제들은 모두 미국에서 살고 있다. 미국에 사는 형제들과는 거의 접촉이 없다. 거기는 그들만의 세계가 있을 것이다. 가족이 너무 멀리 오래 떨어져 있다 보니 그렇게 된 것 같다. 내가 국제결혼을 해서가 아니라, 한국 사람하고는 대화가 잘 안 통한다. 나는 국제결혼을 했다는 것에 대한 인식조차 없다. 만약 내가 아내와 한국에 가서 살았으면 아마 달랐을지도 모르겠다. 아내가 한국에 적응했을까에 대해서는 의문이다. 내가 영어를 모국어처럼 하니 여기서 살아가는 데 아무런 불편함이 없다. 어려서부터 외국에서 살아서 문화적으로도 불편함이 전혀 없다. 나 같은 경우는 흔하지 않은 것으로 안다. 한국어도 모국어처럼 하고, 요즘은 필리핀어도 배워야겠다는 생각이 들어 10년 전부터 조금씩 배우고 있다. 나는 완전히 국제인이 되었다. 살면서 배우는 것을 즐기다 보니, 뭐든지 포용하고 어디 가나 잘 어울리고 불편함이 없다. 내가 그동안 쌓은 지식과 경험으로 어디에나 참여할 수 있다.

아이들도 모두 UP를 졸업했다. 아내가 그 대학 교수였기 때문에 돈도 안 내고 유치원부터 대학까지 모두 UP를 나왔다. 아이들에게 한국말을 가르쳐야겠다는 생각은 하지 않았다. 언어를 많이 배우는 것은 좋은 일이다. 아이들도 나처럼 특정 문화에 대해 편견이 없는 국제인이 된 것 같다. 아들은 중국계 필리핀 여자와 결혼해서 아들 둘을 낳았다. 아들 가족 모두 미국 시민권자다. 딸은 필리핀 남자와 결혼해서 두 아이를 두고 살고 있다. 장차 한국에 돌아갈 계획은 없지도 않고 있지도 않다. 앞으로 한국에 더 자주 방문할 생각은 있다.

제1시기 필리핀 이주 한인의 정체성

제1시기에 필리핀으로 이주한 한인들은 많은 경우 돌아가시고, 또 연로한 분들이 대부분이다. 필리핀 한인노인회와 개인적인 소개를 통해 총 다섯 분을 만나 인터뷰를 진행했다. 이들 중 네 명의 이주와 정착에 관한 이야기를 앞에서 소개하였으며, 나머지 한 명의 인터뷰 내용은 정보 부족과 자신에 대해 밝히고 싶지 않다는 본인 의견을 존중하여 제외하였다. 위의 네 명의 이주와 정착에 관한 이야기를 통해 발견할 수 있는 정체성 문제를 살펴보았다.

박윤화 씨는 현지 조사 당시 유일하게 돌아가신 분이었다. 따라서 생존 시 자신의 필리핀 이주와 관련된 내용을 인터뷰하여 신문에 연재된 자료와 자녀들과의 인터뷰를 기초로 하여 소개했다. 박윤화 씨는 일제강점기인 1935년에 22세의 젊은 나이로 미국 유학

표 6 제1시기 필리핀 이주 한인의 정체성 관련 요소들

한인 동포	출생	이주	본인			자녀들	
			국제결혼	국적	한인 활동	국적	주요 언어
박윤화	1913	1935	예	필리핀	적극적	필	영/필
W	1936	1955	예	필리핀	수동적	필	영/필
김상조	1934	1964	아니오	한국	수동적	미/필	영/필
김용찬	1948	1967	예	필리핀	수동적	미/필	영/필

의 꿈을 품고 거쳐 갈 장소로서 필리핀에 왔다가 정착한 사례이다. 그는 일본의 식민통치와 태평양전쟁이라는 민족적 수난 시기를 살면서 한민족으로서의 정체성이 뿌리 깊게 내린 것으로 보인다. 광복 이후 분단이라는 조국의 현실로 인해 고향에 돌아갈 수 없게 되었던 것이 그가 필리핀에 정착하게 된 계기가 되었다. 당시 필리핀은 한국과 비교해 모든 면에서 앞선 나라였기에 필리핀 여성과의 결혼이나 필리핀 국적 취득은 개인으로서 합리적인 선택이었던 것으로 보인다. 그러나 국제결혼과 귀화는 필리핀에서의 안정적인 정착 생활을 위한 것이었지, 한인으로서의 정체성이 약화된 것으로는 보이지 않는다. 이는 그가 당시 필리핀 한인 사회에서 주도적 인물로 한국과 한인을 위해 많은 일을 했으며, 오늘날 필리핀한인회의 선구자로서 인정받고 있다는 것으로도 알 수 있다.

박윤화 씨는 자녀들의 이름을 존경하던 이승만 대통령의 영문

성 머리글자인 RHEE를 따서 지을 정도로 한민족 공동체에 대한 자기 동일시와 소속감을 드러내고 있다. 자녀들의 국적은 자신이 필리핀에 귀화하면서 모두 필리핀 국적을 가지게 되었다. 큰아들과 셋째 딸과의 인터뷰를 통해서도 박윤화 씨가 한인 공동체와 얼마나 밀접한 관계를 유지하였는지를 알 수 있다. 그러나 당시의 상황이 가족의 생계를 책임진 아버지로서 아이들에게 한국어를 가르치거나 한국 문화를 가르칠 여유를 가지기는 힘들었을 것으로 보인다. 오히려 필리핀 어머니와 학교 친구들과의 관계 속에서 외국 혈통을 가진 필리핀 사람으로서의 정체성을 가지게 된 것으로 보인다. 아버지의 때 이른 사망 이후 자녀들은 순탄치 않은 삶을 살면서 한인 사회와는 멀어졌다. 필리핀 한인 사회의 개척자이자 상징적인 인물인 박윤화 씨의 자손이 필리핀 한인 사회와 떨어진 채 사는 모습이 안타깝게 느껴졌다.

W 씨는 한국에서 어려운 환경 속에 살다가 보다 나은 삶을 기대하며 필리핀 남성과 결혼하고 필리핀으로 이주한 사례이다. 필리핀에서 대학까지 진학한 것을 통해 남편의 배려와 자신의 삶을 개선하려는 W 씨의 노력을 엿볼 수 있었다. 그러나 W 씨는 스스로 독립적이고 진취적으로 필리핀에서 자신의 삶을 개척했다기보다는 남편과 그 가족의 일원으로 융합해 그 테두리 안에서 살아왔음을 짐작할 수 있다. W 씨는 필리핀에 살면서 한인과 꾸준한 관계를 유지해왔지만, 다분히 수동적인 자세를 보여준다. 필리핀 사회에 깊숙이 뿌리내린 채 살고 있지만, 자신의 한인 정체성을 스스로 드러내

기보다는 이웃들에 의해 지속적으로 확인받고 있는 듯하다. 두 자녀의 국적이나 사용 언어 그리고 성장 과정에서 W 씨는 자신의 한인 정체성을 굳이 전수하려 하지 않았다는 점을 볼 수 있다. 이는 당시 자신이 떠나온 가난하고 불행했던 한국 사회에 대한 기억이 굳이 자녀들에게까지 이어지기를 원하지 않았기 때문으로 보인다.

김상조 씨는 30세의 나이에 한국에서 직장생활을 하다가 작은아버지의 초청으로 필리핀에 오게 된 사례이다. 필리핀 이주 당시 언어를 포함해 현지 정착에 필요한 어떠한 준비도 없었음을 볼 수 있다. 필리핀 이주 6개월 만에 의지하던 작은아버지가 돌아가셨고, 이후 귀국하지 않고 홀로 많은 고생을 해가며 필리핀에 정착했다. 이러한 모습에서 1960년대 한국의 현실이 그다지 희망적이지 않을 때 외국에서 새로운 삶을 개척하려고 했던 초기 한인 이주민의 모습을 엿볼 수 있다. 아무런 기반도 없이 사업을 시작하면서 주위의 한인들에게 무시당한 것이 한인 사회와 멀어지게 된 계기기 되었음을 알 수 있다. 그가 필리핀에서 사업을 하면서 한국 국적을 계속 유지한 것은 한국인으로서의 정체성에 대해 특별한 의미가 있어서라기보다는 한국인 여성과 결혼하여 필리핀 국적을 취득할 길이 어려웠기 때문인 것으로 보인다. 그가 한국과 지속해서 연결되었던 것은 일적으로 연결된 한국 회사들과의 관계 때문이었으며, 필리핀 현지에서의 사업상 관계는 주로 중국계 필리핀인이었음을 알 수 있다.

아내와 사별한 후 재혼하지 않고 자녀들을 키우는 데 전념했던 모습은 의지할 곳 없는 해외에서 가족 간의 깊은 우애를 엿볼 수 있는 부분이다. 그렇다고 자녀들에게 한국인으로서의 정체성을 전수하고자 하는 의지는 찾아볼 수 없었다. 이는 본인 스스로가 한인 공동체에 대한 민족적 자기 동일시나 소속감이 그다지 크지 않았기 때문으로 볼 수 있다. 자녀들은 필리핀의 일반 가정의 자녀들처럼 현지인 학교를 보냈고, 어려서 어머니에게 배운 한국어를 조금 사용할 수 있는 정도다. 아들이 한국 여자를 만나 결혼하긴 했지만, 한국인으로서의 정체성을 유지하기 위해 한국 여자와 결혼한 것으로 간주할 수는 없다. 이는 아들의 한국 국적 포기와 필리핀 국적 취득, 그리고 한인 사회와의 교류 부재 등을 통해 알 수 있다. 김상조 씨는 필리핀에 잘 정착해 사는 아들이나 미국에 가서 정착해 사는 딸에 대해 아버지로서 자신의 의무를 다했다고 스스로 위로하고 있다. 이는 당시 힘든 삶의 현실 속에서 국가와 민족과 같은 추상적인 관념이 자신의 정체성에 별로 영향을 주지 못했기 때문인 것으로 이해된다.

김용찬 씨는 당시로서는 흔치 않은 다년간의 해외 생활 경험을 가지고 필리핀에 유학 와서 정착한 사례이다. 국제기구에서 일하는 아버지를 따라 14세부터 해외에서 생활하게 되면서 자신의 가치관 형성 과정에 민족적 자기 동일시의 계기가 크지 않았던 것으로 보인다. 어린 시절 해외에서 생활하면서 민족공동체에 대한 이미지는 주로 가족과의 관계 속에서 형성되는데, 김용찬 씨의 경우는 그다지 긍정적인 영향을 받은 것 같지 않다. 게다가 유럽에서 어린 시절 겪었던 인종적 열등감도 한민족에 대한 자기 동일시에 부정적으로 작용했을 것이다. 필리핀으로 이주하여 한인 사회에 잠시 관여하기도 했지만, 그다지 큰 의미를 발견하지 못했음을 볼 수 있다. 김용찬 씨는 국가나 민족이 자신의 정체성에 그다지 큰 의미가 없다고 생각한다. 또한 자신이 태생적으로는 한국인이며, 선택적으로는 필리핀인이고, 또한 국제인이라는 혼종적 정체성에 대해 전혀 불편해하지 않음을 볼 수 있다. 그의 혼종적 정체성이 자녀들로 하여금 한국인, 필리핀인, 그리고 미국 시민 등 다양한 정체성을 가진 국제인으로 자라도록 했음을 알 수 있다.

제1시기 필리핀 이주 한인들은 대체로 한국의 어려운 정치·경제적 환경에서 고국을 떠나 더 나은 필리핀으로 이주한 사람들이다. 이들은 필리핀에서 자신의 삶을 개척해나가는 과정에서 한국과의 관계를 지속적으로 유지해왔다. 초기 한인 사회를 이끌었던 박윤화 씨의 경우는 특별한 경우며, 일제강점기 식민지하에서 해외로 이주한 다른 많은 한인처럼 비록 현지에 적응해 살면서도 조국에 대한 애착심을 드러내고 있음을 알 수 있다. 이 시기 이주자들은 필리핀 사람들과의 관계 속에서 그들과 구분되는 한국인으로서의 정체성을 운명처럼 받아들이고 있다. 그러나 타국에서 자신들의 삶을 개척해나가는 과정에서 한인으로서의 정체성을 고집하고 전수코자 하지는 않았다. 이들에게 있어서 한민족은 동일성으로서의 정체성에 의미를 부여할 뿐, 미래지향적인 자기성로서의 정체성에는 크게 작용하지 못했던 것으로 보인다. 이러한 이들의 정체성은 자녀들의 교육을 통해서도 확인할 수 있다. 사례로 다룬 네 명 모두 자녀들이 필리핀에서는 흔한 경우처럼 외국계 혈통을 가진 필리핀 사람으로 성장했음을 알 수 있다. 이들의 자녀 모두 한국어를 제대로 구사하지 못함은 물론이고, 한국에 대해 어떠한 소속감이나 일체감도 가지고 있지 않았다.

2) 한인 세계화의 선구자—제2시기 이주(1970~1980년대)

한상태 씨의 이주와 정착 이야기

한상태 씨는 1928년생으로 한국에서 태어났으며, 1970년에 WHO 서태평양 지역 사무처 근무를 위해 필리핀으로 이주했다. 퇴임 후 잠시 한국에 귀국했다가 현재 필리핀에 거주하고 있다. 슬하에 자녀는 1남 1녀를 두고 있다. 한상태 씨의 이주와 필리핀 생활에 관한 이야기는 2017년 7월 29일 보네파쇼에 있는 한상태 씨 자택에서 이루어진 인터뷰 내용을 맥락에 따라 정리한 것이다.

내가 서울대학교 의대를 다니고 있을 때 6·25전쟁이 일어났고, 전쟁 때 미군 통역관으로 북한까지 따라갔다가 흥남철수 때 함께 남하했다. 전쟁 후에 대학에 복학하여 1955년에 졸업하고, 바로 정부 보건사회부에 들어가 1967년까지 근무했다. 보건사회부 경력을 바탕으로 1967년부터 WHO에서 일하기 시작했으며, 처음 발령지는 서사모아 사무국이었고, 1970년에 WHO 마닐라 서태평양 지역 사무처로 발령받아 1999년 정년퇴임할 때까지 29년간 근무했다. 내가 필리핀을 처음 방문한 것은 1959년 보사부 계장으로 보건사업을 배우러 한 달 동안 와 있을 때였다. 그 후 WHO 회의에 참석하기 위해 거의 1년에 한 번씩 필리핀에 왔다. 나는 한국인으로는 최초로 WHO 지역 사무처에서 근무를 시작했다. 1989년부터 1999년까지 제4대 WHO 서태평양 지역 사무처 사무처장을 역임했으며, 이 지역의 결핵 및 소아마비 퇴치 활동에 대한 공로로 필리핀 대통령 표창장을 받기도 했다.

내가 필리핀으로 부임해온 1970년 당시에는 필리핀의 경제·사회적 상황이 모두 한국보다 나았다. 한국에는 없던 슈퍼마켓도 필리핀에는 있었다. 당시 한인들은 모두 1,000여 명 정도였으며, 주위 한인들과는 모두 가족같이 지냈다. 서울에 있을 때도 대외 관계 일을 많이 했기 때문에 처음 필리핀에 와서 일하는 데 별다른 어려움은 없었다. WHO에서 간부회의를 할 때 한국에 관해서 안 좋은 얘기가 나오면 한국인으로서 곤혹스러웠던 적도 있었다. 필리핀에는 1950년부터 알고 지내던 필리핀 친구들이 많이 있다. 그들 대부분이 필리핀 보건 관계부서의 고위층이었다. 필리핀에서 생활하면서 특별히 문화적 갈등을 느끼지는 않는다. 아마도 오랜 해외 생활에 익숙했고, 현지인들과의 소통도 영어로 할 수 있어서 별다른 어려움을 느끼지 못한 듯하다.

나는 필리핀에서 외교관 신분으로 살았기 때문에 필리핀에 거주하면서 정부의 이민정책 영향을 별로 받지 않았다. 필리핀 내에서는 여행을 많이 다니지는 않았지만, 담당하고 있는 지역의 나라들에 출장을 많이 다녔다. 국가마다 친구들이 있다. 필리핀에서 생활하면서 특별히 필리핀 정치의 변화라든가 하는 것에는 특별히 관심을 두지 않았다. 국제기구 직원으로서 직접적인 정치활동을 하지 못하기 때문이기도 하다. 그렇지만 필리핀의 정치적 변화가 필리핀 보건사업 전반에 영향을 미치는 것에 관해서는 관심을 가질 수밖에 없었다. 즉 장관이 바뀐다거나 하면 중점사업의 변화에 영향을 미칠 수 있기 때문이다. 하지만 서로 논의하게 되어 있어서 크게 상관은 없다. WHO는 각 국가의 보건 계획을 수립하여 추진하는 것을 도와주는 역할을 한다.

나는 1999년 4월에 WHO에서 정년퇴직하고 한국으로 귀국했다. 귀국 후에도 매년 필리핀을 오기는 했지만, 2006년에 은퇴비자를 받아서 장기 거주를 하기 위해 다시 왔다. 봄과 가을에는 한국에 들어가서 지내고, 여름과 겨울에는 주로 필리핀에서 거주한다.

필리핀 한인 사회에 대해 말하자면, 내가 부임한 이후 WHO에 한국 직원들이 많이 오게 되었는데 모두 가족같이 지냈다. 식사도 함께하고, 캠핑도 함께 가는 일이 많았다. 당시 ADB에도 한국인 직원이 많이 있었는데, 따로따로 어울리기보다는 함께 어울리는 경우가 많았다.

내가 필리핀을 떠났던 1999년까지만 해도 한국식품 상점들이 그리 많지 않았다. 한국인들이 필리핀에 많이 들어오기 시작한 것은 2000년부터인 것 같다. 나처럼 은퇴비자를 가지고 들어오는 사람이 많은데, 그것을 도입하기 시작한 게 아마도 1990년대 말부터였던 것 같다. 나이를 먹으니 겨울에는 필리핀에서 지내는 것이 좋다. 요즘은 한국에 있으나, 필리핀에 있으나 별다른 차이를 느끼지 못한다. 한국에 대한 뉴스는 인터넷으로 각종 신문을 다 볼 수 있고, 한국 방송도 거의 모든 채널을 볼 수 있다. 정보가 힘이라는 생각이 있어서 일본 채널도 많이 본다.

요즘에는 모르는 한국 사람들이 많다. 다들 돈은 많은 것 같은데, 골프장에서 만난 사람은 50세에 은퇴하고 필리핀에 와서 매일 골프나 치고 있는 것 같다. 많은 한국인이 고급 주택지에 살고 있다. 문제는 많은 한국인이 한국에서처럼 여기서도 법을 지키지 않아 한국인에 대한 이미지가 나빠졌다는 것이다. 고급주택 단지 내에서는 영업할 수가 없는데, 하숙집을 한다든지 하는 경우가 있어서 문제가 되기도 한다. 한국이 부자 나라가 되고 드라마가 들어와 필리핀 사람들이 즐겨 보지만, 한국인의 불법적인 행위로 인해 전보다 인식이 더 나빠졌다. 왜 남의 나라에 와서 불법 행위를 해서 국가 망신을 시키는지 모르겠다. 부자인 만큼 성숙한 시민 정신으로 법도 잘 지킨다는 인식을 주어야 할 것이다.

전에 WHO에 근무하면서 한인회 모임에 나갔는데, ADB에 나와 있던 사람들은 한인회 활동에 별로 관심을 가지지 않고 자기들끼리 모였다. 요즘은 ADB 한국인 직원들끼리도 잘 모이지 않는다고 한다. 나는 거의 10년 동안 한인회 회장 전형위원장을 역임했다. 국제기구 출신자 모임은 따로 없고, 서울대 동창회 모임과 노인회 모임에만 참석하고 있다.

국제기구에서 일하는 사람은 세계 모든 국민을 위해서 일하는 것이 의무인데, 실제로는 그렇지 않다. 나도 한국인으로서 한국의 정치적 변화에 대해 많은 관심을 가지고 있다. 20~30년 전에 재외국민투표를 요청하는 편지를 대사관에 보낸 적도 있다. 지난번 재외국민투표 때에는 1번으로 등록해서 투표했다. 필리핀에는 한인들이 몇십만 명 있는 것으로 알고 있는데, 실제로 재외국민투표에 등록한 사람은 몇백 명밖에 되지 않았다.

한인들은 우리 대사관에 불만이 많은데, 대사관에 대한 한인들의 기대가 비논리적으로 크기 때문인 것 같다. 한국에서 경찰관이 네 명 나와 있고, 세인트 룩스St. Lukes 병원에 한국인 전용 창구도 있다. 공관에서 보호할 만한 사람은 보호해주고 있다고 본다. 대사관에서 정체 모를 모든 사람의 문제를 해결해줄 수는 없지 않은가. 문제가 있었을 때 대사가 직접 나서서 말하는 것을 본 적이 있다. 하지만 나라를 대표해서 변호하기 어려운 불법적인 문제에 대해서 대사가 얘기하기는 어렵다고 본다. 불법으로 들어와 있는 사람들에 대해서 보호하는 일도 하고 있다고 알고 있다. 다른 나라에 비해 필리핀 한인 사회는 갈등이 덜하다고 본다. 한국에서 대사가 필리핀에 오면 두 번 운다는 얘기가 있다. 처음에는 별 볼 일 없는 곳으로 온다는 생각에 울고, 나중에는 떠나기 서운해서 운다는 것이다.

나는 필리핀에 와 생활하면서 필리핀 사람들과 좋은 관계를 맺기 위해 많이 노력했다. 당시에는 일제강점기 때 한인이 포로수용소 감시병으로 현지인을 학대했다는 소문 때문에 한국인에 대한 안 좋은 인식이 있었다. 그것을 바꾸려고 많은 노력을 했다.

한국 사람과 필리핀 사람을 비교해보면, 한국 사람들은 직접 몸으로 때우려는 경향이 많은데, 필리핀 사람들은 이론에 아주 밝다. 안 좋게 말하면 말은 그럴듯하게 하는데 실천력이 부족하다고 할 수 있다. 아마도 대부분의 동남아 사람들처럼 그렇게 악착같이 살 필요가 없는 환경 때문일 것이다. 한국처럼 겨울이 없어서 계획이 필요치 않고, 또한 극성스럽게 일하지 않아도 굶어 죽지 않기 때문에 열심히 일할 필요를 못 느끼는 것이다. 필리핀 사람들은 가까이 다가가면 친해지는데, 저들이 생각하는 한국인은 잘 웃지도 않는 어려운 사람이다. 대부분은 말이 잘 안 통해서 한국인에 대해 그런 인상을 받는 것 같다. 필리핀 사람들은 한국인을 그렇게 좋게 보지 않는 것 같다.

우리 가족에 대해 말하자면, 나는 7남매의 맏이라서 집안 제사를 내가 모시고 있다. 그래서 형제들과도 꾸준히 교류하고 있다. 요즘은 가족이나 친척들이 바빠서 자주 만나지 못한다. 큰딸은 뉴욕에 살고 있고, 둘째 딸은 서울에 살고, 막내아들은 서울에 있지만 가족들은 일본에서 살고 있다. 아이들 모두 필리핀에서 고등학교까지 나왔다. WHO에서 교육비가 나왔기 때문에 아이들 교육에는 어려움이 없었다. 모두 국제학교를 나와서 한국에서 자란 애들보다 더 순진하고 자유롭게 자랐다고 본다. 큰손주도 여기 국제학교를 보냈다. 해외에 살면 한국적인 것을 더 잘 지키려고 한다. 성장

환경이 다른 것으로 인해 부자간의 갈등은 없었다. 아들도 제사 지내는 유교적인 풍습을 그대로 받아들이고 있고, 손자도 그럴 것이라고 본다. 해외에 나와 살면 오히려 부모와 자식들 간의 관계가 좋아진다고 생각한다.

우리 아이들 모두 한국말을 잘하고, 물론 영어를 한국말보다 더 잘한다. 아들은 한국에 있는 HSBC 부대표로 증권 분야를 담당하고 있다. 큰딸은 뉴욕에 살며 전업주부인데 요즘 사업을 하려고 한다. 큰딸한테서 우리 조상에 대한 자료를 적어 보내달라는 요청이 왔다. 한국의 문화에 대해 관심이 많은 듯하다. 외손주 중 제일 큰아이는 30세인데 항저우에 있는 알리바바 회사에서 연수를 받고 있고, 둘째 손주는 뉴욕에서 직장생활을 하고 있다. 둘째 아이의 아이들도 졸업한 후 뉴욕에서 취직했고, 친손주는 이제 초등학생이다. 국제기구에서 일했지만 나는 자녀들을 한국 사람으로 키웠다. 양반 조상에 대한 프라이드가 있다.

내가 아이들에게 국제결혼을 하지 못하도록 했다. 국제결혼을 한 경우를 보니 노년이 되면 불행해지는 경우가 많다. 젊었을 때는 사랑이 있어서 괜찮은데, 노년이 되면 고집이 생겨서 불행해진다. 필리핀에서 살펴본 바에 따르면, 국제결혼을 하면 한국 사람으로 동화시켜야 하는데, 오히려 상대에게 동화되는 것 같다. 필리핀뿐만이 아니라 미국에서도 그런 것 같다. 사대사상이라고 본다. 여기서도 신부가 필리핀 사람이면 그쪽으로 동화되는 경향이 크다. 과거에는 한국 여자가 필리핀 남자와 결혼하는 경우가 많았다. 한국 식당인 코리아가든과 코리안 빌리지 안주인도 그런 경우이다. 당시에는 자녀들에게 한국말을 가르칠 환경이 되지 않았다. 1970년대에 와서야 한글학교가 생겼다. 국제기구에서 일하던 우리가 돌아가면서 교장을 했는데, 나도 제4대 교장을 했다. 내 아들을 첫돌 지나고 반년 있다 데리고 왔는데, 그 애도 여기 한글학교에서 한국어를 배웠다.

지금은 은퇴해서 아무것도 안 하고 있다. WHO에 사무실이 있는데, 수요일에 하루 나가서 점심을 먹고 온다. 인턴들에게 국제기구에서 일하는 것에 대한 정신자세 등에 관해 강의하기도 한다. 요즘 제일 비애를 느끼는 것은 내가 생산적인 일을 아무것도 안 한다는 것이다. 나이가 들어도 누군가를 위해 일하는 것은 훌륭하다고 본다. 관직이 높았기 때문에 더 아무 일도 할 수 없는 것 같다. 필리핀이 나이 든 사람에게는 날씨가 좋아서 좋고, 싸게 운전기사와 가정부를 쓸 수 있어서 좋다. 그런 의미에서 우리 나라 사람들이 은퇴비자를 받아 오는 것은 대환영이지만, 대부분은 그렇지 않은 것 같다.

임인숙 씨의 이주와 정착 이야기

임인숙 씨는 1935년생으로 황해도 해주에서 태어나 베트남에서 생활하다가 1964년에 필리핀인과 결혼하여 1972년에 필리핀으로 이주한 후 현재까지 필리핀에서 살고 있다. 남편과는 사별하고 슬하에 결혼한 아들이 한 명 있다. 임인숙 씨의 이주와 필리핀 생활에 관한 이야기는 2018년 7월 10일 마닐라에 있는 본인이 운영하는 식당, 코리안 빌리지Korean Village에서 이루어진 인터뷰 내용을 맥락에 따라 정리한 것이다.

나는 1935년에 이북인 해주에서 태어났다. 광복과 전쟁 와중에 재산을 모두 잃고 피난 다니며 고생도 많이 했다. 한국에서는 회사에 다녔는데, 우리 나라 복구 사업을 위해 온 외국계 기술 회사였다. 그 회사의 같은 사무실에서 일하던 필리핀 사람을 만나 5년 동안 연애하다가 1964년에 결혼했다. 남편은 제도사로 일하고 있었으며, 한국에서의 생활은 풍족했다. 그 회사가 베트남에도 사업장이 있어서 그곳에 같이 갔다가 필리핀으로 오게 되었다.

1972년에 처음 필리핀에 왔는데, 그때는 마르코스 정권이 계엄령을 선포해서 정치적으로 아주 불안한 상황이었다. 필리핀에는 아는 사람이 아무도 없었는데 나는 아이까지 있었다. 그나마 내가 영어를 할 줄 알아서 적응할 수 있었다. 남편은 아무것도 할 줄 모르는 사람이었다. 의식주를 해결하는 데 식당이 제일 쉬울 것 같아 1974년부터 식당을 시작했다. 이름을 파인트리Pine Tree라고 지었는데, 조그마하게 시작하다 보니까 너무 힘들었다. 당시에는 한국 사람이 거의 없어서 현지인 중심으로 햄버거나 스파게티 등을 만들어서 팔았다.

그러다가 한국 음식을 하자 생각하고, 필리핀 사람들한테 스끼야끼(전골)가 인기가 있어서 불고기를 팔기 시작했다. 일본 음식은 비싼데, 비슷한 것을 싸게 파니 손님들이 좋아했다. 식당 옆에 양복점이 있었는데, 거기에 양복 맞추러 오는 공무원들이 많이 왔다. 그래서 이름도 코리안 빌리지로 바꾸고 한국 음식 중심으로 운영했다. 파인트리라는 이름으로는 3년 동안 영업했다.

우리 식당에는 1975년에 마닐라에 취항하기 시작한 대한항공 사람들이 많이 왔다. 처음에는 대한항공 사무실이 없어서 매일 우리 집에 와서 지내기도 했다. 그 항공사 때문에 우리 집이 살아났다. 그 후 신부님도 오고, 학생들도 우리 식당에 많이 왔다. 학생들이 찾아오면 반가워서 더 잘 대해주었다. 그때 만난 사람들과는 아직도 연락하는데, 교수가 된 사람도 많다. 지난번에 경희대에서 한 번 모인 적이 있다. 대한항공 사무실이 나중에 마카티에 생겼고, ADB도 여기 마닐라에 있다가 올티가스로 갔다. 그러다 보니 한국 사람이 많이 없어져서 다시 주 고객이 필리핀 현지인으로 바뀌게 되었다.

내가 벌어서 가정 경제를 이끌어왔기 때문에 남편 장례식 날에도 시장을 봐서 장사해야 했다. 남편은 나하고 나이가 12살 차이가 났다. 아침에 일어나 옷을 잘 차려입고 당구장에 가 있다가 내가 부르면 언제라도 달려왔다. 그리고 내가 퇴근할 시간이면 먼저 집에 와서 나를 맞아줬다. 화가 나는 일이 있으면 남편한테 다 풀었다. 식당에서 힘든 일은 내가 다 하자 남편이 "왜 주인이 되어서 주방에 들어가느냐"고 했다. 내가 모든 일을 다 알아서 하니까 한국 사람들이 그 사람(남편)더러 복덩이라고 했다. 남편이 죽은 지 23년이 되었다. 돌이켜보면 인간성만큼은 좋은 사람이었다. 나를 한 번도 배신한 적이 없다. 나는 필리핀에서 아주 밑바닥부터 시작했다. 필리핀에 올 때 1만 달러를 가지고 왔는데, 지금 재산을 정리해보면 100만 달러 정도 되니 100배 늘어난 셈이다.

한인 사회에 관해 얘기하자면, 초기에 관광 가이드를 한 한국 사람들은 돈을 많이 벌었다. 손님들이 쇼핑을 많이 해서 그랬던 것 같다. 나는 학생들하고 가깝게 지냈다. 학생들이 찾아오면 돈도 안 받고 식사를 내주곤 했다. 한국에 관한 뉴스도 계속해서 『조선일보』를 배달받아 봤다. 한 4년 전부터 배달이 오지 않아 못 보고 있다.

한인회에 어머니회가 있는데 한번 모이라고 해서 갔다. 회지를 보니 남자는 한인회라고 하고, 여자는 와이프라고 적혀 있었다. 외국인 마누라라고 해서 그냥 와이프라고 하나 싶어서 기분이 나빴다. 내가 중심이 되어 실버회를 처음 시작했다. 나이가 60이 넘은 사람들이라 욕심이 없으려니 했는데, 다들 욕심이 많았다. 처음에는 모임을 하면서 내가 돈을 다 냈다. 뭔가 생산적인 것을 하자고 해서 꽃집을 하기도 하고, 강사를 모셔다가 배우기도 했다. 비용이 많이 들다 보니 회원들 간에 다툼도 일어나고 해서 그만뒀다. 그게 모태가 되어 지금 필리핀노인회가 되었다.

나는 현지인과 결혼했으니까 문화적 차이에 대해 말할 처지는 못 되지만 필리핀 사람과는 문화적 차이가 있는 것 같다. 장사하면서 그런 문화적 차이를 이해하게 되었다. 내가 거래하는 가게도 크리스마스가 되면 나한테 선물을 달라고 한다. 여기 사람들은 돈 많은 사람이 좀 더 내놓아야 하는 것을 당연하게 생각한다. 그렇지 않으면 인색하다고 생각한다. 필리핀 사람들은 게으르고 한국 사람들은 세계에서 제일 부지런한 사람인 것 같다. 나는 성질이 급해서 싸움도 잘하는 사람이 되었다. 그래도 내가 경위가 밝으니까 우리 식당에서 일하는 사람들이 30~40년 함께 일하고 있다. 너무 잘해주면 가끔 자기 멋대로 하는 때도 있다.

우리 가족에 대해서 말하자면, 우리 아버지는 6척이나 되는 장신이셨는데, 우리 엄마는 아주 조그마했다. 우리 엄마는 피아노를 치기도 했다. 아버지가 앞으로 영어가 필요하다고 해서 오빠는 그때부터 영어를 열심히 해서 미국으로 유학 갔다. 오빠는 정치학 박사를 따서 미국에서 살고 있고, 미국 여자와 결혼했다.

우리 신랑은 일본말도 좀 하고, 가볍지 않고 점잖은 사람이었다. 건강에 주의하지 않고 담배를 자주 피웠다. 나는 한국 국적을 계속 유지하다가 신랑이 먼저 죽게 되면서 필리핀 국적으로 바꿨다. 부동산 소유권 문제 때문에 국적을 바꾸기로 했던 것이다.

나에게는 아들이 하나 있는데, 한국말은 어쩌다 한마디씩만 하고 주로 영어와 타갈로그어를 한다. 아버지가 아들한테 한국말을 못 배우게 했다. 아들을 한국에 보내면 다시는 안 올까 봐 아예 한국말을 못 배우게 했다. 지금은 글로벌 시대이니 굳이 한국말을 강조할 필요는 없다고 본다. 아들은 필리핀 여자와 결혼했는데, 며느리는 기대했던 것보다 더 잘한다. 손주는 손자 손녀 하나씩 있다.

지금은 둘 다 중학교에 다니고 있다. 손녀는 뭐를 하든 1등을 하고, 귀태가 나는 손자는 뭐를 하든 꼴등이다. 나중에 이 식당을 누구한테 물려줄까 생각해보면, 아무래도 손녀가 물려받는 게 좋겠다는 생각이다. 손녀가 음식에 관심이 많다. 한국 음식은 좋아하지 않아서 스페인에 보내 스페인 음식을 배우게 할까 생각 중이다. 그러면 식당도 개조해야 하지 않을까 싶다.

나는 일을 하느라 건강이 나빠졌다. 요즘은 매주 투석하고 있는데, 한 번이라도 빼먹으면 너무 아프다. 난 사실은 한국에 가서 묻히고 싶다. 아직도 여기는 정이 들지 않는다. 친척들이 있는데, 하나도 가깝다는 생각이 들지 않는다. 왜 그럴까 생각했는데, 문화 차이 때문에 그러지 않은가 싶다. 한국의 시골이 그립다. 옛날의 그 분위기가 너무 그립다. 처녀들이 모여서 결혼 준비한다고… 우리 꼬맹이들이 죄다 몰려가서 보곤 하던 그때가 너무 그립다.

김춘배 씨의 이주와 정착 이야기

김춘배 씨는 1940년생으로 서울에서 태어났으며, 33세 되던 1973년에 필리핀으로 이주하여 현재까지 필리핀에서 거주하고 있다. 한국인 부인과 함께 슬하에 자녀는 2남 1녀를 두고 있다. 김춘배 씨의 이주와 생애에 관한 이야기는 2017년 8월 5일 마카티에 있는 한 식당에서 이루어진 인터뷰 내용을 맥락에 따라 정리한 것이다.

내가 처음 해외에 나가게 된 것은 아버지가 중풍으로 쓰러져 집안이 경제적으로 어려워졌기 때문이다. 학교를 졸업하고 첫 직장으로 영풍상사에 들어갔는데, 강원도 아연 제련소로 발령받았다. 서울에서 태어나고 자란 내가 강원도에 가서 사는 것이 쉽지만은 않았다. 그럴 때 베트남에 갈 기술자를 모집한다는 공고를 봤다. 강원도 지방에서도 벗어나고 돈도 많이 벌 수 있다는 생각에 베트남 파견근무를 신청했다. 내가 5대 독자라서 어머니의 반대가 심했지만 이를 무릅쓰고 1968년 베트남으로 떠났다. 베트남에서는 주로 미국 회사가 발주한 도로공사를 하청받아 수행했다. 외국이라고는 처음 나온 거였는데, 더군다나 전쟁터였고, 도로공사가 위험한 곳에서 진행되는 경우가 많았다. 일하면서 위험한 순간도 있었고, 부상당한 백마부대 군인의 목숨을 구해준 적도 있다. 베트남에서는 1968년부터 1970년까지 근무했다. 그 기간 동안 미국인 감독 밑에서 도로공사에 대한 기술을 많이 배웠다. 베트남에서 돌아온 후 포항제철에 지원해서 입사했다. 그곳에서도 도로공사 감독으로 일했는데, 남광토건이 수주를 받아 들어와 있었다. 그 당시 남광토건이 해외로 진출한다고 해서 1973년에 포항제철을 그만두고 남광토건에 들어갔다. 남광토건에 들어간 지 일주일 만에 필리핀으로 파견되어 나오게 되었다.

당시 필리핀의 경제 상황은 우리 나라보다 좋았다. 지방에도 도로가 많이 건설되어 있었다. 그 당시에는 주판으로 견적서를 만들어 수천억짜리 공사를 따내기도 했다. 그 당시 느끼기에는 베트남이 필리핀보다 훨씬 더 더웠던 것 같았다. 그리고 베트남 사람은 배타적이라는 생각이 들었는데, 필리핀 사람들은 거의 다 착해 보였다. 회사에서는 1974년에 큰 공사를 따내자 우리 가족 모두를 필리핀으로 보내줘 함께 생활할 수 있게 됐다. 당시 공사는 주로 ADB나 유엔개발계획UNDP에서 발주한 것으로 외국 회사들도 공정하게 발주할 수 있었다. 당시 남광토건에서 큰 항만 공사를 하나 발주했다. 도로공사도 많이 했는데 아스팔트로 도로를 까는 것에 대해서 이곳 사람들은 아주 의아하게 생각했다. 날씨가 더워서 1년이면 모두 망가진다고 생각했기 때문이다. 그런데 나중에 결과를 보고는 매우 감탄했다.

내가 근무하던 남광토건은 필리핀에 진출해 많은 돈을 벌었고 사우디에서도 공사를 했다. 그런데 전두환 대통령 시대에 레미콘 회사인 별 볼 일 없던 쌍용으로 넘어갔다. 남광토건이 종로(서소문) 쪽에 큰 빌딩을 지으면서 재정적으로 어려워져서 회사가 문을 닫게 되었다. 회사가 넘어가면서 1985년에 필리핀에서의 사업은 철수했고, 나는 사우디로 발령받았지만, 퇴사를 결정했다. 회사를 나오면서 퇴직금으로 건설 장비를 사서 지금의 클락 지역에서 1986년부터 회사를 시작했다. 그 회사 이름은 DJ빌더인데, 한국어로 대진빌더이다. 그런데 현지인들한테는 도밍고-호세 빌더Domingo-Jose Builder라고 한다. 도밍고와 호세는 필리핀에서 가장 흔한 이름이다.

회사를 운영하는 데 법적으로 불편함이 좀 있다. 그런데 그런 것은 내가 외국 사람이라 겪는 것이니까 감수해야 한다. 나는 영주권을 가지고 있어서 합법적으로 사업을 할 수 있다. 이 나라 입장에서 외국인 지분을 제한하는 것은 당연하다고 본다. 그렇지 않으면 다 외국인한테 넘어갈 것이다. 아마도 중국인들한테 다 넘어갈 것이다. 필리핀에서는 뭐든지 급하게 성장하는 것은 바라지 말아야 한다. 아주 조금씩 꾸준히 성장하는 것에 익숙해져야 한다. 우리 회사는 건물보다는 토목사업을 주로 한다. 조그만 건물, 큰 공장도 많이 지었는데, 사고위험도 있고 해서 되도록 하지 않는다.

우리 회사는 주로 정부 공사를 발주해서 수행하고 있다. 정부 공사를 하려면 외국인 지분이 25퍼센트를 넘으면 하지 못하기 때문에 비록 내 회사라고 하더라도 75퍼센트의 지분은 필리핀 직원 명의로 되어 있다. 주주의 명의는 필요할 때 바로 바꿀 수 있도록 해 놓아서 법적인 문제가 발생할 여지는 없다. 필리핀 주주들에게는 배당하지 않고, 회사에서 일한 것에 대한 월급만 주고 있다. 그런 것에 대해 지금까지 이의를 제기한 직원은 없다. 전에는 현장 관리직에 한국 사람을 뽑아 쓰기도 했는데, 지금은 한 명도 없다.

필리핀 사람들한테는 합리적이고 이성적으로 대접하면 잘 따른다. 나는 현장에서 필리핀 사람들과 함께 오래 일해봤기 때문에 그들 방식대로 친하게 잘 어울린다. 한국 현지법인에서 나오는 사람들은 한국에서 과장이나 부장 정도로 현장관리 경험이 없는 사람들이라서 문제가 많다. 여기서 제일 중요한 능력은 사람을 잘 쓰는 것이다. 현지인 변호사들을 쓸 때 자기에게 지분을 좀 달라고 할 때도 있는데, 나는 절대로 안 준다. 그들은 법을 잘 알아서 잘못했다가는 회사를 빼앗길 수도 있다. 실제로 그런 경우가 많다. 한 번은 변호사가 추천한 보험회사가 일부러 부도를 내서 돈을 못 받은 적이 있다.

지금 내 나이가 78세인데, 계속해서 일할 수도 없고, 어찌 되었든 후계자를 선택해야 할 시점이 되었다. 미국에 사는 우리 아이들한테 사업을 물려줄 생각은 없다. 필리핀 사람한테 물려주려고 한다. 혹시 내가 필리핀을 떠나게 되면 지분을 넘기고 갈 생각이다. 회사 면허가 내 앞으로 되어 있어서 매년 내가 직접 가서 사업 면허를 갱신해야 한다.

후계자로 지금 부사장을 생각하고 있다. 그 사람은 아주 오랫동안 나와 함께 일한 사람이다. 내가 1999년에 한국 회사에 1억 3천만 페소의 하청공사를 하다가 돈을 못 받은 적이 있다. 그래서 2000년에 살던 집도 팔고 아주 힘들었다. 다 팔고 나니 아무것도 없이 장비만 몇 개 남았었다. 그때 직원들에게 내가 월급 줄 형편이 못 된다고 회사를 나가라고 하니까 다 가고 몇 명만 남았다. 그중 한 사람이 내 운전기사 겸 보디가드 역할을 하던 사람이다. 그 사람은 자기가 돈 때문에 이 회사에서 일한 게 아니라면서 남겠다고 했다. 그가 혼자서 아버지를 모시고 사는 것을 보고 효자라고 생각했다. 나와는 1986년부터 함께 일했다. 지금은 부사장으로서 회사 경영을 대부분 그에게 맡겨놓고 있다. 나는 1주일에 한 번씩만 가서 점검하고, 공동으로 사인하는 시스템으로 만들어놓았다. 부사장에게는 딸만 셋이 있는데, 그중 하나를 엔지니어로 키우라고 했다. 엔지니어라야 회사 면허를 받을 수 있다. 공사 수주를 따는 것은 주로 엔지니어들이 하는데, 일 잘하는 엔지니어를 뽑아서 쓰면 기술적인 지식 없어도 경영할 수 있다.

한인 사회에 관해 말하자면, 내가 필리핀에 처음 왔을 때는 한국 사람이 아주 드물었다. 한인들이 근무하는 주요 기관으로는 대사관과 ADB, 그리고 남광토건과 ㈜한일 두 회사가 있었다. ㈜한일은 주로 민다나오에서 사업을 했다. 목재를 수입하는 회사로 천우상사라는 곳도 있었다. 한국 식당인 코리안 빌리지에 한국인 아주머니가 있었는데, 그 당시에는 필리핀 남자와 결혼해서 온 아주머니들과도 잘 어울렸다. 외식하면 모두 그런 분들이 하는 식당을 찾아갔다. 매년 1월과 광복절에 대사관에서 한인들을 초청하여 파티를 열었다. 그때가 한인들이 다들 모일 수 있는 기회였다.

내가 9년 동안 한국을 안 가보다가 들어가니 많이 발전해 있었다. 한국에 가보니 요즘 사람들은 대부분 무표정한 것 같다. 뭐를 물어봐도 친절하지 않고 귀찮아하는 것 같다. 미국에는 2년에 한 번씩 가는데, 역시 미국은 대국이 될 자격이 있다고 느낀다. 최근 10년 이내에 질이 좋지 않은 한국 사람들이 필리핀에 많이 들어오는 것 같다는 생각이 든다. 그래서 한인들끼리 문제를 일으키는 경우가 많아졌다. 필리핀 사람들은 한국 사람이 돈이 많다고 생각한다. 그래서 가능한 한 돈을 뜯어내려고 한다. 사실 돈은 중국 사람이 더 많다.

나는 1990~1991년에 제7대 한인회 회장을 했다. 그때만 해도 한인들이 많이 있었다. 1990년에 제1회 한인체육대회를 시작했고, 1991년부터 한인장기자랑도 시작했다. 그 당시부터 한국 관광객들이 들어와서 안전하게 행동하지 않아 문제가 발생하는 경우가 생겼다. 한국인들이 필리핀에 오면 필리핀 상류층처럼 생활하기 때문에 경제적으로 어렵다. 아이들도 학비가 비싼 국제학교를 보낸다. 일부 한인들은 카지노에서 도박에 빠져 돈을 다 날리고 힘들게 사는 일도 있다.

한인노인회 회장은 2013년부터 지금까지 하고 있다. 노인회 회원자격이 만 65세 이상이고, 준회원은 60~64세까지이다. 노인회 이외에도 무역인협회 활동도 하고 있다. 무역인협회가 1991년에 제일 먼저 생겼고, 그 후에 요식업협회, 실업인협회, 경제인연합회 등이 생겨났다. 상공회의소가 제일 나중에 생겼다. 여러 조직이 있는데, 합치는 게 좋다고 본다. 지금은 필리핀한인총연합회로 통합되었는데, 아주 잘한 일이다. 지역 향우회도 있는데, 외국에 나와 있으면 다 한국인이지 왜 또 지역별로 나누는지 모르겠다. 그런 건 좀 안 했으면 좋겠다.

재외국민투표에는 참여하고 있다. 그런데 한국에 관한 뉴스는 큰 이슈 말고는 별로 관심을 두지 않는다. 한국 정부로부터 별로 혜택을 받은 게 없다고 생각한다. 내가 국가정책에 따라 돈 벌러 베트남에 갔는데, 군인으로 간 사람한테만 혜택을 주고, 민간인으로 간 사람에게는 혜택이 없었다. 나도 군인들을 위해 많은 일을 했고, 또 달러도 벌어왔는데, 혜택을 주지 않는 것은 좀 그렇다.

해외 영주권자에게는 주민등록이 말소되고 국적만 유지된다. 요즘은 대사관에서 재외국민확인서를 떼어가서 신청하면, 한국에서 지하철 등 경로 혜택을 받을 수 있는데, 일회용을 줘서 좀 불편하다. 필리핀에서 나는 사회보장제도SSS로 연금 혜택을 받고 있다. 전에 우리 회사 회계사가 나에게 여기서 살려면 SSS에 들어야 한다고 해서 그렇게 했다. 매월 자동으로 6,000페소 넘게 연금을 받고 있고, 병원에서도 일부 혜택을 받는다. 아직 일하고 있으니까 계속 월급에서 연금을 내고 또 받기도 한다.

필리핀 사람들은 참 순리적이고 억지를 쓰지 않아서 좋다. 술 문화도 좋은데, 남에게 권하지 않고 또 억지로 먹이지도 않는다. 그래서 내가 술을 많이 안 마시게 된 것 같다. 술에 취하지 않아도 재미있게 잘 논다. 필리핀 사람들은 아주 가정적이다. 필리핀 여자들은 생활력이 강하지만, 남자들은 생활력이 좀 약하고 책임감도 좀 부족한 것 같다. 내가 필리핀 사람을 데리고 일할 때는 잘하면 인센티브를 주고, 잘못하면 내보낸다.

우리 가족에 대해서 얘기하자면, 우리는 한국에서 살다가 와서 가족 문화에 별다른 변화가 없었다. 한국에 있는 가족과도 긴밀한 관계를 맺고 있다. 아이들은 모두 셋인데, 둘은 한국에서 낳아 데리고 왔고, 막내는 필리핀에서 낳았다. 1979년에 다섯 식구 모두 한꺼번에 영주권을 얻었다. 집에서 한국말을 쓰다 보니 아이들도 모두 한국말을 하고, 아주 한국적으로 자랐다. 한국말은 막내가 제일 잘한다. 아이들은 모두 국제학교를 나왔다. 개인 회사라서 아무런 혜택이 없었고, 월급에서 학비가 나갔기 때문에 좀 힘들었다. 졸업 후에 큰애는 미국 대학에 갔는데, 영어도 잘하고 수학 시험도 잘 봐서 수업을 일부 면제받기도 했다. 그래서 국제학교 교육이 좋다고 생각한다.

첫째 아들이 오클라호마 주립대학을 갔고, 이어서 둘째 딸도 같은 대학에 들어갔다. 막내아들도 근처인 댈러스로 갔다. 내가 5대 독자로 자랐기 때문에 형제들끼리 헤어지지 말고 함께 살라고 했다. 큰아이는 졸업 후 미국에서 취직했고, 둘째는 디자인 쪽 일을 배웠는데, 요즘은 학교에 취직해서 행사를 주관하는 일을 하고 있다. 전에 한국에 보냈는데, 1년 있어 보더니 창의력이 부족해서 배울 게 없다고 했다. 막내도 프리랜서로 디자인 일을 하다가 회사 사장 눈에 들어 특채로 회사에 들어가 일하고 있다.

큰며느리는 한국인을 맞이하고 싶었는데, 맘대로 되지 않았다. 결국 백인 미국인 간호사를 며느리로 얻었다. 둘째는 학교에서 근무하다가 백인 미국인 의사를 만나 결혼했다. 막내도 미국인 여자 친구가 있다. 첫째 애는 손자가 둘이고, 둘째 애한테도 손자가 둘 있다. 가족 행사가 있으면 미국에서 사돈들하고 함께 모인다. 우리 아이들이 모두 미국인과 결혼한 것에 대해 아쉽게 생각하지 않는다. 모두 대국에 가서 김 씨 가족으로 쭉 뿌리를 내리고 살기 바란다. 아이들은 나한테 미국으로 오라고 하는데, 필리핀에 친구들도 많고 해서 가지 않았다. 한국에 들어가 살 생각은 없다. 내가 돈은 아주 많이 벌지 못했지만, 남은 인생도 필리핀에서 친구들과 함께 건강히 잘 살려고 한다. 더는 바랄 것이 없다. 요즘은 국제학교에 가서 하모니카를 가르치고 있고, 노인회에서도 열심히 봉사활동을 하고 있다. 어떠한 환경 속에서도 즐겁게 살려고 한다.

박현모 씨의 이주와 정착 이야기

박현모 씨는 1950년생으로 서울에서 태어났으며, 1977년에 필리핀으로 이주해 현재까지 필리핀에서 거주하고 있다. 타이완인 부인과 함께 살고 있으며, 자녀는 없다. 박현모 씨의 이주와 필리핀 생활에 관한 이야기는 2017년 7월 25일 마카티에 있는 식당에서 이루어진 인터뷰 내용을 맥락에 따라 정리한 것이다.

나는 1974년 2월에 연세대학교 신학과를 졸업하고, 필리핀에 오기 전까지는 서울 생명의전화와 소년원에서 상담을 하는 등 주로 시민단체NGO 활동을 했다. 필리핀에 오기 전 한국에서는 노동운동과 농민운동에 관심이 많았다. 외국으로 나온 것은 필리핀이 처음인데, 연세대학교 상담소 소장으로 있던 반피득Peter Vanlirop 교수가 추천하여 1977년에 필리핀으로 유학을 오게 되었다. 나는 한국기독교장로회 경남노회 전도사로서 자비량 선교사 자격으로 와서 조용히 필요한 역할을 하면서 목회 상담을 연구할 생각이었다.

당시 필리핀 상황은 경제적인 수치로는 한국이 높았지만, 실제 체감하는 발전 수준은 오히려 필리핀이 높았던 것 같다. 당시 필리핀에는 한국의 장충체육관의 두 배 규모의 아라네타Araneta 콜로세움도 있었다. 또한, 피자집이나 생음악 밴드가 일반화되어 한국과는 다른 문화를 가지고 있었다. 당시 비록 마르코스 대통령 아래 계엄령 시기였지만, 실제 사회적 분위기는 자유로웠다.

필리핀에 와서 라살 대학교De La Salle University 심리학과 대학원 석사 과정에 입학해서 석사논문으로 ADB, WHO, 지상사 등에 나와 있는 한국인의 결혼 상담marriage counseling에 관해 썼다. 하지만 나는 학위를 따는 데는 크게 관심이 없었다. 내가 하숙하고 있던 집 바로 앞에 알고 지내던 중국인이 하던 회사가 있었는데, 일본어를 할 줄 아는 사람이 필요하다고 해서 타이완 국적의 화교 여성 한 명을 데려왔다. 나는 그녀와 1980년 6월에 결혼해서 필리핀에 정착했다. 한국으로 다시 귀국할 생각도 했었는데, 중국 여성과 결혼도 했고, 또한 당시 한인회와 대사관에서 이런저런 할 일이 있어서 필리핀에 머물게 되었다. 아내는 계속해서 회사에 다녔으며, 나는 아내가 다니던 회사 사장이 차린 여행사(Pioneer Tours)에서 일을 시작했다.

나는 약간의 비용을 지불하고 1981년에 영주권을 취득했다. 당시 1년에 한국인 50명에게만 영주권을 주는 제도가 있었는데, 나중엔 신청자들이 많아지고 배정된 수가 제한되자 가짜 영주권을 팔기도 했다. 영주권을 취득한 후 5년이 지나면 시민권을 신청할 수 있다. 하지만 한국 국적을 포기하고 필리핀 국적을 취득해야 하기 때문에 필리핀 국적을 취득하는 경우는 아주 드물다. 동남아에는 이민을 받아주는 국가가 없다. 필리핀도 마찬가지라서 한인 동포들은 대부분 장기체류자다. 근래에 생긴 은퇴비자로 오는 것은 준 이민에 해당한다. 많은 경우 학생비자나 취업비자를 받아서 오는 경우가 많으며, 때에 따라서는 관광비자를 통해 들어와서 비자를 연장하며 장기체류하는 경우도 많다. 그래서 필리핀에서는 한인이면서 필리핀 시민권자를 지칭하는 '교민회'라는 말을 쓰지 않고, 한국 국적의 장기체류자를 의미하는 '한인회'라는 용어를 쓴다.

내가 한인회 활동을 본격적으로 시작한 것은 1982년 제3대 회장인 엄익호 회장 때 학생회 총무를 하면서부터였다. 그 당시 한인회에서 2년 동안 거의 풀타임으로 봉사했다. 그때 여기저기 돌아다니면서 한인회 주소록도 만들었다. 그리고 1985년부터 필리핀 내 한국 신문사 지국장을 했다. 한인회에서는 제12대 회장(1998~1999)을 역임했다. 한인회장을 역임한 후, 후임 회장들이 내가 수집한 책이나 문화행사 등을 없앴다고 해서 한인회 옆에 70여 평의 방을 자비로 얻어 2000년에 한비문화교류센터를 만들어 2010년까지 10년 동안 운영했다. 센터에서는 여러 가지 활동을 했는데, 웅변대회, 말하기대회, 만화대회 등을 개최했다. 지금은 한국문화원이 생기면서 그곳에서 그러한 사업을 주도적으로 하고 있다.

나는 필리핀에 살면서 주로 한국 사람들을 대상으로 필리핀 사람과 연결해주는 일을 했다. 한국전에 참전했던 라모스 대통령이 2000년에 한양대학교에서 명예박사를 받도록 주선해준 적도 있다. 한국의 수많은 무용단을 초청하여 필리핀에서 공연할 수 있도록 했으며, 한·필 수교 50주년에 카터 대통령의 해비타트habitat 사업에 참여하여 한인들이 16채의 집을 지을 수 있게 했다. 북한어린이돕기운동의 하나로 1만 달러를 모금해서 전달하기도 했고, 마리끼나시에 한국참전용사비를 건립하기도 했다. 이렇게 다양한 활동을 하면서 필리핀에서 인맥을 넓혔다.

나는 필리핀에 살고 있지만, 한국의 정치적 변화에도 관심이 많다. 지난 대선 때도 투표하러 갔지만 내 이름이 등록되어 있지 않다고 해서 투표하지 못했다. 한국에 관한 뉴스는 주로 신문이나 TV 등을 통해 자주 접하고 있다. 체육회 활동을 해서 한국 농구에도 관심이 많다. 필리핀 사람들이 농구를 너무 좋아해 한국의 농구팀을 초청해서 연수나 대회를 주선하기도 하고, 필리핀 농구팀 10여 곳을 한국에 초청하기도 했다.

필리핀 이주 초창기에 한인과의 교류는 주로 주말에 한인연합교회에서 이루어졌다. 당시 함께 교류하던 다른 유학생들도 있었는데, 그중 K 씨는 졸업 후 한국에 돌아가 성심여대 교수가 되었다. 또한, 떡집을 운영하던 J 씨라는 거창 아줌마도 있었다. 당시 한인회 회장이었던 박윤화 씨는 한국 아줌마들에게 좋은 이미지를 심어주었다. 벌목사업을 해서 경제적으로 여유가 있었고, 한국에서 권투선수가 오면 돌봐주기도 하고 인심도 후했다. 나는 H 목사님의 소개로 박윤화 회장을 처음 만났다. 그는 1978년 12월에 박정희 대통령으로부터 훈장을 받고 돌아와 며칠 후인 12월 31일에 지프니를 타고 가다가 전복사고로 돌아가셨다.

한국 사회가 변함에 따라 필리핀 한인 사회도 많이 변했다. 주로 소수의 대학원생으로만 이루어져 있던 유학생 사회가 1988년 이후부터는 학부생들도 많이 들어오기 시작했다. 남미로 이민 갔다가 필리핀으로 오는 한국인들도 있었는데, 무슨 사고를 치고 온 게 아닌가 하고 의심을 사기도 했다. 일부 한인들은 한국에 있는 회사에서 필리핀으로 파견 나왔다가 3~5년 근무하고 돌아갈 시기가 되면 퇴직하고 남아서 사업을 시작하는 경우가 많았다. 김춘배 한인노인회 회장님처럼 현장소장을 하면서 현지인들을 잘 사귀는 사람들은 성공적으로 사업할 수 있었다.

필리핀에 처음 왔을 때는 한국에 소식을 전하기 위해 주로 영어로 텔렉스telex를 사용했는데, 좀 지나니 팩스Fax가 생겼다. 지금은 인터넷을 통해 이메일이나 카톡으로 통신한다. 매주 필리핀에 오는 항공 노선이 200개가 넘고, 지방에 직항도 많이 생겼다. 그러다 보니 마닐라의 비중이 점점 줄어들고 메트로 마닐라의 한인 사회가 절반 정도로 줄어들었다고 한다. 유학생 수도 많이 줄고, 기러기 엄마 수도 많이 줄어들면서 한인 식당이나 여행사도 많이 줄어들었다.

초기에 이주해온 한인 부모들은 자녀들이 국제학교를 거쳐 미국으로 대학 진학을 해서 정착하기를 바랐다. 하지만 한국 경제가 발전하면서 요즘은 한국에 있는 대학에 진학하려는 경향이 생겨났다. 그리고 대부분의 한인은 자녀들이 필리핀 사람과 결혼하는 것에 대해 부정적으로 생각하는 것 같다. 자녀들이 한국인 배우자를 구했으면 하지만, 굳이 외국인을 찾는다면 백인, 일본인, 중국인을 선호한다. 필리핀에서 사업하는 한인들의 자녀가 미국에서 유학하고 돌아와서 아버지의 사업을 이어받는 경향도 나타나고 있다.

필리핀 한인 중에는 국제기구(ADB, WHO, IRRI 등)에 파견 나와 있는 사람들이 있는데, 이 사람들은 한인 사회에서 부유층에 속한 사람들로 부유한 생활을 하고 있다. 가장 많은 한인이 나와 있는 곳은 ADB인데, 약 80명 정도 있다고 한다. 과거에는 서로 간에 모임을 만들어 교류도 했다고 하는데, 지금은 같은 ADB 내에서도 잘 어울리지 않는다고 한다. 마닐라에는 약 30개의 교회가 있는데, 종교를 중심으로 가장 지속적인 한인 공동체가 형성되어 있다. 그리고 연고 모임이나 직종 모임 혹은 취미생활 등을 중심으로 여러 모임이 있다. 각종 동문회와 향우회가 있고, 상공인 모임이나 무역인 협회, 그리고 체육회 등도 있다. 그리고 골프나 축구 혹은 테니스 등 각종 동호회 활동을 중심으로 한인들이 모인다.

필리핀 한인 사회를 대표하는 조직으로는 초기에 한인회만 있었다. 부인회는 필리핀인과 결혼한 사람들이 주축이 되었고, 이후 한국인과 결혼한 사람들을 중심으로 또 다른 부인회가 만들어졌다. 이후 두 부인회를 하나로 합치면서 부인회 명칭을 한마음회로 바꾸었고, 필리핀인과 결혼한 사람들은 점차 참여가 줄어들게 되었던 것 같다.

필리핀에서 한인 단체로서 최초로 필리핀 법인등기소SEC에 등록한 곳은 유학생 출신의 A 씨가 케손에서 만든 한국한인회였다. 이는 기존에 법인등기 없이 한인회를 운영하던 사람들에게는 충격이었으며, 이를 계기로 상공인회를 만들고자 한인 식당인 코리아가든 2층에 20명이 모여 발기인대회를 했다. 이것이 현재 한인상공회의소가 되었다. 또 다른 조직으로 요식업협회가 만들어져 활동하다가 이후 실업인회로 변경하였고, 다시 경제인연합회로 이름을 바꾸었다. 대부분의 한인 사회 조직들은 참여율도 낮고 재정적으로도 취약한 편이다. 현 필리핀한인총연합회는 필리핀 법인등기소에 이사 15명으로 등록되어 있으며, 각 조직/기관/지역 대표들 총 40명이 이사로 선임되어 있다. 주필대사관 대사가 직접 나서서 한인 사회 조직이 안정적으로 활동할 수 있도록 노력해주었으면 좋겠다.

나는 다른 사람들에 비해 필리핀의 여러 지역을 방문할 기회가 많았다. 신문사 지국장을 하다 보니, 한국의 각종 언론기관에서 필리핀에 와서 취재나 촬영을 할 때 내가 동행하곤 했다. 민다나오 무슬림 지역에서 반군 활동하는 지역에도 동행한 적이 있고, 한국 기업이 건설한 바탄의 핵발전소도 방문한 적이 있다. 필리핀의 지방은 마닐라보다 집이나 도로가 오히려 깨끗하다. 도시처럼 빈민가도 없고 인심도 후하다.

나는 필리핀에서 로터리클럽 회원으로 활동하면서 1982년에 서대전 로터리클럽과 필리핀 말라본 로터리클럽의 자매결연을 주선하는 등 총 8차례 한국과 필리핀의 로터리클럽 간 자매결연을 주선한 바 있다. 필리핀에서 로터리클럽 회원이라면 이 사회에서 성공한 사람이다. 그런데도 책임감이 부족한 것이나 약속에 대한 개념이 부족한 것은 마찬가지라는 것을 느낀다. 필리핀에서 40년이 넘도록 생활해왔지만, 마음을 나눌 진정한 필리핀 친구를 만들지 못했다. 외국인을 대하는 태도, 특히 한국인에 대한 필리핀 사람들의 태도는 주로 무언가 이용할 가치를 먼저 생각하는 것 같다는 생각이 든다.

일부 필리핀 사람들은 한국인을 가난하게 살다가 갑자기 잘살게 된 졸부로 생각하는 것 같다. 미국인이나 일본인은 필리핀 사람을 무시하는 경우가 없는데, 한국인들은 그런 측면이 있다. 그렇지만 한국인들한테 잔정이 많다는 것을 아는 필리핀 사람도 있다. 한국 사람들은 화를 냈다가도 나중에 미안해서 더 잘해주는 경우가 있다. 이런 점을 이해하는 필리핀 사람들은 한국 사람과 잘 지내고, 그렇지 않으면 부정적으로만 생각한다.

우리 가족에 대해서 말하자면, 한국에 누이가 한 명 있는데, 별로 왕래하지 않는다. 대신 아내 때문에 타이완을 자주 간다. 내 아내의 부모님은 중국의 산둥반도 출신인데, 평양에 와서 살다가 한국전쟁 때 남하했다. 아내는 한국에서 1951년에 태어나 20세까지 부산에서 살았다. 학교는 부산 초량에 있는 화교학교를 나왔다. 그러다가 박정희 대통령 때 화교에 대한 차별정책이 시행되자 쫓기듯 타이완으로 가게 되었다. 그 당시 많은 화교가 미국, 호주, 타이완으로 이주했다. 필리핀에 와서 나를 만나 결혼했을 때는 이미 타이완에서 살고 있을 때였다. 아내는 과거에 오사카에서 중국인이 하는 병원에서 일한 경험이 있어서 일본어를 잘한다. 중국인 사장이 필리핀에 있는 쇼핑센터 관리자로 데리고 오면서 나를 만나게 된 것이다. 아내는 만다린어, 한국어, 일본어, 필리핀어 등 여러 언어를 구사한다. 내 아내는 1980년에 나와 결혼한 후 한국 국적을 취득했다. 하지만 타이완에 가족이 있고, 타이완 정부로부터 연금도 타고 있다.

내가 한인회 활동을 하면서 내 아내도 한인부인회 활동을 했다. 2001년에는 부인회 회장에 출마하여 회장이 되기도 했다. 그런데 한국 사람 중에 배타적인 생각이 있는 사람이 있어서 자격을 두고 말이 있기도 했다. 보통 필리핀인과 결혼한 사람들의 가족이나 자녀들은 거의 필리핀화 되었다. 대부분의 자녀는 한국어를 잘하지 못한다. 한국인이 필리핀인과 결혼해서 낳은 아이들을 '코피노'라고 부르기도 한다.[6] 그런데 이 용어가 무책임하게 필리핀 여자를 임신시키고 도망간 한국인의 자식들이라는 인식이 덧붙여지면서 정상적으로 국제결혼을 한 가정의 자녀들도 더불어 부정적으로 인식하게 만든다며 불만이 높다.

나는 더 늙으면 귀국해 살고 싶은 생각이 있다. 한국에 가면 좋다는 느낌이 든다. 지구 온난화 현상으로 한국의 내 고향인 남해에서 열대작물을 재배하며 살고 싶다. 내 아내의 가족들이 대부분 타이완에 살기 때문에 필리핀, 타이완, 한국을 오가며 살고 싶다.

---

6 '코피노'라는 용어는 필리핀에서 한국인 아버지와 필리핀인 어머니 사이에 태어난 아이로서 한국인 아버지가 돌보지 않고 필리핀인 어머니가 혼자서 낳아 기르는 아이를 일컫는 말에서 탄생했다. 일본인들이 사용하는 '자피노'라는 용어에서 유래한 것으로 보인다.

김유식 씨의 이주와 정착 이야기

김유식 씨는 1945년 광주 출생으로 1979년 선교사로 파송 받아 필리핀에 와서 현재까지 사역하며 거주하고 있다. 한국인 부인과 아들 세 명을 두고 있다. 김유식 씨의 이주와 필리핀 생활에 관한 이야기는 2017년 8월 7일 안티폴로의 한 식당에서 이루어진 인터뷰 내용을 맥락에 따라 정리한 것이다.

나는 연세대학교 정치외교학과를 다니다가 박정희 대통령이 시국사건과 관련해 전국 학생운동권 202명을 제적시킬 때 제적되었다. 제적되었던 동안에 총회신학대학교에 들어가서 신학을 공부했다. 우리 집안은 기독교 집안인데, 아버지가 월슨 선교사에 의해 구원받았고, 병도 고침을 받았다. 이후 총신신학연구원M·Div과 풀러 신학교 선교대학원Th·M에서 공부했다. 연세대학교는 이후 복교가 허락되어 1972년 9월에 졸업했지만, 목회자의 길을 걷게 되었다. 목사안수를 받은 후 한국에서 선교에 대한 비전을 품고 선교운동을 시작했다. 그때 내가 만든 구호가 "가는 선교사, 보내는 선교사, 우리 모두 선교사"였다. 내가 선교를 독려하는 설교를 하고 다니다가 1979년에 필리핀 선교에 대한 소명을 받고 선교사로 나오게 된 것이다. 나보다 먼저 필리핀에 온 K 선교사가 있었는데, 내가 두 번째로 파송을 받아 왔다.

내가 선교사로 파송 받아서 필리핀으로 나오려고 했을 때, 한국 정부에서는 처음에는 나가지 못하게 막았다. 그러다가 가족을 두고 혼자 가서 조용히 잘 지내면 가족을 보내주겠다는 조건으로 나오게 되었다. 내가 나오고 1년 후에 가족이 와서 함께 살게 되었다. 그때 아내와 세 아들이 들어왔다. 필리핀에 처음 와서는 언어를 먼저 배우기 시작했고, 약 6개월 후에 교회를 시작했다. 처음에는 카비테 쪽에서 필리핀 현지인 교회를 했다. 한인 교회는 주위의 한국 사람들과 교제하면서 성경 공부를 몇 개월 하다가 요청이 있어서 시작하게 되었다. 그때 만든 교회가 마닐라한인장로교회였다. 그때 마카티에 유니온처치(한인연합교회)라는 한인 교회가 하나 있었다. 그 교회를 시작했던 분들은 주로 결혼 이주 여성들, ADB, WHO, 대사관 직원들, 그리고 유학생들이었다. 당시 그 교회는 필리핀 신학교에 공부하려고 왔던 감리교 소속 H 목사님이 예배를 인도하고 계셨고, 내가 두 번째로 장로교회를 시작했던 것이다. 그 후 12년 동안 한인 교회를 운영하다가 미국에 2년 동안 공부하러 떠나면서 그 교회는 다른 교회와 합쳐졌다.

미국에 가게 된 것은 큰아이가 미국에 있는 대학에 입학하게 되어 가족이 함께 들어가기로 했기 때문이었다. 미국에 가서 선교사들을 재충전시키는 학교인 풀러 신학교에서 선교학 학위Th.M를 땄다. 미국에 거주하면서 1994년에 미국 영주권을 얻었다. 공부를 마치고 필리핀에 돌아와서 2년 동안 가족과 떨어져 혼자 생활했다. 미국에서 돌아온 후 경전철MRT 보니Boni역 근처에서 한인 교회와 현지인 목회를 함께하기 시작했다. 미국 영주권을 유지하기 위해서는 6개월마다 들어가야 했는데, 비용도 만만치 않고 여러 가지 어려움이 있었다. 그래서 미국 이민국에 편지를 써서 선교사로서 자유롭게 활동할 수 있도록 시민권을 얻을 수 있게 해달라고 요청했다. 그랬더니 필리핀에 있는 미국대사관에 가서 인터뷰하라는 통지가 왔다. 그래서 2004년에 미국 시민권을 받았고, 이후 줄곧 필리핀에서 목회자로 활동하고 있다.

나는 모난 성격이 아니라서 그런지 모르겠지만, 필리핀에 와서 적응하는 데 그렇게 어려운 점은 없었다. 단지 선교 활동하는 데 경제적으로 어렵다는 것이 제일 힘들었다. 그래도 하나님의 은혜로 잘 지낸 것 같다. 함께 동역하는 사람 중에 착한 사람들도 많이 만났다. 블라깐에는 내가 세운 유치원부터 고등학교까지 운영하는 학교가 있는데 일주일에 한 번씩 간다. 거기에 있는 현지인 교장이나 부목사 등 모든 사람이 나를 존경하며 잘 따른다.

한인 교회는 일찍이 그만두었는데, 그 이유는 한인 교회가 많이 생겨나서 나까지 할 필요가 없다고 생각해서다. 해외 선교지에서 한인 교회를 하는 것은 매우 힘이 든다. 한인 교인들이 모든 일을 다 목사에게 의존하고, 자주 찾아가고 만나고 식사도 해야지 그렇지 않으면 서운해한다. 필리핀 사람들도 모임이 있으면 나를 초대하곤 하는데, 내가 일이 있어서 못가도 다음에 만나면 아무 일 없었다는 듯 잘 대해준다. 그런데 한인들은 그런 일이 있고 난 뒤 다음에 만나면 서운해하고 외면하는 경우가 많다. 한인들이 글로벌한 마인드가 부족해서가 아닌가 싶다. 나는 한인 교회와 현지인 교회 두 군데를 모두 사역해봐서 서로 비교할 수 있다. 아마도 한인 교회

한 개 사역하는 것보다 필리핀 교회 열 개 사역하기가 오히려 쉬울 것이다.

내 나이도 벌써 70이 넘었다. 한국에서라면 목회자가 은퇴할 나이고, 선교 후원도 70세가 넘으니 모두 끊겼다. 필리핀에 벌여놓은 사역이 많고 할 일도 많은데, 재정적인 문제가 가장 어렵다. 지금은 필리핀에서 은퇴비자로 살고 있다. 선교비를 받아 학교를 지으면서 은퇴비자를 신청했다. 나는 미국 시민권자지만 죽기 전에 필리핀 시민권을 받고 싶다. 그래야 내가 벌여놓은 일들을 제대로 정리할 수 있기 때문이다.

한인 사회에 대해서는 크게 할 말이 없다. 내가 처음 필리핀에 왔을 때는 한인들이 고작 몇백 명 정도밖에 없었고 한인 사회 분위기도 좋았다. 초창기에는 한인회 회장님들과도 자주 교류했다. 매년 말에 음식점을 하나 빌려서 송년회를 하면 40~50명 정도가 모였다. 지금은 한인들이 많아졌다. 영어 공부와 관련해서 학생들이 많이 들어오고, 한류 바람이 불어 더 많이 들어오는 것 같다. 필리핀 사람들이 한국 드라마를 너무 좋아하고, 한국에서 학생들이 영어 배우러 와서 돈을 많이 쓰니, 필리핀 쪽에서는 부정적이기보다는 긍정적인 면이 더 많다고 본다. 근래 한인 송년회에 한 번 참석한 적이 있는데, 몇천 명이 참석해서 격세지감을 느꼈다. 한인 사회에서는 민주평화통일정책자문회 위원으로 2년 동안 일한 적이 있다. 얼마 전에 전화가 와서 더 일해달라고 했는데, 지금은 멀리 있어서 연락도 잘 안 되고 하니 그만하겠다고 했다. 나는 미국 시민권을 따면서 한국 시민권을 포기했다. 미국 시민권자인데도 민주평통 자문위원을 하는 데는 문제가 되지 않았다.

나는 필리핀에서 선교 활동을 하다 보니 한국 뉴스보다는 필리핀 뉴스, 특히 정치에 많은 관심이 있다. 이 나라의 정치인과도 형님 동생 하며 지낸다. 대통령 자문도 하고 비즈니스 하는 사람들을 만나 함께 모여 기도회를 개최하기도 한다. 내가 형식적인 종교 생활을 하는 것이 아니라 필리핀 사람들처럼 진정으로 하나님을 믿고 생활하는 모습을 보고 인정하고 존중하는 것 같다.

한국 사람들은 지나칠 정도로 주인의식이 있어서 그 일을 내 것으로 만들려고 하는 부정적인 측면도 있지만, 어찌 되었든 책임의식이 있는 것은 분명한 것 같다. 하지만 필리핀 사람들은 친절하고 모든 일에 쉽게 동참하지만, 주인의식을 가지고 끝까지 책임감 있게 일하는 것은 부족한 것 같다. 파트너로서 일은 잘하지만, 자기가 중심이 되어 희생하면서까지 일하려고는 하지 않는다. 함께 사역하는 필리핀 사람들이 나에게 많이 의존하는 모습을 볼 수 있다. 한국에서 온 선교사는 자기들보다 잘 산다고 생각해서 그런 것 같다. 필리핀 사람들과 음식을 먹으려고 식당을 가더라도 주로 선교사인 내가 밥값을 낸다. 주로 하층민들로 생활이 어려워서 그런 것 같다.

하지만 필리핀 상류층 사람들은 전혀 다르다. 어떤 면에서는 아예 다른 시각으로 봐야 한다. 한국 사람보다 영어도 잘하고 아는 것도 많다. 어려서부터 글로벌한 의식을 지니고 있어서, 많은 면에서 여기 와 있는 한국인들보다 낫다. 저들은 필리핀에 와 있는 한국인들은 별로 알아주지 않는다. 선교사들도 영어 제대로 하는 사람들이 그리 많지 않다 보니 무시당하는 경우가 많다.

우리 가족에 대해서 말하자면, 우리 가족이 필리핀으로 올 때 큰아이는 다섯 살, 둘째는 세 살, 막내는 한 살이었다. 필리핀에 와서 한국말은 엄마가 다 가르쳤다. 아이들은 안티폴로에 있는 선교사학교(Faith Academy)에서 공부했다. 그 학교에서 한국인으로는 우리 아이들이 최초의 학생들이었다. 킴스 브라더스Kim's brothers 하면 학교에서 꽤 유명했다. 우리 아이가 학생이 600명 되는 학교에서 학생회장을 하기도 했다. 첫째 아이는 공부로 유명했고, 둘째 아이는 운동으로 유명했다.

나는 아이들과 친근한 관계를 맺지 못했고, 아내가 주로 아이들을 돌봤다. 초창기 선교사들 생활이 다들 그랬던 것 같다. 초창기에 선교사 사례비는 한국 담임목사 사례금보다도 훨씬 많았다. 그래서 밥값을 해야 한다는 생각에 정말 바쁘게 일했다. 가족과 12년 동안 필리핀에서 함께 생활하면서 휴양지인 바기오에도 한 번 못 가봤다. 큰아들이 미국 대학에 입학하여 6개월 먼저 미국으로 갈 때 내가 아버지로서 제대로 해주지 못한 것에 대해 용서를 구한 적이 있다. 6개월 후에 안식년을 얻어서 아내와 아이들을 데리고 미국에 갔다. 아이들이 장학금도 받고 엄마가 일도 하고 해서 모두 미국 시민권자가 됐다. 그때만 해도 미국으로 대학을 보내면 더 이상 좋을 게 없는 축복인 줄 알았다. 이제는 다들 졸업해서 직장생활을 하고 있다. 위로 두 형제는 한국 지사에 나왔다가 다시 돌아갔고, 막내는 영화를 전공한 후 지금은 한국에 있다. 거기서 한국 영화사와 미국 할리우드를 연계하는 일을 하고 있다. 위로 둘은 모두 미국에서 한국 교포와 결혼했고, 막내는 한국 사람과 사귀고 있다.

아내도 미국에 살고 있다. 벌써 몇 년 동안 만나지 못했다. 내가 여기 일이 바쁘다 보니 가볼 수가 없다. 지금 생각 같으면 아이들을 미국에 보내지 않았을 것 같다. 아이들을 미국으로 보내면서 가족을 모두 잃어버린 느낌이다. 여기 있으면서 비즈니스도 하고 선교활동도 하며 함께 생활했더라면 하는 생각이 간절하다. 선교사로서 나이가 들다 보니까 내 대를 이어서 계속 선교했으면 좋았을 거라는 생각이 든다. 실제로 대를 이어 선교하는 선교사도 있는데, 그 모습이 정말로 부럽다. 내가 선교사로서 자식을 목사나 선교사로 만들지 못한 것이 가장 아쉽다.

장재중 씨의 이주와 정착 이야기

장재중 씨는 1952년 서울 출생으로 1984년에 외국계 기업 직원으로 필리핀에 와서 현재는 사업체를 운영하고 있다. 그는 한국인 부인과 슬하에 자녀는 1남 1녀를 두고 있다. 장재중 씨의 이주와 필리핀 생활에 관한 이야기는 2017년 8월 1일 마닐라에 있는 그의 사무실에서 이루어진 인터뷰 내용을 맥락에 따라 정리한 것이다.

나는 1975년에 한국해양대학교 항해학과를 졸업한 후 계속해서 배를 탔다. 그러다가 1981년 이란에 들어갔는데 이란-이라크전쟁이 발발하여 6개월 동안 전쟁터에 있다가 귀국한 후 항해를 그만두었다. 이후 ㈜삼미에 들어가 1982년부터 1984년까지 만 24개월 동안 싱가포르 주재원으로 근무했다. 그리고 귀국하여 6개월 동안 근무한 후 회사를 사직하고 1984년에 필리핀으로 오게 되었다. 당시 잘 나가는 과장이 회사를 그만두고 필리핀에 간다는 것에 대해 사람들의 우려가 컸다. 필리핀으로 오기로 결심하게 된 동기는 한국이 너무 좁다는 생각이 들어서였다. 마침 싱가포르 주재원으로 있을 때 알게 된 프랑스 선적회사(Sea Wood Shipping)에서 스카우트 제안을 받아 받아들였던 것이다. 내가 필리핀으로 떠난 후 당시 업계에서 가장 규모가 컸던 ㈜삼미는 1년 만에 전두환 정부의 기업통폐합정책에 따라 문을 닫게 되었다.

필리핀은 1980년부터 매년 출장을 다니던 곳이있다. 마닐라가 합판을 수출하는 주요한 항구였기 때문이다. 그래서 필리핀은 나에게 낯선 나라가 아니었다. 나는 전부터 해외에서 사업을 한다면 필리핀이나 인도네시아가 가능성이 있다고 판단하고 있었다. 필리핀이 좋은 점은 영어를 사용할 뿐만 아니라 기독교 문화여서 좋았다. 당시 총괄 매니저GM로 왔는데, 집도 주고 차도 주고 월급도 ADB 직원들보다 두 배나 많이 받았다.

내가 필리핀에 온 후 1985년 말부터 거리 시위가 심해졌다. 1985년 12월에는 미국 정부에서 모든 미국 시민은 필리핀을 떠나라고 경고 했다. 더불어 유럽인들도 모두 철수하는 상황에서 내가 다니던 프랑스 회사도 철수하게 되었다. 회사에서는 나에게도 함께 떠나자고 제안했는데, 나는 거절하고 필리핀에 남았다. 1986년에 시민혁명이 끝나고 새 정부가 들어서고 난 후 나는 내가 만든 회사를 법인등기소SEC에 신청하여 승인받았다. 당시 대부분의 선적회사가 떠난 상황이어서 일감이 넘쳐나 많은 돈을 벌 수 있었다. 당시 필리핀은 유럽, 미주에 합판을 주요 수출국 중 하나였으며, 필리핀에서 수출하는 물량을 유럽과 호주로 운송하는 사업을 하다 보니까 필리핀 국내 상황에 크게 영향받지 않았다.

처음 내 회사를 시작할 때 파트너가 필리핀의 원목 재벌이었는데, 우리 회사를 접수하려고 나에게 회사를 떠나라고 했다. 그때 직원들이 대부분 나를 따라 그 회사를 나왔고, 그때 함께 나왔던 사람들은 지금 자회사 사장을 하고 있다. 필리핀에서 사업하면서 직원들 때문에 어려웠던 점은 없었다. 과거에는 한국 직원들이 한 14명 정도 있었는데, 지금은 모두 독립해 나가서 한 10개 정도의 회사를 잘 운영하고 있다. 나는 처음부터 사람을 뽑을 때 다른 회사에서 매니저를 하던 사람은 안 뽑고, 대졸자를 뽑아서 우리 회사에 맞는 문화를 익히도록 하고 있다. 이미 많은 직원이 은퇴하고 그 자식들이 들어와 일하는 경우도 있다. 회사를 가족적인 분위기로 운영하고 있다.

나는 현재 여덟 개의 자회사를 거느린 유니그룹Uni Group of Companies 회장으로 있다. 나는 회사 주식의 40퍼센트를 가지고 있으며, 나머지 60퍼센트는 회사 직원들에게 모두 나누어주었다. 그래서 우리 회사에는 주인이 많다. 많은 사람이 자기 것을 지키려고 욕심을 부리는 경우가 있는데, 나는 내가 만든 회사가 내가 죽을 때까지만 나를 먹여 살리면 되지, 그렇게 많이 소유할 필요는 없다고 본다. 우리 회사는 일찍이 현지화를 시켜놓았다. 회사가 여덟 개가 있는데, 다들 사장을 필리핀 사람으로 두었다. 내가 나이가 들어도 큰돈은 아니더라도 꾸준히 수입이 들어오도록 조치해놓았다. 이 사람들이 나보다 필리핀을 더 잘 알기 때문에 저들이 가진 정보로 회사를 더 잘 키워나갈 수 있을 것이다.

내가 할 일은 이들이 회사에서 나오는 이익으로 가난한 사람을 도와주고, 지역 사회나 나라에 선한 일을 하게 하는 것이고, 크리스천일 경우에는 복음을 전하는 일을 하게 하는 것이다. 우리 회사는 주 5일제로 근무하고 아침에 출근하면 1시간 동안 예배드린 후 일을 시작한다. 세금을 내고 난 수익은 1/3원칙에 따라서 수익금의 1/3은 주주에게 배당하고, 1/3은 회사에 재투자하고, 그리고 나머지 1/3은 직원들의 보너스로 주고 있다. 그래서 지난 10년 동안 1년에 거의 1,700퍼센트의 보너스를 직원들이 가지고 갔다.

나는 크리스천으로서 필리핀 사회에 무언가 선한 흔적을 남길 수 있게 되길 바란다. 그래서 소록유니재단Sorok Uni Foundation Inc.을 만들었다. 이 재단은 필리핀 사회에서 소외되고 버려진 한센병 환자와 그 가족들에게 새로운 생활 터전을 만들어주는 것이다. 그들의 정착지가 소록유니마을이다. 나는 매 주일 예배를 마치고 그곳을 찾아가 마을 사람들과 예배도 드리고 함께하는 시간을 가진다.

한인 사회에 대해 말하자면, 1986년까지만 해도 한국 사람에게 영주권을 줬는데, 이후 한국에서 필리핀 사람들에게 주던 영주권을 취소하게 되자 필리핀에서도 취소했다. 그동안 영주권을 안 주다가 한때 돈을 받고 영주권을 준 적이 있다. 요즘은 외국인에게 은퇴비자가 가장 편한 비자이다. 한국인은 필리핀에서 세금을 많이 냄에도 불구하고 제대로 된 취급을 받지 못한다는 생각이 든다. 우리나라에서도 외국인에게 일정 기간 거주하면 지방선거에 투표권을 주는 제도가 있는데, 여기서도 그것을 추진해보려 알아보고 있지만 잘 안 되고 있다.

필리핀 정부에서는 한인회보다는 상공회의소를 공식조직으로 인정하여 항상 부르고 논의하곤 한다. 한인 조직의 중심은 한인회인데 실제로는 그렇게 취급하지 않는 것이다. 나는 지금 상공회의소 명예회장으로서 비즈니스에 대해서는 말할 채널이 있는데, 한국인에 대해서는 말할 채널이 제대로 없다. 이민국은 돈을 버는 데만 초점을 두지, 다른 것에는 별로 신경 쓰지 않는 것 같다.

나는 현지 뉴스를 대부분 모니터링하고, 일 때문에 필리핀 대부분의 지역도 방문했다. 처음 필리핀에 와서 2년 동안은 한인회 활동을 하지 않다가 사업을 시작하면서 한인회에 들어가 총무로 일했다. 당시에는 한인회 회원이 몇백 명밖에 되지 않았다. 독립적으로 한인회 사무실이 있었고, 한인을 모으기 위해서 대사관을 이용하기도 했다. 당시에는 국제기구(WHO, ADB)에서 근무하는 사람들도 많이 나왔다. ADB에는 KADB라는 조직이 있었는데, 그 회원들이 번갈아 가면서 한글학교 교장을 했다.

1987년쯤에는 필리핀에 한인 교회가 두 개 있었다. 하나는 K 목사님이 인도하는 한인장로교회(마카티 마산집 앞 건물, 2층, 50여 명)와 H 목사님이 인도하는 한인연합교회(감리교, 50여 명)로 둘 다 교인들 대부분이 ADB에 근무하는 사람들이었다. 한 번은 두 교회 교인들이 한인연합교회에 모여 합동 예배를 드렸는데, 분위기가 좋았다. 그것을 계기로 두 교회를 합쳐 초교파로 새로운 교회를 만들어 꽤 오랫동안 유지되었다. 당시 교인들 수준은 꽤 높은 편이었고, 서로 얘기가 잘 통했다. 이후에 한인들이 많이 몰려들면서 한인 사회도 커지고, 또 이런저런 사람들이 모이다 보니 다양한 사건 사고도 발생했다.

최근 한인회에서 한인들에게 비자 받는 것을 대행해주기 시작하면서 한인들이 많이 모이는 것 같다. 나는 제15대(2003~2004) 한인회 회장을 역임한 바 있다. 한인회는 여기 사는 한인들을 필리핀 정부와 국민으로부터 보호하고 한국 사람의 좋은 이미지를 심어주는 역할을 해야 하는데, 오로지 체육대회 같은 교제에만 너무 치우치는 측면이 있다. 내가 회장 할 때 '좋은 이웃인 한국인'이라는 스티커를 만들어 전 업소에 붙이기도 하고, 마닐라 베이Manila Bay에서 쓰레기를 청소하기 위한 행사에 2,000명 정도가 모인 적도 있었다. 지금은 단체가 많아져서 체육은 체육회가 하고, 문화는 또 담당하는 데가 따로 있어서 한인회의 역할이 모호해졌다. 한인들이 한인회의 존재 여부도 잘 모르는 형편이다. 교통통신의 발달로 변화하는 추세를 읽고 한인회 조직도 변화해야 하지 않을까라는 생각이다. 그렇지 않으면 그저 옥상옥屋上屋밖에 되지 않을 것이다.

나는 한인 관련 단체에는 대부분 관여했다. 한인 단체들이 일은 하지 않으면서 단체만 많아지고 직책도 많아지는 것 같다. 단체장은 감투만 쓰려는 것 같고, 섬기려는 자세가 부족하다. 한국의 관련 기관으로부터 자금을 지원받는 체육회나 노인회, 그리고 상공회의소가 가장 조직적으로 활동하고 있는 것 같다. 그렇지 않은 단체들의 회장들은 대부분 떠밀려서 맡다 보니 일의 추진력이 약해질 수밖에 없다.

내가 필리핀에서 생활한 지는 벌써 34년이 다 되었다. 지금도 한국에 대한 소식을 매일 본다. 아무리 외국에서 자리를 잡고 있어도 한국은 친정처럼 언제나 잘 되었으면 하는 마음으로 뉴스를 본다. 특히 한국 국적을 가진 사람들은 더욱 그런 것 같다. 나는 재외국민투표 선거위원장도 하고 투표에도 참여하는데, 투표 참여율이 아직 낮은 것 같다. 투표할 마음은 있는데, 대사관까지 가서 투표해야 하는 것이 아직 문제이다. 전자투표를 도입하면 참여율이 더 높아질 것 같다.

우리 나라는 700만 명의 자발적 해외 이주 국민이 있고, 이들은 모두 한국의 지점과도 같은데, 조국이 나를 불러서 일을 시키면 그 누구라도 발 벗고 뛰지 않을 사람이 없다고 본다. 하지만 한국 정부가 이들을 아우르는 작업을 하지 못하는 것 같다. 현실적으로 재외 동포 수가 한국의 몇 개 도都의 인구보다 많은데, 각 도의 예산에 비해 터무니없는 인원과 예산을 책정하여 관리하고 운영하는 것이 문제다. 누군가가 제안했다고 하는데, 한국 정부에 재외동포청을 만들어달라는 것이 나의 주장이다. 청을 만들어 해외에 있는 인재들을 잘 관리하면 한국 정부에 큰 자산이 될 것이다. 한국이 어려워질 때, 이런 재외 동포들은 큰 자산이 될 수 있다. 최소한 한 도province 정도의 예산을 배정하면 좋을 것 같다. 지금처럼 대사관에 있는 영사 한 사람이 해당 국가에 있는 동포들을 모두 관리하는 데는 무리가 있다고 본다.

일본의 아베 정부는 일본의 이미지를 높이는 것은 재외 동포라고 간주하고, 동포들이 일본의 이미지를 고양하는 사업을 하면 1억 엔씩(100만 달러) 지원해주고 있다. 요즘 주변에 일본 식당이 엄청나게 늘어나는 것도 아베 정부의 그러한 정책 때문이다. 일본 교민이 사업계획서를 일본국제협력기구JICA에 제출해 지원받는데, 제대로 했는데도 운영이 잘 되지 않아도 그 돈을 되돌려 받지 않는다.

필리핀 사람들은 대부분 책임감이 부족하고, 예yes는 잘해도 절반 정도만 기대할 수밖에 없는 경우가 흔하다. 약속을 잘 안 지키는 것도 그들의 특징이다. 이런 필리핀 사람들에 대할 때 우리가 현지화를 해야 하는데, 그렇지 않은 경우가 많다. 기대치를 낮추고 가늘고 길게 생각해야 하는데, 한국인은 조급한 측면이 있다. 필리핀 사람들은 한국을 자기들보다 잘살고 한 수 위라고 생각한다. 그런데 한국 사람의 급하고, 성질 잘 내고, 타협하지 않고, 독단적인 측면을 좋아하지 않는다. 특히 골프장에 오는 사람들은 필리핀에서도 잘 사는 사람들인데, 한국인이 골프 하는 모습을 보면 별로 취급을 안 한다. 나로서는 어렸을 때 한국에서 생활하던 모습을 여기 와서 그대로 보니까 도리어 정이 간다. 그런 것 때문에 필리핀 사람들을 위해서 봉사를 하게 된 것 같다.

우리 가족에 대해 말하자면, 형제들은 모두 한국에 있고, 우리 집만 해외에 나와 있다. 아이들은 딸과 아들 둘이 있는데 모두 국제학교에서 공부했다. 그리고 졸업 후 둘 다 미국의 미시간 대학교로 유학 가서 졸업한 후 직장생활을 하고 있다. 둘 다 한국인과 결혼했는데, 아들은 캐나다 출신 한국 여자와 결혼해서 시카고에서 살고 있다. 아들은 한국 국적이고, 며느리는 캐나다 국적이고, 아이들은 미국 국적을 가지고 있어서 글로벌한 가족이 아닌가 싶다. 이처럼 한 가족이 다양한 국적을 가지고 있음에도 불구하고 아무 문제 없이 잘살고 있다. 앞으로 국적은 그렇게 크게 문제가 되지 않고 혈통이 중요할 것 같다. 국적 불문하고 한국인 피를 가지고 있으면 한국인으로 취급받지 않을까 싶다. 국적은 단지 운전면허증 정도에 불과하지 않을까 싶다.

아이들은 필리핀에서 태어났지만 토요 한글학교에 다니면서 한국어를 배워 잘한다. 며느리도 한국말을 배워서 잘하고, 애들한테도 한국말을 가르쳐준다. 아이들에게는 영어가 더 편하겠지만 한국말은 무조건 해야 한다는 것이 나의 지상명령이었다. 우리 아이들은 미국에서도 된장찌개를 좋아하고, 한국 교회에 나가고, 대학 때는 인턴도 한국 회사로 보내 한국 문화를 배우게 했다. 한국인이라는 것을 자랑스럽게 생각하며 자랐다. 거기에는 신앙이 중요한 역할을 한 것 같다. 물론 영어가 편하기는 더 편한 것이다.

이제 나는 한국에 돌아갈 마음은 없고, 죽으면 소록유니마을에 묻힐 계획이다. 함께 동역하다가 앞서간 집사님도 여기에 모셨는데, 거기에 함께 묻혀서 그리운 사람들이 찾아올 수 있게 할 계획이다. 여기서 하는 사업은 자식들이 와서 꼭 해야 한다는 것은 아니지만, 아직은 아들이 돌아와서 이 사업을 이었으면 좋겠다는 생각이다. 우리 아들도 필리핀에 대한 애정이 깊다. 그런데 며느리는 캐나다에서 나고 자라서 미국이 제일 좋은 곳이라고 생각하고 있으니 모르겠다. 아들이 1986년생인데 만 35세까지 기다려볼 생각이다. 그 애는 지금 미국에서 자기 회사를 차려보겠다고 하고 있다.

제2시기 필리핀 이주 한인의 정체성

제2시기에 이주한 한인은 총 여덟 명을 인터뷰하여, 이들 중 여섯 명의 이주와 정착에 관한 이야기를 소개했다. 나머지 두 명은 필요한 정보 미흡으로 소개하지 않았다. 소개한 여섯 명은 필리핀에 있는 국제기구에 1970년 주재원으로 왔다가 머물게 된 한상태 씨, 필리핀 사람과 결혼하여 한국에서 살다가 1972년에 필리핀에 이주해 정착한 임인숙 씨, 한국 기업 주재원으로 1973년에 필리핀에 왔다가 정착하게 된 김춘배 씨, 유학을 목적으로 1977년에 필리핀에 왔다가 정착한 박현모 씨, 선교사로 1979년에 필리핀에 파송받아

표 6 제2시기 이주 한인의 정체성 관련 요소들

한인 동포	출생	이주	본인			자녀들	
			국제결혼	국적	한인 활동	국적	주요 언어
한상태	1928	1970	아니오	한국	적극적	미	영/한
임인숙	1935	1972	예	필리핀	적극적	필	영/필
김춘배	1940	1973	아니오	한국	적극적	미	영/한
박현모	1950	1977	예	한국	적극적	–	–
김유식	1945	1979	아니오	미국	보통	미	영/한
장재중	1952	1984	아니오	한국	적극적	한	영/한

와서 정착하게 된 김유식 씨, 그리고 외국계 회사 직원으로 1984년 필리핀에 와서 정착한 장재중 씨다.

한상태 씨는 한국에서 의과대학을 졸업하고 공직생활을 하다가 국제기구에서 일하면서 필리핀으로 발령받아 이주하게 된 사례이다. 1960년대 말 한인으로서 국제기구에 들어가 일한다는 것은 극히 일부 엘리트에 해당하며, 국제적인 소양과 더불어 외교관으로서 한국인의 정체성은 의문의 여지가 없었을 것이다. 한상태 씨는 1989년에 한인으로서 국제기구에서 가장 높은 직위에까지 올랐을 정도로 국제 사회에서 활동하던 대표적인 한인 중 한 사람이었다. 필리핀 한인회 활동에도 오랫동안 적극적으로 관여하였으며, 지금도 한인노인회 고문으로 활동하고 있다. 자녀들에게도 한국인으로서의 정체성을 심어주기 위해 애쓴 것으로 보인다. 본인이 한국의 전통 있는 가문의 장남으로서 제사와 같은 유교적인 전통까지 자녀에게 물려준 것이나, 한국어를 배우게 하고 국제결혼을 하지 못하도록 강요한 것 등이 이를 말해준다. 이처럼 한상태 씨가 오랜 해외 생활에도 불구하고 자녀들에게 한국인으로서의 정체성을 전수할 수 있었던 것은 스스로 한인으로서 강한 자부심에 기반했다고 볼 수 있다.

임인숙 씨는 한국에서 직장생활을 하다가 필리핀 사람을 만나 결혼한 후 베트남을 거쳐 필리핀으로 이주하여 정착한 사례이다. 임인숙 씨는 가난한 조국의 현실 속에서 더 나은 삶을 꿈꾸며 외국인과 결혼한 초기 결혼 이주 여성 중 한 사람이다. 필리핀에 와서 식당을 운영하며 가족의 생계를 책임져야 했고, 그 과정에서 필리핀 국적도 취득했다. 한인 이주 초창기에 한국 식당을 운영함으로써 당시 많지 않은 한인들이 한국의 정을 느낄 수 있는 장소가 되었다. 임인숙 씨는 초창기 한인회 활동에도 적극적으로 관여했음을 볼 수 있다. 그러나 다른 국제결혼 여성들과 마찬가지로 필리핀 한인 사회가 점차 커지면서 남성 중심이 되고, 또한 한국인 부인들이 부인회를 이끌기 시작하면서 점차 한인 사회와 거리를 두게 되었다. 그녀는 아들에게 한인으로서의 정체성을 전수하려 노력하지 않은 것으로 보인다. 바쁘게 식당을 운영하며 가족의 생계를 책임져야 했던 상황 속에서 아들의 교육과 정체성 문제에 관여할 정도로 여유를 가지기 힘들었을 것이다. 임인숙 씨는 필리핀 국제결혼

이주 여성으로서 필리핀 국적을 취득하기는 했지만, 자신의 민족적 자기 동일시와 소속감은 여전한 것으로 보인다. 그러나 국제결혼을 한 여성에 대한 필리핀 한인 사회의 차별적 시선이 한민족 집단에 대한 감정적인 지향성을 약화하는 계기가 된 것으로 보인다.

김춘배 씨는 한국 기업 주재원으로 필리핀에 파견되어 일하다가 퇴직 후 필리핀에 남아 정착하게 된 사례이다. 필리핀에 오기 전에 전시 베트남에서의 경험은 그를 해외 이주로 이끈 계기가 되었다. 김춘배 씨는 필리핀 영주권을 취득하여 살면서 한국 국적을 유지하고, 한인회 활동도 적극적으로 참여할 정도로 한민족 정체성과 소속감을 강하게 드러내고 있다. 그러나 한국 정부에 대한 서운한 마음의 표현이나 필리핀 정부로부터 받는 혜택에 대한 표현을 통해 비록 외국인 신분이기는 하지만 필리핀 사회의 일원으로 자신의 정체성을 확립해갔음을 볼 수 있다. 평소 한국에 관한 뉴스에 별로 관심을 두지 않고, 또한 오랜 외국 생활로 인해 가지게 된 한국과의 심리적 거리감이 이러한 재외 동포 정체성을 형성하게 했을 것으로 보인다. 그리고 당시 필리핀 한인 동포들이 가장 선망했던 자녀교육의 패턴을 좇아 자녀들을 미국 유학 후 미국 시민으로 정착시킨 것은 민족에 의해 규정된 정체성에서 벗어나 보다 나은 새로운 정체성을 지향하고 있음을 보여준다.

박현모 씨는 한국에서 대학을 졸업하고 필리핀에 유학을 와 이주하여 정착하게 된 사례이다. 유학 생활 초기부터 한인 사회에 깊이 관여하여 이후 한인회 회장을 역임할 정도로 민족적 자기 동일시와 소속감이 강한 것을 볼 수 있다. 아직 한국과의 교류와 정보 소통이 원활하지 않았을 때, 필리핀 내 한국 신문사 지국장을 하면서 한국 소식을 필리핀 한인들에게 전하는 역할을 했다. 한국에서 성장한 화교이며 타이완 국적을 소지한 여성과 필리핀에서 만나 결혼하였으며, 부부가 함께 한인 사회에 적극적으로 참여했다. 그러나 그 과정에서 아내의 국적 문제로 인해 한인 사회로부터 받은 서운함도 마음에 앙금으로 남아있다. 나이가 더 들면 한국으로 돌아가고 싶다는 말에서 박현모 씨의 한인 정체성과 한국에 대한 애착을 엿볼 수 있다.

김유식 씨는 선교사로 파송 받아 가족과 함께 필리핀에 이주하여 정착한 사례이다. 그는 저개발 국가인 필리핀에 파송된 초기 선교사로서 현지인 선교를 위해 한국의 교회나 기관 혹은 개인으로부터 선교비를 지원받을 수밖에 없는 상황에서 필리핀 한인 사회보다는 한국과 더 긴밀하게 연계되었던 것으로 보인다. 그러나 필리핀에서 장기간 선교하면서 민족적 정체성보다는 종교적 사명에 기초한 자기 정체성이 더욱 크게 작동한 것으로 판단된다. 현지인 위주의 목회와 선교 활동, 그리고 한국보다는 필리핀 현황에 더 많은 관심을 쏟는 모습은 선교지 필리핀에 대한 깊은 애착을 엿볼 수 있다. 한국 국적을 포기하고 미국 국적을 취득한 것이나 자녀들을 모두 미국 시민으로 성장시킨 것은 민족적 자기 동일시와 소속감보다는 국제적으로 활동하는 선교사로서 세계시민으로 자신의 정체성을 지향하고 있음을 볼 수 있다.

장재중 씨는 대학을 졸업하고 일찍이 해외에 진출하여 생활한 경험을 가진 상태에서 외국계 회사의 주재원으로 필리핀에 이주하여 정착한 사례이다. 성공적인 재외 한인 기업가로서 필리핀 한인 사회를 주도적으로 이끌고, 한국과 필리핀 간의 우호적 관계를 위해 힘쓰고 있는 점을 통해 그의 민족적 자기 동일시와 소속감을 엿볼 수 있다. 재외 동포로서 한국 정부의 지원이 미흡한 측면에 대해 아쉬움을 표현하고 있으며, 재외 동포가 한국인으로서 해외에서 다양한 역할을 할 수 있음을 강조하고 있다는 점에서 민족 집단에 대한 애착을 볼 수 있다. 자녀들에게도 한국어를 가르쳤으며, 성장하여 미국에 정착해 살고 있지만, 여전히 한인 정체성을 강조하고 있다는 점도 민족이 규정한 정체성을 자기 정체성의 일부로 확고히 받아들이는 것으로 판단된다.

제2시기에 필리핀으로 이주한 한인들은 비록 연령대가 높기는 하지만 오늘날까지 필리핀 한인 사회의 중심인물로 거론되고 있다. 이들은 한국이 급속히 성장하고 필리핀과의 경제적 위상에서도 우위를 점하기 시작한 시기에 자신의 미래를 개척하겠다는 분명한 목표를 가지고 필리핀에 이주하여 성공한 사람들이다. 이들은 대부분 영어와 필리핀어를 능숙하게 구사하면서 필리핀 사회에 깊숙이 동화되어 존경받는 한국계 외국인으로 살고 있다. 이들의 한인으로서의 정체성은 변할 수 없는 것으로 받아들이지만 자녀들에게 전수하고자 한 정체성은 초국가적 지향성을 가지고 있는 것으로 보인다. 국제결혼을 해서 필리핀에 정착한 경우 자녀들은 자연스럽게 필리핀인으로서의 정체성을 가지게 된다. 한인 부부 자녀들은 대부분 국제학교에서 영어로 교육해 미국 대학으로 유학을 보내는 것이 일반적인 패턴임을 알 수 있다. 이는 필리핀 재외 동포 1세로서 성공적인 정착을 통해 자녀들은 더 나은 이주지로 생각하는 미국에서 새로운 삶과 정체성을 가지도록 하고 있음을 볼 수 있다.

3) 또 다른 기회를 찾아서—제3시기 이주(1990년 이후)

김현숙 씨의 이주와 정착 이야기

김현숙 씨는 1962년 한국에서 태어났고, 미국에서 필리핀 사람과 결혼하여 1991년 필리핀에 와서 현재까지 거주하고 있으며, 슬하에 자녀는 1남 1녀를 두고 있다. 김현숙 씨의 이주와 필리핀 생활에 관한 이야기는 2017년 8월 7일 오티가스에 있는 한 커피숍에서 이루어진 인터뷰 내용을 맥락에 따라 정리한 것이다.

나는 한국에서 고등학교를 졸업하고 1981년에 미국으로 유학을 떠났다. 미국에서 대학을 졸업한 후 일을 하다가 지인의 소개로 만난 남자가 남편이 된 필리핀 사람이었다. 당시 남편은 미국에서 직장생활을 하고 있었는데, 결혼하고 1991년에 필리핀으로 함께 왔다. 필리핀에 처음 왔을 때 문화적으로 적응하는 데 별로 힘들지는 않았다. 내 주위의 필리핀 분들은 아주 너그러웠던 것 같다.

상대방을 있는 그대로 받아주었고, 한국에 대해서도 좋게 봐주는 경향이 있었다. 그래서 나를 받아들이는 것에 더 수월하지 않았나 싶다. 다른 사람은 모르겠는데 나는 필리핀 사회에 상당히 편하게 받아들여진 것 같다. 필리핀 사람들에게 한국인들은 굉장히 열심히 일하는 사람으로 2000년대 초까지는 좋은 인상을 심어주었다고 생각한다. 그런데 2000년대 중반부터 떠돌이 같은 한국인들이 많이 들어오면서부터 한국인과 관련된 사고가 자주 나고, 어글리 코리안이라는 말이 나오기 시작했다. 그러면서 필리핀 상류층 사람들이 한국인을 부정적인 시각으로 보는 경향이 생겨났다.

나는 필리핀 사람과 결혼해서 필리핀에서 살고 있지만, 한국 시민권을 계속 유지하고 있다. 미국 영주권을 유지하고 있다가 1년에 한두 번씩 들어가야 하는 번거로움 때문에 포기했다. 우리 두 아이는 모두 미국 시민권자이다. 남편이 국가적인 경쟁력 면에서 한국 시민권이 필리핀 시민권보다 더 낫겠다고 해서 유지하게 되었다. 아이들은 이중국적을 가질 수 있는데, 지금까지 나는 필리핀 영주권자로 살고 있다.

나는 미국에서 거의 직장생활을 하지 않았고, 한 2년 정도 사무실에서 일한 것이 전부다. 남편은 필리핀으로 돌아와서 안티폴로에서 호텔을 운영했는데, 처음에는 그 일을 좀 도왔다. 그러다가 한국에서 오는 학생들이 많아지면서 어학원을 시작했다. 남편이 죽은 후에 호텔은 아들 내외가 맡아서 운영하고 있다. 아들은 정치에 관심이 있는데 7~8년 전에 23세의 나이로 시의원에 출마한 적이 있다. 지금도 시장, 주지사 등과 함께 어울리며 일하고 있다. 나도 미용beauty 관련 사업을 하고 있는데, 아이들 명의로 하고 있다. 외국인이 사업을 하면 지분을 40퍼센트밖에 가지지 못하게 하는 법률이 있어서 필리핀 국적을 가진 아이들 이름으로 운영하고 있다.

다른 한국 사람들과 비교해서 나는 필리핀의 정치적인 변화에 대해서 크게 민감하게 반응하지 않는다. 아마도 필리핀 국적을 가진 가족이라는 방패막이가 있어서 그런 것 같다. 그리고 27년째 필리핀에서 살다 보니 현지화가 많이 되었다. 하지만 한국과 필리핀이 운동 경기를 하면 당연히 한국을 응원한다. 한국에도 자주 간다. 한국에 가면 처음 며칠은 좋은데, 좀 지나면 불편해진다. 필리핀에서는 모든 게 천천히 변하고 또 적응도 천천히 하는데, 한국은 너무 빨리 변하는 것 같아서 내가 바보가 되는 것 같은 느낌이 든다. 그래서 자존심이 상할 때도 있다. 한국에 사는 한국인들보다 외국에 사는 한국인들이 더 보수적인 것 같다. 나의 한국에 대한 생각은 여전히 옛날에 머물러 있기 때문인 것 같다. 필리핀 사람들은 생활을 즐기는 여유가 있는 반면 한국 사람들은 모든 일을 급하게 하려는 경향이 있다. 그래서 한국 사람들이 더 많은 것을 이룰 수 있지 않았나 싶다.

처음 필리핀에 와서는 주로 아이들 교육에 전념했고, 한인회에는 나가지 않았다. 그러다가 2001년에 처음으로 한인회와 한국부인회 활동을 하기 시작했다. 주로 행사에서 사회를 많이 봤고, 외국 분들만날 때 통역을 담당하기도 했다. 2001년 한인회에서 일할 때만 해도 한인들이 그리 많지 않아 좋았다. 한인회 임기가 2년인데, 한인과 현지인과의 융합은 한인회 회장님의 성향에 따라 많이 다른 것 같다. J 회장님 같은 경우에는 현지인과 많이 어울렸다. 다들 사업을 하시는 분들이니까 인맥을 중요하게 여기는 것은 당연하다.

나는 무역협회 회원으로 있었고, 평통자문위원도 했고, 호남향우회에도 참석하고, 필리핀한국전참전용사회FETOK 명예회원이자 지금은 한국부인회 회장을 하고 있다. 지금까지의 한인회 활동을 평가해보면 열심히 했는데 한인들의 호응이 너무 적은 듯하다. 1년 연회비가 1,000페소에 불과한데, 한인회가 나에게 무엇을 해줬냐고 하는 소리를 듣기도 한다. 매년 큰 행사들이 있는데, 재정적으로나 호응도 면에서 어려움이 많다. 큰 포부나 목적을 가지고 한인회 활동을 한 건 아니고, 한인회에서 나를 필요로 했기 때문에 그저 열심히 해보자는 마음으로 했다.

필리핀에 살면서 한국에 대해서는 지속적으로 관심을 가졌다. 재외국민투표가 모두 네 차례 있었는데, 나는 계속 선관위원으로 일했다. 요즘에는 필리핀에 사는 한인들이 고국에 대한 향수 같은 것은 없는 것 같다. 원하면 언제든 금방 왔다 갔다 할 수 있기 때문인 것 같다. 필리핀에 거주하는 한인들의 경제적 상황은 지역마다 있는 단톡방에 올라오는 집이나 물건 수준을 보면 짐작할 수 있다. 보네파쇼는 상층, 마카티나 오티가스는 중층, 케손은 그보다 아래로 보면 된다. 알라방 쪽은 상층에서 중층 정도로 생각된다. 생활

공간도 차이가 나는데, 보네파쇼의 글로벌시티에 사는 사람들은 그 지역 내에서만 생활하고, 아이들도 그 지역 내에 있는 학교에 다니고, 자기네끼리만 어울리는 경향이 있다. 그들은 한인 사회에 잘 나오지도 않는다.

요즘 필리핀 한인들은 자녀의 미래에 대한 계획이 반반인 것 같다. 절반은 필리핀에서 고등학교를 나와 한국에 있는 대학에 특례입학을 시키려 하고, 절반은 미국이나 필리핀에서 대학을 보내려 하는 것 같다. 요즘에는 외국에 나가서 공부하고 다시 필리핀으로 돌아오는 경우도 많다.

과거에 국제결혼 한 사람들 모임인 한·필 가족협회를 만들어 열심히 활동했는데, 호응이 너무 없어서 지금은 모임이 없어졌다. 아이들의 미래를 위해 해보자고 시작했는데 제대로 운영되지 않았다. 국제결혼을 해서 낳은 자녀들은 필리핀 사람으로 사는 것이 일반적이고 한인 사회에 대해서는 별로 관심을 가지지 않는다. 내가 보기에는 한국 여자가 필리핀 남성과 결혼한 경우는 괜찮은 편인데, 반대의 경우는 생활이 어려운 경우가 많다. 코피노라는 신조어가 생겨나고, 또 그런 것을 상업적으로 이용하는 사례도 있다. 누가 필리핀에서 애를 낳고 도망간 한국 아버지를 찾아주자는 얘기를 해서 큰일 날 소리 하지 말라고 한 적이 있다.

우리 가족에 대해 말하자면, 지금은 한국에 가족이 없다. 부모님은 돌아가셨고, 언니 둘과 여동생은 모두 미국에서 살고 있다. 한국에 가면 주로 친구 집에 머물든가 한다. 필리핀의 가족 분위기는 매우 다르다. 나는 한국적인 엄마였는데, 아이들은 미국에서 태어나 다섯 살 때까지 거기서 살다가 필리핀에 와서도 외국인학교에 다녔다. 아이들을 대하면서 내가 잘못했다는 것을 깨닫게 되었다. 옳고 그르다기보다 다른 것이구나 하는 것을 알게 되었다. 우리 딸은 4개월 되던 때에 필리핀에 왔다. 필리핀에서 교육받고 필리핀 3대 명문대학교에 모두 합격했다. 내가 공부하라는 말을 하지 않았는데도 스스로 알아서 잘했다. 남들보다 키가 커서 필리핀 주니어 농구 국가대표까지 했고, 대학 졸업 후에는 미스월드 대회에 필리핀 대표로 나가 미스 선에 올랐다. 곧 필리핀 유명 농구선수와 결혼할 예정이다.

우리 아이들 모두 한국말을 잘 못 한다. 나는 지난 일을 후회하는 사람이 아닌데, 우리 아이들에게 한국말을 가르치지 않은 것만은 후회스럽다. 아이들은 필리핀 사람이란 정체성을 더 가지는 것 같다. 엄마가 한국인이라는 생각은 하고 있지만, 여기에서 살다 보니 필리핀인으로서의 정체성이 더 강하다. 아들은 정치 쪽에 관심이 있다 보니 많이 포용하는 편인데, 딸은 한국인들은 왜 이러냐고 물을 때도 있다.

기회가 되면 한국에 가서 살고 싶은 생각도 있는데, 한국 사회가 너무 빨리 변해 무섭기도 하다. 돌이켜보면 필리핀 남편을 만나 결혼한 것이 좋아하는 감정 때문이었다기보다는 겁이 없었기 때문이라는 생각이 든다. 국제결혼 한 것을 후회하지는 않고, 전반적으로 볼 때 감사하고 있다. 어려운 일이 있었어도 많이 배우고, 격려하고,

잘 살아왔던 것 같다고 스스로를 위로하곤 한다.

손범식 씨의 이주와 정착 이야기

손범식 씨는 1963년 한국에서 태어나 1992년에 휴식차 필리핀에 와서 현재까지 거주하고 있다. 필리핀 아내와 함께 슬하에 자녀는 1남 1녀를 두고 있다. 김범수 씨의 이주와 필리핀 생활에 관한 이야기는 2017년 8월 2일 케손시에 있는 그의 아내가 운영하는 몬테소리 사무실에서 이루어진 인터뷰 내용을 맥락에 따라 정리한 것이다.

내가 자라 온 곳은 공부하고는 거리가 먼 환경이었던 강원도 시골이다. 군대를 제대한 후에 사회에 나갔는데, 사회에서 학력도 돈도 없으니 가장 하층을 맴돈다는 생각이 들었다. 이러다가는 결혼도 못 하겠다는 생각이 들었다. 그래서 한국에서는 별다른 길이 없다고 생각하고 외국에 나가자 해서 병아리 감별사 기술을 배우게 되었다. 타이완 회사에서 병아리 감별하는 사람이 필요하다고 해서 1990년 타이완에 가서 1년을 지냈다. 거기에는 한국 사람이 한 명도 없어서 생활이 너무 외롭고 힘들었다. 그래서 혼자서 많은 생각을 하게 되었고, 그것이 내가 교회를 나가게 된 계기가 되었다.

귀국 후에 신앙생활을 하면서 아프리카 같은 데 나가서 봉사하고 싶다고 생각했다. 그래서 그루터기 선교회를 찾아갔다. 군대 가기 전에 편물(스웨터 짜는 일) 일을 해봐서 그것으로 선교할 수 있겠다고 생각했다. 결혼해서 아내와 함께 아프리카로 가서 봉사하려고 했는데, 기대했던 사람과의 결혼이 깨졌다. 그래서 마음도 추스를 겸 좀 쉬려고 1992년에 필리핀에 왔다. 필리핀에 올 때 목사님의 추천으로 필리핀에 있는 그루터기 센터를 찾았는데, 거기서 지금의 필리핀 아내를 만나게 되었다. 아내는 필리핀 그루터기 선교부 대표로 있었다. 와서 보니 한국에 있는 그루터기 본부가 재정적으로 어려워져서 필리핀 지부에 대한 지원이 거의 끊길 위기에 처해 있었다. 보기에 안타까운 생각도 들고 도와줘야겠다는 생각이 들었다.

우리는 1993년에 무일푼으로 결혼 생활을 시작했다. 결혼한 후 나는 2년 동안 한국에 들어가서 공사장에서 먹고 자고 하면서 막일을 해서 번 돈을 아내에게 보내주었다. 아내가 그 돈으로 UP 쇼핑센터에 복사가게를 차렸다. 그 복사가게가 잘되어 집도 사고 사업도 확장해서 출판업까지 했다. 처음에 인쇄기를 들여왔는데, 뭘 찍어야 할지 몰라서 몬테소리 책을 찍기 시작했다. 그 일을 하다가 후지제록스와 법적 분쟁이 생겨 1999년부터 2008년까지 거의 10년 동안 소송에 휘말렸다. UP 쇼핑센터에서 복사가게를 하면서 한국에서 286 중고컴퓨터를 들여다 많이 팔았다. 그 일을 함께하자는 동업자 두 명이 있어서 집을 팔아 투자했는데 결국 집만 날리고 말았다.

그 일이 있고 난 뒤에 아내가 몬테소리 교육을 받고 싶다고 해서 미국에 보냈다. 거기서 정식으로 교육받고 자격증을 따서 지금은 여기에 사무실을 내고 몬테소리 교육과 교재를 만드는 사업을 하고 있다. 우리가 하는 일은 몬테소리 교사를 훈련시켜 외국으로 보내는 것이다. 교육을 받고 미국으로 가는 사람도 있고, 요즘은 베트남에 영어 교사로 가는 사람도 많다. 이 사업은 2005년쯤에 시작했는데, 처음에는 쿠바오에서 하다가 지금의 UP에 자리가 생겨서 임대로 들어와 하고 있다. 여기에서 버는 돈으로 코피노 센터도 운영하고 있다.

내가 여기서 하는 사업은 필리핀 아내의 이름으로 해서 법적인 문제는 전혀 없다. 그리고 내가 한국 사람이라는 게 오히려 도움이 될 때도 있다. 앞에서는 아내가 나서서 일하고, 뒤에서는 한국 사람이 뒷받침해주고 있으니 더 안정적으로 생각하는 것 같다. 나는 필리핀 시민권을 만들지 않았다. 아내 명의로 사업을 하는 것에 대해서는 별로 걱정하지 않는다. 굳이 시민권을 만들 이유가 없다고 생각한다.

아내는 아주 강한 사람이다. 보통 필리핀 사람과는 매우 다르다. 문제가 생기기 전에 미리미리 처리하는 편이다. 내가 한국에서 시골 출신이라 여기서도 농사를 지어볼까 해서 여기저기 찾아가 봤다. 그러면서 아내하고도 많이 싸웠다. 북쪽의 이푸가오나 팡가시난 쪽에서도 농사짓기를 시도해봤다. 그런데 마닐라에서 하는 일과 같이하다 보니 제대로 되지 않았다. 한국 사람들은 보통 필리핀에서의 생활 수준이 높아서 농사를 지어 번 돈만으로는 생활을 유지하기 어렵다. 그리고 농사를 지어도 판매처가 적절치 않고, 또 경쟁을 하다 보면 망하는 경우가 많다.

필리핀에 살지만 한국에 대해서도 관심이 많다. 여기 와서 재외국민투표가 네 차례 있었는데 모두 참여했다. 한국에 관한 뉴스는 주로 인터넷 포털 사이트를 통해서 보고 있다. 한인회에는 2003년부터 나가기 시작했다. 2002년쯤에 P 씨 주도로 한·필 가족협회가 만들어졌고 회장은 B 씨가 했다. 그런데 B 씨가 미국으로 떠나는 바람에 내가 대신 들어가 일했다. 호텔을 운영하는 L 씨라는 한국인 K 씨의 남편이 회장을 맡기도 했다. 내가 그 모임에 나가기 전에 결혼생활에 큰 위기가 있었다. 한국에서 부모님을 이곳으로 모시고 왔는데, 우리 집 가정부와 사이가 안 좋았다. 그런데 아내가 가정부 편을 드니까 부모님이 화가 나서 다시 한국으로 들어가 버리셨다. 그래서 나도 아내와 이혼하고 한국으로 돌아가려고 했는데, 시간이 지나면서 마음이 누그러졌다. 그때 한·필 가족협회에 나가서 한국인과 필리핀인들이 서로 상대에 대한 불만들을 나누다 보니 치유가 되었던 것 같다. 이 모임이 요즘은 잘 안 되어 아쉽다. 문화적 갈등을 치유하기 위해서는 함께 얘기를 나누는 것이 중요한데 나서서 하려는 사람이 없다.

한국 가족과 한필 가족은 서로 융합하기 힘들다는 생각이 든다. 같은 한필 가족 간에도 이질감이 큰 것 같다. 나는 아내와 세 살밖에 나이 차이가 나지 않는데, 대부분의 한필 부부는 나이 차이도 많이 나고, 또한 사실혼 관계에 있으면서 법적으로 혼인신고도 하지 않고 사는 경우가 많다. 이들은 대부분 공적인 모임에 나오려 하지 않는다. 그리고 필리핀의 엘리트들과 결혼한 한국 사람들도 모임에 잘 나오지 않는다. 필리핀에서 어느 정도 성공한 사람들만 모임에 나오는 것 같다. 한필 가족이 필리핀에서 성공적으로 사는 데는 여자의 역할이 크다. 한국 남편의 역할은 30퍼센트 정도도 안 되는 것 같다. 한국 남편이 아무리 돈을 많이 벌어도 여자가 역할을 제대로 하지 않으면 소용없다.

정상적으로 결혼한 한필 부부들은 자신의 아이들이 코피노라고 불리는 것을 싫어한다. 우리보다 앞서 일본인과 필리핀인 사이에 낳은 아이를 부르는 용어로 자피노가 있었는데, 부정적인 인식이 들자 요즘은 JFC Japanese-Filipino Children라고 부른다. 나는 우리 아이들을 코피노라고 부른다. 내 딸은 미국에서 대학도 나오고, 그런 용어 때문에 위축받을 필요가 없다고 생각하기 때문이다. 대부분의 코피노들이 경제적으로 낮은 계층에 있어서 차별적인 시각으로 보는 것 같다. 다 같은 사람인데 경제적으로 가난하다고 해서 차별하는 것은 잘못이다. 한국에서 다문화가정 아이들을 차별하는 것에 대해서는 비난하면서 여기서 코피노를 차별하는 것은 이율배반이다. 많은 사람이 논리적으로는 수긍하지만, 마음으로는 받아들이지 못한다. 코피노 중에서 변호사도 나오고, 의사도 나오고, 성공한 사람이 많이 나오면 그런 차별의식이 사라질 것이다.

필리핀에서 코피노는 문화적으로 크게 문제가 되지 않는다. 필리핀에서는 출생아 중 39퍼센트가 미혼모에게서 태어나지만 별로 문제시되지 않는다. 한국 언론에서 코피노 문제를 선정적으로 보도해서 시청률을 올리려는 경향이 있는 것 같다. 코피노는 단지 경제적으로 어렵다는 것이 문제일 뿐이다. 필리핀 여성들은 남편은 포기하더라도 아이들은 절대 포기하지 않는다. 그래서 아이들을 필리핀에 데려다 놓고 한국에 가서 돈을 벌려고 한다. 그런 아이들은 어려운 환경에서 살 수밖에 없다. 코피노들에 대한 조사가 제대로 이루어지지 않고 있다. 이자스민 의원과 만나서 여기에 다문화 대안학교를 만드는 일을 논의한 적이 있는데, 지금도 그런 다문화학교를 만들고자 하는 꿈을 가지고 있다.

필리핀 한인 사회가 2000년대 중반쯤부터 엄청나게 커졌다. 수많은 한국인이 들어왔다가 한인과 관련된 사건·사고가 불거져 나오면서 다시 많이 빠져나가고 있다. 한국 언론에서 필리핀을 부정적인 측면에서 보도하고 있는 것 같다. 이곳에서 발생하는 사건·사고는 주로 한국 사람들끼리의 문제인데, 언론에서는 그런 면은 별로 다루지 않는다. 필리핀에 대해 부정적인 뉴스가 많다 보니, 이곳에 온 한국 사람들끼리도 서로 경계하는 경우가 많아졌다.

한국에 대한 소식은 여기서 더 먼저 안다. 필리핀이 예전에 서울 가는 것보다 가까워졌다. 그러다 보니 필리핀에 살면서 한인 사회에 대해 굳이 연대감이나 소속감을 가지려 하지 않는다. 언제라도 떠날 수 있다는 생각 때문인 것 같다. 필리핀에 정착해 사는 한인들도 필리핀 사회와 마찬가지로 계층분화가 점점 더 심화되어가는 것 같다. 여기서 생활하려면 고정지출 비용을 줄여야 하는데 고급 주택단지에서 살면서 돈을 많이 쓰는 사람들이 많아졌다. 그런가 하면 가난한 현지인들과 함께 살면서 비자도 연장 못 하며 사는 한인들도 있다. 필리핀 사람들보다 더 힘들게 사는 사람들도 꽤 많다. 그런데 대사관이나 한인회에서는 그런 사실을 잘 모른다. 여기서 그렇게 힘들게 살 바에야 한국에 들어가 일해서 돈을 벌어 다시 나오면 쉽게 기반을 잡을 수 있는데, 왜 그렇게 사는지 이해가 가지 않는다.

필리핀 사람들은 한국 사람과 많은 면에서 다른 것 같다. 필리핀 사람들은 어떤 면에서 호의를 권리로 생각하는 경향이 있다. 전에 가정부가 결핵에 걸려서 약을 사서 치료해줬는데, 나중에 잘못을 저질러 내보내게 되었다. 그런데 전에 병을 고쳐준 것에 대해 고맙게 생각하지 않는다는 것을 알게 되었다. 종교적으로 하나님이 나를 통해 자신을 고쳐준 것이기 때문에 나에게 고맙게 생각할 필요가 없다는 것이었다. 필리핀 격언에 우땅 나 로옵Utang na loob이라는 말이 있는데, 고마움을 베푼 사람에게 빚진 마음을 가진다는 말이다. 그런데 이런 격언이 다 맞는 것만은 아닌 것 같다. 대다수의 필리핀 사람은 네가 나보다 나으니까 베푸는 게 당연한 일이라고 생각한다. 우리와는 다른 환경 속에서 자라서 그들 나름의 문화가 만들어졌으니 이해해야 하고, 대신 큰 기대는 하지 말아야겠다고 생각한다.

우리 가족에 대해서 말하자면, 한국에는 어머니와 남동생 둘, 여동생 둘이 있다. 내가 장남인데 멀리 떨어져 있어서 아쉬워한다. 특히 아버지는 돌아가시고, 어머니 혼자 계시는데, 여기로 모셔와도 친구가 없으니 좋아하지 않으신다. 처가 쪽 가족하고는 잘 지낸다. 아내가 집에서 영어만 써서 우리 아이들도 한국어를 잘하지 못한다. 아이들한테 한국어를 가르치기 위해 한국인을 받는 하숙집도 했었는데, 몬테소리 학교에 다니다 보니 영어가 모국어처럼 되었다.

우리 아이들은 첫째가 딸이고 둘째가 아들인데, 둘째는 입양을 했다. 딸은 한국과 필리핀 양쪽 정체성을 모두 가지려고 노력한다. 한국 TV 프로그램 보는 것을 좋아한다. 한국어는 못 하는데, 한국어 프로그램 보기를 좋아하는 걸 보면 어느 정도 이해하는 것 같다. 우리 아이들에게 특정 정체성을 선택하라고 강요할 생각은 없다. 필리핀 사람인 것에 대해서 부끄럽다고 생각하지 않길 바란다. 우리 딸은 23세인데, 지난 5월에 미국에서 대학을 졸업했다. 고등학교는 필리핀에서 미국 선교사가 세운 학교(Faith Academy)를 나왔다. 대학 졸업 후 미국에서 취업하려고 했는데, 트럼프 대통령이 취임하고 외국인의 취업이 매우 어려워졌다. 지금은 여기서 몬테소리를 배우고 있는데, 나중에라도 미국으로 다시 가겠다고 한다.

한국에 돌아갈 생각은 없고, 필리핀에서 노후를 보낼 생각이다. 지금은 코피노 문제를 해결하는 방법에 대해 생각하고 있다. 경제적인 자립밖에 다른 방도가 없다고 생각해서 그런 쪽으로 방법을 구상하고 있다. 코피노들과 함께 할 수 있는 사업을 시작해 그들에게 기술을 가르쳐서 자립시키고자 한다. 지금 내가 운영하는 코피노 센터에는 15명의 아이가 있다. 센터에서 먹여주고 재워주며, 학비도 내주고 있다. 코피노 아이가 찾아오면 인터뷰를 하고 엄마의 허락이 있으면 받아주고 있다.

최일영 씨의 이주와 정착 이야기

최일영 씨는 1980년 한국에서 태어나 1995년 부모님을 따라 필리핀에 와서 현재까지 거주하고 있다. 한국인 아내와 함께 슬하에 자녀는 딸 하나를 두고 있다. 최일영 씨의 이주와 필리핀 생활에 관한 이야기는 2017년 7월 24일 마카티에 있는 그의 사무실에서 이루어진 인터뷰 내용을 맥락에 따라 정리한 것이다.

나는 한국에서 중학교 3학년 때 목회자인 아버지가 선교를 위해 1995년 필리핀으로 이주하면서 함께 오게 되었다. 아버지도 필리핀 이외의 다른 국가에서 선교한 적이 없으며, 필리핀에 아는 지인이 선교하고 있어서 오게 되었다. 이주 당시에는 한국 식당이나 한국인이 드물어서 한국인을 만나면 서로 반가워했다.

필리핀에 와서 학업을 준비해 1996년에 빠라냐케에 있는 미국인 선교사가 세운 고등학교(International Christian School)에 3학년으로 편입했다. 지금은 한국의 교육제도와 마찬가지로 중등교육 과정이 6년으로 바뀌었지만, 당시 교육체제는 초등학교를 졸업하고 바로 고등학교에 진학하여 4년간 공부한 후 대학을 들어가는 체제였다. 처음에는 학교생활을 하면서 의사소통에 어려움이 있었지만, 외국인이라 인종차별이나 무시를 당한 적은 없었다. 고등학교는 기독교 학교였는데, 약 80퍼센트가 필리핀인이었고, 나머지는 외국인으로 한국인은 총 네 명밖에 없었다.

고등학교를 졸업하고 필리핀국립대학교 입학시험UPCAT을 쳐서 정치학과에 들어갔다. 졸업 후에 UP 정치학과 국제 관계 석사 과정MIS을 이수하고, 아테네오 대학교 법대에 입학하여 4년간 공부한 후 졸업했다. 법대에서는 외국인이라서가 아니라 법대 학생이라면 누구라도 가지는 치열한 경쟁의식 속에서 생활했다. 졸업 후 변호사 시험에 합격했지만, 외국인 신분이라서 정식으로 변호사 업무는 할 수 없었다. 필리핀에서는 외국인 신분으로 필리핀 법과 관련된 변호사 활동을 할 수 없게 되어 있다. 그래서 필리핀에 귀화를 신청해서 필리핀 시민권을 취득했다. 지금은 마카티에 있는 씨십로SYCIPLAW라는 기업형 로펌에서 변호사로 일하고 있다. 회사에서도 내가 좀 특이한 경우이기는 하지만, 그렇다고 차별받고 있다는 생각은 들지 않는다.

필리핀에 와 있는 한인 중에 20대 중반에서 30대 중반의 연령대는 그리 많지 않다. 어려서 부모님을 따라온 경우 공부를 마치고 외국으로 나가는 경우가 대부분인 것 같다. 30대 중반이 넘어서 필리핀에 들어온 사람들은 주로 사업을 위해서 온 경우가 많다. 필리핀 정부의 이민 관련 정책은 별다른 것이 없다. 외국인 귀화법도

1940년대에 만든 것을 지금까지 그대로 시행하고 있다. 외국인에 대한 은퇴비자가 생기기 전에는 대부분의 한인들이 법적으로 불안정한 상태에서 거주하고 사업하는 상황이었다. 외국인이 사업과 투자를 하는 데 제약이 많아서 그리 좋은 환경을 제공한다고 볼 수는 없다. 두테르테 대통령이 당선된 후 민족주의 정책 때문에 외국인에 대한 대우가 나빠지는 것이 아니냐는 염려가 있기도 했지만, 실제로는 외국인에게 더 좋은 투자환경을 조성하고 있다는 얘기가 나오고 있다.

내가 필리핀에 이주했을 당시만 해도 한인들이 그리 많지 않았으며, 일부는 좋은 사람들도 있었지만, 일부는 자신이 알고 있는 지식이나 인맥을 동원하여 다른 사람을 이용하는 경우도 있다는 얘기를 들었다. 상대 한국인의 약점을 이용해 경찰이나 이민국에 신고한다든가 하는 일도 있었다고 한다. 시간이 흐르면서 한인 사회에도 많은 변화가 나타나고 있다고 본다. 특히 한인 수가 급속히 증가한 것이 가장 두드러진 특징이며, 1997년 경제위기(IMF 사태) 이후에 많은 한인이 들어와서 서로 간의 정보교류가 많아지기도 했지만 그만큼 서로 속이는 사례들도 많아졌다. 물론 각종 한인 단체들이 생겨나면서 이런 문제들을 해결하려는 노력도 보인다.

필리핀 한인 사회는 주재원, 자영업자, 그리고 기타 그룹들이 각각 공동체를 이루어 생활하고 있다. 이들은 서로 간에 잘 섞이지 않고, 또한 서로 관여하려 하지도 않는다. 특히 주재원들은 현지에서 사업하는 한인들을 무시한다는 느낌이 든다. 자신들은 어쩔 수 없어 일시적으로 와 있지만, 여기에서 사업하는 사람들은 오죽하면 여기까지 왔겠느냐고 생각하는 것 같다. 이들은 필리핀에서 부자촌에 거주하며 자녀들도 영미계 국제학교를 보내고 스스로 특권의식이 있는 것 같다. 주재원들은 한인 단체에도 별다른 의미를 두지 않는 것으로 알고 있다.

과학기술과 교통의 변화가 외국 생활을 하며 겪는 소외감이나 고립감을 덜 하게 만들어주는 측면도 있지만, 한인 사회 활동을 위축시키는 요인이 된다는 생각이 든다. 내가 활동하는 한인 관련 단체로는 교회가 있고, 또한 내가 일하는 로펌이 필리핀한인상공회의소KCCP 회원기관이기 때문에 그 모임에도 참석한다. 상공회의소 사람들과는 개인적 친분은 없으며, 상공회의소는 상공인과 필리핀 정부의 가교역할을 하는 것으로 알고 있다.

필리핀에 살면서 한국에 관한 뉴스는 계속해서 관심을 가지고 보고 있다. 특히 내가 정치학을 전공해서 한국 정치에 관해서도 관심 있게 보고 있다. 야구를 좋아해서 한국의 야구 경기를 즐겨본다. 특히 기아팀을 응원하고 있으며, 인터넷에서 일부러 경기를 찾아서 보기도 한다. 컴퓨터를 켜면 초기화면이 네이버로 되어 있어서, 한국의 소식을 지속적으로 접하고 있다.

친하게 지내는 한필 부부는 없지만, 간접적으로 알고 있는 사람에 따르면 갈등이 있는 것으로 알고 있다. 한국 남성이 필리핀에서 오래 생활하기 위한 목적으로 필리핀 여성과 결혼하는 사례도 있는 것으로 알고 있다. 필리핀 여성과 결혼한 외국인은 5년 이상 체류하면 귀화 신청 자격이 주어진다.

필리핀 현지인과의 관계에 대해 말하자면, 필리핀에서 보낸 나의 생활은 주로 학업과 관련된 것이었기 때문에 주로 학교에서 만난 친구들과의 교류를 통해 필리핀인에 대해 인식하게 되었다. 그리고 필리핀에서 내가 만나는 사람들은 변호사를 포함해 대부분 이곳 사회에서 중상류층에 속한다고 볼 수 있다. 이들은 필리핀 사회에서 하층민들에 비해 여유롭다는 느낌이 든다. 근래 한류의 영향으로 인해 필리핀 사람들은 한국에 대해 많은 동경심을 가지고 있다. 그리고 한국인에 대해서는 열심히 일하는 사람들이며, 또한 일부는 성격이 좋지 않고 예의가 없다고 생각한다. 필리핀 사람들은 대체로 한국인보다는 일본인을 좋아한다. 일본인들은 한국인과는 달리 조용하고 남의 의견을 잘 듣고 따른다고 생각한다.

필리핀 사람들은 계층에 따라, 그리고 교육 수준에 따라 차이가 많이 난다. 특히 하층민일수록, 그리고 교육 수준이 낮을수록 한국인이나 일본인을 부자라고 보며 의존하려는 심리가 있는 것으로 보인다.

필리핀 관련 뉴스는 주로 TV나 인터넷을 통해서 접한다. 그리고 필리핀에서 민다나오를 제외하고 거의 대부분 지역을 여행하였다. 지방과 마닐라는 분위기가 많이 차이가 난다. 지방은 사람들이 선하고 좋은 느낌이 들지만, 마닐라에 오면 삭막한 기분이 든다.

우리 가족에 대해 말하자면, 한국에는 직장생활을 하는 누나가 살고 있는데, 가끔 필리핀에 오지만 내가 한국에 들어가 만나는 경우가 더 많다. 고모 등 가족들과의 관계는 통신 발달로 멀리 떨어져 있다는 생각이 들지 않는다. 지금은 결혼해서 부모님과 함께 살고 있으며, 가족 관계는 여전히 한국적인 정서가 지배적이며 오히려 서로 의지하는 측면이 많아서 더 돈독해졌다는 느낌이 든다. 필리핀 사람과 결혼할 생각이 전혀 없었던 것은 아니지만, 결혼을 하게 되면 문화적 차이로 인해 삶이 더 복잡해질 것이라는 생각이 들었다. 필리핀 사람들은 비슷한 측면도 있지만, 이질적인 측면도 많아서 다른 가족을 생각해서라도 국제결혼에 대해 쉽게 생각할 수는 없었다.

아내는 필리핀에 1년 동안 파견 나와 있던 교사의 소개로 보라카이에서 처음 만났다. 한국 여자와 결혼하게 된다면 필리핀에 있는 한국 여자보다는 한국에서 나고 자란 여자를 만나고 싶었다. 어려서 부모님을 떠나 유학 생활하는 일부 학생들의 좋지 않은 모습도 봤고, 또한 한인 사회가 좁아서 서로에 대해 너무 잘 알고 있는 것도 부담스러웠다. 아내는 결혼해서 필리핀에 온 지 3년 되었는데, 처음에는 좀 불편해했지만 나름 잘 적응하고 있다. 집안일은 주로 가정부가 하고 있고, 지금은 14개월 된 딸아이를 돌보는 일에 집중하고 있다.

나는 필리핀에 귀화해서 필리핀 국적을 가지고 있지만 아내는 한국 국적을 그대로 가지고 있다. 필리핀에서 남편이 필리핀 시민이면 자동으로 영주권이 부여되고, 시민권 신청도 가능하다. 아내와 딸아이의 장래에 대해 여러 가지 얘기를 하고 있다. 원래는 초등학교 때부터 공립학교를 보내서 필리핀 사회를 경험하게 한 후 사립학교로 옮기려고 생각했다. 하지만 아이의 담당 의사와 상담 중에 아이가 어린 마음에 상처를 받을 수도 있다는 말에 생각을 바꿨다. 어느 정도 성장했을 때 그런 기회를 가지는 것이 더 좋다고 해서 고등학생이 되면 공립학교를 보낼까 생각하고 있다. 딸은 지금 이중국적이며, 생활은 필리핀에서 하고 있지만, 집에서 주로 한국어를 사용하기 때문에 한국인으로 자라지 않을까 싶다.

향후 계획은 한국에 있는 필리핀 대사관에 근무하고 싶다. 어려서부터 외교관이 되는 것이 나의 꿈이었다. 한국에 영구 귀국하겠다는 생각은 없고, 몇 년 정도 한국에 가서 생활하고 싶은 생각은 있다. 함께 사는 부모님은 은퇴비자로 생활하고 계시며, 역시 한국에 귀국할 의사는 없다고 하신다.

김인일 씨의 이주와 정착 이야기

김인일 씨는 1968년에 한국 부산에서 태어나 1998년 필리핀에 와서 현재까지 거주하고 있다. 한국인 아내와 함께 슬하에 자녀는 1남 1녀를 두고 있다. 김인일 씨의 이주와 필리핀 생활에 관한 이야기는 2017년 8월 3일 케손에 있는 한 가정집에서 이루어진 인터뷰 내용을 맥락에 따라 정리한 것이다.

나는 한국에서 1990년에 일어과를 졸업했으며 같은 해 일본에 살고 있던 아저씨가 오사카 박람회에 초대해서 일본에 가게 되었다. 나를 초대한 아저씨는 일본에서 여러 가지 사업을 성공적으로 하고 있었으며, 김해에 있는 골프장을 소유한 회장이기도 했다. 노태우 정권 때 그분을 포함해 재일교포 1세들이 돈을 모아서 전달한 것이 정치자금법에 걸려 한국에 들어오지 못하게 되면서 소유하고 있던 골프장을 매각했다. 아저씨는 일본에서 제과회사도 운영했는데, 나는 그 회사에서 약 8년간 있으면서 일을 배웠다. 일본에 있으면서 골프도 알아서 스스로 배웠다. 아저씨가 나에게 상하이로 가겠느냐고 해서 준비하러 부산에 왔다가 필리핀에서 선교 활동을 하고 있던 형님이 필리핀으로 오라고 해서 1998년에 필리핀에 오게 되었다.

필리핀에 오기 전에 일본에서 8년 동안 살다가 왔기 때문에 필리핀이 일본의 잘 정돈된 분위기와는 매우 다르다고 느꼈다. 첫날 공항에 도착하면서부터 많이 힘들었다. 첫인상으로는 잘못 온 것 아닌가 싶었다. 우선 필리핀이 너무 많이 낙후되어 있다는 생각이 들었다. 필리핀에 와서 좋아하던 골프를 다시 시작했고, 1998년에는 프로골퍼에게 한 달 동안 교습을 받기도 했다. 1998년부터 필리핀에 한국 액세서리 붐이 일기 시작해 1999년에는 쿠바오에 있는 쇼핑몰에서 액세서리 가게를 시작했다.

1999년에 액세서리를 구매하러 한국에 갔다가 포항에 살고 있던 지금의 아내를 소개받아 결혼하게 되었다. 당시 아내는 유치원 교사를 하고 있었는데, 2000년 5월 나와 결혼한 후 곧바로 필리핀으로 들어왔다. 나는 2001년에 필리핀 프로골퍼 시험에 합격했고, 미국 기관의 레슨프로Teaching Pro 자격증을 따기도 했다. 필리핀 골프투어는 두세 번 참가했는데 아니다 싶어서 그만두었다.

필리핀에서는 법적으로 외국인이 소매업을 할 수 없게 되어 있어서 친구의 필리핀 부인 이름을 빌려서 사업을 했다. 그 친구는 액세서리 가게를 하면서 동시에 중고 포켓볼 당구대를 수입해 팔고 있었다. 그런데 내가 프로골퍼 시험을 치는 날 그 친구 이름이 필리핀 신문에 났는데, 어제 오후에 죽었다는 것이었다. 나는 시험을 다 치르고 집에 돌아와 수소문해서 그 친구가 육군병원에 누워 있다는 것을 알게 되었다. 누군가 암살자를 보내서 총에 맞았는데, 경찰과 상의하여 죽은 것으로 발표했다는 것이다. 그렇지 않으면 암살자가 또 올 수도 있기 때문이라고 했다. 그 친구가 중고 포켓볼 당구대를 수입해 필리핀의 중국계 사업가에게 팔고 있었는데, 물건 대금 지급이 늦어지자 친구가 무력을 동원하여 물건을 강제로 빼앗아 왔던 것이다. 아마도 그 일이 사건의 원인이 된 듯했다. 그 친구는 병원에 며칠 있다가 결국 사망했다. 그 친구의 죽음은 나에게 큰 충격을 주었다.

내가 필리핀에 온 이유 중 하나는 이곳에서 선교 활동을 하는 형님을 돕기 위한 것이었다. 주위에서 이곳 선교사들이 식료품 사는 것이 아주 힘들다며 식료품점을 하나 열라고 해서 케손에 식료품점을 하나 열었는데, 생각처럼 장사가 잘 안 된다. 식료품점의 한국 물건은 주로 도매하는 사람한테 받아서 팔고 있다. 나도 한국 식품을 수입하기 위해 컨테이너 작업을 한번 해봤는데, 어려움이 많아서 그만두었다. 식료품점을 세 개나 운영하며 이리저리 바쁘게 돌아다니다 보니 많은 일을 경험하게 되었다. 아는 사람과 점포를 함께 임대해서 장사하다가 내가 입점하기 전에 이미 6개월간 점포세가 밀렸다며 주인이 들이닥치는 바람에 몰래 짐을 빼서 도망친 적도 있었다.

액세서리 가게도 쇼핑몰이 리모델링을 시작하면서 구석으로 밀려났는데, 명의가 종업원 이름으로 되어 있고 실제 주인은 한국인이라는 이유를 들어 더는 자리를 내줄 수 없다고 했다. 그래서 2001년에 액세서리 가게 두 개는 문을 닫았다. 사업을 하면서 여러 번 피해를 보다 보니까 이제는 아무도 믿을 수 없게 되었다. 내가 고급 주택단지에 있는 클럽 하우스에서 골프를 하다 보니 필리핀 고위층 사람들을 많이 알고 지낸다. 그런데 문제가 있어서 얘기하면 대부분 돈을 요구한다. 오히려 돈이 더 많이 든다는 생각이 들기도 한다.

여러 가지 일로 필리핀 경찰이나 이민국으로부터 시달리다 보니 한인들끼리 생각을 모아 방법을 만들기도 했다. 경제인연합회가 설립되어 나도 케손시 대표자로 일을 했다. 연합회에서 회비를 모아 문제가 발생하면 그 돈으로 해결하고, 또한 필리핀 당국 관계자들과 좋은 관계를 유지하기 위해 연합회에서 때마다 선물도 주고 접대도 한다. 그러면서 일부 한인들한테 오해받기도 했다. 요즘에는 식료품점은 아내가 주로 맡아서 하고, 나는 골프 교습을 하고 있다.

한국 학생과 여기 와 있는 사람들에게 골프 가르치는 일을 주로 하고 있다.

한인 사회와 관련된 얘기를 하면, 내가 막 필리핀에 들어왔을 때는 한국에 있는 학교에 잘 적응하지 못해 이곳에 온 학생들이 이웃에 있었다. 그 학생들이 여기서 영어를 배우고 공부해서 한국에 있는 대학에 편입하는 것을 봤다. 내가 이주한 1998년 이후에도 필리핀에 들어오는 한인들 성향이 많이 바뀌었다. 내가 사는 케손에는 대부분 대학생들이 있었고, 2010년까지만 해도 어학원이 6개까지 늘어났다. 그런데 학생 수가 점차 줄어든 것은 결정적으로 영어 가정교사 사례비가 비싸지면서부터였다. 그러다가 주위에 하숙집을 운영하던 사람들이 조기유학생을 받기 시작했다. 그 아이들의 엄마가 따라와서 함께 있다가 대부분 작은 집을 얻어서 독립해 나가는 것이 일반적이었다.

그런데 한국의 한 방송국에서 필리핀 조기유학 프로그램을 방영하면서 케손에 있던 조기유학생들이 마닐라 남쪽에 있는 알라방 쪽으로 모두 빠져나갔다. 그 방송 프로그램에서 케손의 조기유학 환경을 몹시 부정적으로 묘사하고, 대신 알라방의 조기유학 환경을 아주 이상적으로 묘사했던 것이다. 그 후로는 케손으로 조기유학생이 유입되지 않았고, 인근의 한인들 수가 급속히 줄어들었다. 내가 케손에 처음 왔을 때 식당을 하던 한 노부부가 있었는데, 지금은 오티가스로 옮겨 큰 식당을 하고 있다. 이 부근의 월드학원이 제일 오래되었는데, 지금은 세부로 옮겨서 사업을 한다고 들었다.

주위에서 하숙집을 하는 사람들도 모두 힘들어한다. 요즘은 인근 동네에 한국에서 약 2천만 원 정도 가지고 와서 무언가 할 게 없나 찾아다니는 사람들이 많다.

주위에서 필리핀 사람과 결혼한 가족을 종종 보게 되는데 내 친구 중에도 그런 경우가 있다. 그중 한 명은 술집에서 만난 필리핀 여성과 결혼했고, 다른 한 명은 가정부 출신 여성과 결혼했다. 그 두 필리핀 여성은 가정에 충실하며 열심히 일하고 좋은 모습을 보여주고 있다. 그런데 어떨 때 식료품 배달을 가보면, 대학생이 살림을 차려 살고 있는 것을 볼 때도 있다. 그렇게 살다가 아이가 생기면 두고 가는 것이다. 그런 아이들을 여기서 코피노라고 부르는데, 대학생이나 사업차 짧게 있다가 필리핀 여성을 만나 함께 살면서 생긴 아이들이다. 그런 코피노들을 위한 단체도 생겨나고 여러 사람이 관여하고 있다.

내가 처음 필리핀에 와서 케손에 정착했을 때 인근에는 아무런 한인 단체도 없었다. 그때 누가 모임을 만들자고 해서 케손 골프 모임을 만들었다. 그때 현지인과 결혼해서 가방 사업을 크게 하시는 K 사장님을 알게 되어 초청하려다가 그분이 한인들과 잘 어울리지 않는다는 걸 알게 되었다. 나는 케손 지역에서 경제인연합회 활동을 열심히 해서 필리핀한인총연합회 활동에는 별로 신경을 쓰지 못했다. 그런데 하도 나오라고 해서 이름만 올려놓은 적이 있는데 차츰 경제인연합회가 유명무실화되고 필리핀한인총연합회로 흡수되었다. 총연합회로 통합된 것은 한인들끼리 힘을 합쳐야 한다는 목소리에 부응한 것으로 잘된 일이라고 본다. 필리핀 한인 사회는 일본의 한인 사회와 차이가 많이 난다. 일본과는 달리 필리핀 한인 사회는 아직도 이주 1세대가 이끌어가고 있다.

인터넷이 발달하면서 정보를 얻는 데 아주 수월해졌고, 더불어 그런 것이 한인 사회에도 많은 영향을 주고 있다. 지금은 지역마다 단체 카톡방이 만들어져 쉽게 정보를 공유할 수 있게 되었다. 그런데 카톡방을 운영하다 보면 자꾸 야동을 올리는 등 특이한 행동을 하는 사람들이 있다. 그런 사람들 때문에 탈퇴하는 사람도 있다.

우리 집에는 한국방송이 나와 한국 뉴스를 볼 수 있다. 눈뜨자마자 제일 먼저 인터넷 다음뉴스부터 본다. 지난번 선거 때는 내가 한인 단체에 소속되어 선거를 독려했는데, 대부분 관심을 보이지 않았다. 케손시가 상업이나 관광 중심가에서 좀 떨어져 있다 보니, 이곳의 한국 사람 중에는 은신하기 위해 온 사람들도 있는 것 같다. 그래서 신분이 드러날까 봐 잘 나오지 않는 것이 아닌가 싶기도 하다. 바로 전 재외국민투표를 할 때 케손에서 대사관까지 가는 버스를 준비했는데, 한 명밖에 탑승하지 않았다.

한인 단체 일을 하면서 한국대사관과도 접촉을 많이 했다. 서비스 면에서 여기에 사는 한인들은 여러 가지 문제점이 있다고 보는데 별로 개선되지 않는 것 같다. 사건이 일어났을 때 대사관에 전화하면 너무나 무성의하게 받는다고 들었다. 그러다 보니 우리 스스로 해결해야지 하는 마음을 먹게 된다. 한 번은 한 한국인이 필리핀에 입국할 때 공항에서 누군가 몰래 자신의 가방에 총알을 넣어

검문에 걸리도록 하는 바람에 소위 세트업setup을 당해서 대사관에 연락했는데, 자기들 업무가 아니라는 답변을 받았다는 얘기를 들었다. 물론 다 그런 것은 아니다. 특히 C 대사님이 인상에 남는데, 아주 적극적으로 한인들 일을 처리해주었다. 그때 총영사가 아주 큰 사건을 책임지고 해결해준 적도 있었다.

필리핀 사람들은 크게 두 부류로 나뉜다. 형님이 부산 동일교회에서 필리핀에 지은 교회에서 사역하고 있다. 나도 형님과 함께 8년간 밥을 지어 나눠주는 사역feeding을 하고 있는데, 그곳을 찾는 빈민가 사람들은 참 행복해 보인다. 골목을 다니다 보면 반갑게 인사하는 경우가 많다. 반면 부유층 사람들은 개인적이며 서로 교류도 하지 않고, 잘 웃지도 않는 것 같다. 그들은 한국인에 대해서도 그다지 호의적이지 않은 것 같다. 내가 BF홈에 살 때 그 주택단지에서 하숙하는 한국 학생들로 인해 소란스러운 일이 생긴 적이 있었다. 그 일로 인해 그 주택단지에 사는 한 필리핀 사람이 자기가 돈을 다 낼 테니 주택단지에 사는 한국인을 모두 내보내자고 제안했다고 들었다. 그리고 한국인에게 따로 단지 출입증을 만들어 비싸게 받자는 얘기도 나왔다는 것이다. 그런 일이 있을 때마다 경제인연합회에서 나서서 해결하곤 했다. 필리핀 부유층 사람들은 정말로 부자인 것 같다. 아들이 다니는 중국인 학교에서는 급우들이 생일 파티를 하기 위해 집으로 초대하곤 하는데, 가보면 계층 차이가 크게 느껴진다고 했다.

필리핀 사람은 한국인이나 일본인한테서 볼 수 있는 철저한 직업

정신이 부족한 것 같다. 연말에는 액세서리 장사가 잘되어 직원을 더 써서 장사해야 한다. 그런데 영업 교육을 해서 손님들을 어떻게 대해야 하는지 알려줘도 소용이 없다. 매출에 따라서 성과급을 더 준다고 해도 별로 소용이 없다. 손님들이 와도 그저 팔짱 끼고 서 있고, 누가 물건을 가져가도 신경도 안 쓴다. 한 번은 종업원에게 잘못된 것을 지적하니까 청소하고 있던 도구를 던지고 그만두겠다고 했다. 필리핀 사람들은 자존심이 강해서 남들 앞에서 나무라는 것을 참지 못한다고 들었다. 잘못을 했을 때 따로 불러서 차근차근 얘기하면 순응한다.

우리 가족에 대해 말하자면, 한국에는 어머니가 부산에 계시고, 아버지는 2년 전에 돌아가셨다. 형제는 모두 다섯인데, 제일 큰누님은 선교사를 하다가 지금은 남해에서 대안학교를 하고 있고, 형님은 필리핀에서 선교 활동을 하고 있다. 그리고 내가 셋째이고, 넷째와 막내는 남해와 대전에서 각각 목회 활동을 하고 있다. 우리 형제들은 카톡방을 만들어 함께 얘기를 나눈다.

필리핀에서는 결혼한 아내와 고등학교 1학년인 아들, 그리고 중학교 3학년인 딸과 함께 살고 있다. 아이들 교육에 대해 고민이 많다. 한번은 사모님 한 분과 상의했는데, 나중을 생각해서 중국인 학교에 보내는 것이 좋겠다고 했다. 그래서 세버빌 중국인 학교를 유치원부터 보내기 시작했다. 학비는 생각보다 비싸지 않고, 매일 아침 내가 차로 등교시키고 있다. 아이들이 중국어, 한국어, 필리핀어, 영어까지 4개 국어를 한다. 아이들의 정체성은 부모의 영향을 많이 받는 것 같다. 내가 일본에서도 오래 살다 보니 한국에 대한 애착심이 강하다. 아이들은 영어가 편해서 자기들끼리 말할 때는 영어를 쓰는데, 그럴 때마다 내가 한국말을 사용하라고 한다.

장래 아이들의 대학 진학에 대해서 전에는 미국, 싱가폴, 홍콩 등을 생각했지만, 지금은 한국에 있는 연세대나 고려대의 국제학부를 보낼 계획이다. 조카도 처음에는 한국으로 진학하는 것을 어려워했는데, 지금은 아주 좋아하고 있다. 조카처럼 재외 동포들에 대한 대학 입학 특전을 활용할 생각이다. 다행히 아들도 한국을 좋아한다. 나도 형제들이 한국에 있고, 아내도 딸 일곱 명 중 셋째라서 아이들이 한국으로 가면 도움을 받을 수 있는 사람이 많다는 장점도 고려했다.

개인적으로 힘든 시기가 작년이었는데, 한국에서 중이염 수술을 했다. 어머니가 계신 부산 침례병원에서 했다. 한국으로 다시 돌아가고 싶은 마음도 있다. 어머니가 부산에서 교회를 열심히 섬기고 계신다. 어머니는 그 교회 사람들을 우리 형제들보다 더 가깝게 의지하며 사신다. 나중에 아이들이 한국 대학으로 진학하면 함께 가는 것도 생각해봤는데 그러고 싶지는 않을 것 같다. 아이들이 필리핀에서 자라고 또 중국인 학교에 다니면서 쌓은 좋은 인맥이 모두 단절될까 봐 그것도 염려가 된다. 그리고 나와 아내는 한국에 아무것도 없고, 그냥 친척들밖에 없다. 다른 나라로 가볼까도 생각해봤다. 겸사겸사해서 호주의 퍼스에 간 적이 있는데, 호주 이민법이 바뀌어서 이민이 어렵다고 들었다. 그냥 필리핀에서 살아야 할 것 같다. 지금은 아이들 키우는 데만 집중하려고 한다.

강동석 씨의 이주와 정착 이야기

강동석 씨는 1974년 한국에서 태어나 2000년 필리핀에 와서 현재까지 거주하고 있다. 한국인 아내와 함께 슬하에 자녀는 1남 1녀를 두고 있다. 강동석 씨의 이주와 필리핀 생활에 관한 이야기는 2018년 1월 10일 올티가스에 있는 한 식당에서 이루어진 인터뷰 내용을 맥락에 따라 정리한 것이다.

내가 처음 필리핀을 방문한 것은 1990년부터 시작된 우리 교회의 필리핀 선교여행을 따라오면서부터였다. 한편 삼촌은 1995년부터 필리핀에 와서 필리핀 통조림 공장에 꽁치와 고등어를 납품하는 사업을 시작했는데, 나는 삼촌 사업과 연계되어 필리핀으로 오게 되었다. 2000년에 한국에서 결혼하고 아내와 함께 들어왔다. 아내는 삼촌 회사에서 회계업무를 담당했고, 나는 우선 영어부터 배웠다. 처음에는 약 2년 정도만 있으려고 했다. 내가 필리핀에 처음 왔을 때는 영어를 한마디도 못 했다. 내가 일을 시작한 것은 2003년 7월부터였는데, 지인의 권유로 마닐라에서 『일요신문』을 발행하는 일을 했다. 우선 신문을 발행하는 방법에 대해 알아야 해서 한국에 들어가 3주간 교육을 받고 들어왔다. 그래서 창간호를 내고 총괄 매니저로 2년 정도 신문을 발행했다.

그러다가 친구가 필리핀에서 동업을 하자고 제안해와서 『일요신문』 내는 일을 그만두었다. 사업은 한국에서 방향제 같은 것을 필리핀에 들여와 유통하는 일이었다. 친구의 삼촌이 한국에서 공장을 하고 있어서, 저가로 제품을 들여오려고 했는데 여러 가지 사정이 맞지 않아서 결국 못 하게 되었다. 그 후 나는 1년 정도 라오스에 가서 일했다. 라오스에서 개발 사업을 하는 회사와 연계해 숯 생산과 조림사업, 그리고 댐 공사 등을 라오스 정부와 함께하는 일이었다. 전에 필리핀에서 『일요신문』을 발행했던 분이 그 사업을 했는데, 나를 불러서 가게 되었다. 라오스에 가서 한 달 정도 있어 보니, 나무 벌목에 대한 정부 허가 없이 가마를 짓는 게 무모하다는 생각이 들었다. 그런데 라오스 쪽에서 일을 봐주던 사장은 자신이 다 알아서 할 테니 걱정하지 말라고 했다. 그래서 한국에서 돈을 대는 사장한테 의견을 얘기하고 일을 시작했다. 그 후 약 1년 동안 라오스에 숯가마를 45개 정도 만들었다. 처음에 숯을 구워 한 컨테이너를 한국에 보내고 본격적으로 사업을 시작하려니까 라오스 정부에서 제재가 들어왔다. 큰소리쳤던 라오스 쪽 사장도 끝내 그 제재를 풀지 못하고 회사를 나가는 바람에 결국 그 회사는 문을 닫고 나는 필리핀으로 돌아왔다.

필리핀으로 돌아와 교육 연수 사업을 시작했다. 3년 정도 네 차례 한국에서 아이들을 받아서 영어 캠프를 열었다. 한 번 좋은 성과가 나니까 계속해서 아이들을 보내줘서 그 일을 지속할 수 있었다. 그리고 2007년에는 한국에서 담배회사가 필리핀에 들어와서 나더러 이사로 들어와 일해달라고 해서 그 회사에 들어갔다. 그 회사는 필리핀에서 OEM 방식으로 담배를 제조해 필리핀 시장에 팔고 또 수출도 하는 것을 목표로 사업을 시작했다. 그런데 그 회사가 담배 판매를 다단계식으로 하려 해서 나는 회사를 그만두고 나왔다. 이후 개인 사업을 할까 하다가 다시 삼촌이 하는 회사에 들어가 약 2년 정도 무역 관련 업무를 했다.

그러던 중 이전에 일했던 담배회사 사장이 다시 찾아와 8천만 원을 제시하면서 담배를 만들어 시장에 공급하고, 그것을 기반으로 한국에서 투자받아 그동안 지급하지 못한 월급도 모두 챙겨주겠다고 해서 다시 그 일을 시작했다. 필리핀 직원 열 명을 두고 봉고차 여섯 대를 구매해서 담배 영업을 시작했다. 담배 브랜드가 주몽담배였는데 거리광고 등 다양한 방식으로 홍보도 했다. 그런데 돈을 투자하던 사람이 갑자기 회사가 망했다고 해서, 다른 투자자를 찾다가 2년 만에 사업을 접었다. 사장에게 그동안 밀린 월급이나 챙겨달라고 했는데 3년 전부터 연락이 닿지 않는다.

그 후에도 여러 가지 사업 아이템을 찾아서 다양한 시도를 해봤다. 현대벽지를 수입해서 필리핀 시장에 공급하려고도 했는데, 그 일은 자본금이 부족해서 할 수 없었다. 그다음에 장어 치어를 잡아 한국으로 수출하는 일을 했다. 그 사업은 처음에 수입이 좋아서 아예 치어를 생산하는 양어장을 만들려고도 했다. 그런데 그맘때쯤 한국에서 치어가 많이 잡히는 바람에 할 수 없게 되었다. 지금은 필리핀에서 치어를 수출하는 것이 불법이다. 그 후에 발광다이오드

LED 사업을 하는 회사의 직원으로 취업하기도 했고, 지금은 태양광 에너지 사업을 하는 회사의 일을 봐주고 있다. 내가 이런저런 일을 하는 동안 아내는 여행사를 차려서 지속적으로 운영하고 있다.

한인 사회에 관해 말하자면, 필리핀의 한인 수가 2005~2006년경에 거의 두 배 정도 늘어난 것 같았다. 갑자기 한인 사회가 활성화되면서 사업 경기도 대부분 좋아졌다. 그러다가 2~3년 정도 지나자 다시 여행객도 줄어들고 사업도 힘들어지기 시작했다. 그렇게 된 계기가 한국의 한 방송국 고발 프로그램 때문이 아닌가 싶다. 두 차례 방영된 그 프로그램에서 필리핀 기러기 엄마에 대한 부정적인 내용을 다루었다. 그 후에 거의 30퍼센트 정도 되는 기러기 가족이 귀국했고, 다시 그 수가 회복되고 있지 않다.

필리핀 한인 사회의 특성은 단합이 잘 안 된다는 것이다. 도움을 청하면 무시하고, 필요할 때만 도움을 바라는 경우가 많다. 그리고 모두 각자 알아서 도생하는 경우가 많다. 중국인들의 경우에는 사업을 하더라도 서로 협의해서 함께 성장하는 방향으로 하는데, 한국 사람들은 경쟁해서 서로 망하는 길을 쫓는 경우가 많다. 그러니 사업을 시작해서 처음에는 돈을 좀 버는데, 결국에는 모두 다 망하는 경우가 많다.

나는 2016년 후반에 필리핀한인총연합회에서 잠시 사무처장을 한 적이 있다. 필리핀에 있는 한인을 대표하는 총연합회가 정말로 대표성을 가지고 한인들을 위해 일하는지는 모르겠다. 대부분 한인은 총연합회에 별다른 기대를 하지 않고, 한국대사관에서도 별다른 도움을 받지 못한다고 생각한다. 대사관에서 총연합회 조직이 활성화되도록 도와줄 필요가 있다고 본다. 한인 조직이 활성화되면 한인들의 안전이나 불이익을 당할 때 더 잘 대처할 수 있을 것이다. 나는 필리핀에 살면서 한국 뉴스에는 별로 관심이 없고 드라마는 많이 본다. 최근 한국의 탄핵 사태나 북핵 문제 등에 관해서는 관심 있게 보고 있다. 재외국민투표는 한 번도 안 했는데, 대사관까지 가야하고 시간이 오래 걸려서 하지 않았다.

필리핀 사람들은 문화적으로 우리와 다른 것 같다. 필리핀에서 일하면서 처음에는 필리핀 직원들에게 화를 많이 냈다. 무슨 일을 시키면 아무런 피드백이 없어서 다시 물어보면 그제야 보고하는 식이기 때문이다. 수동적으로 일을 하는 경우가 너무 많아서 처음에는 화가 많이 났고, 또 관계가 안 좋아지기도 했다. 그러면서 자연스럽게 버릇이 하나 생겼는데, 거듭해서 계속 확인하고 물어보는 것이다. 담배 사업을 할 때는 10만 페소 받는 직원도 있었는데, 그런 사람은 인맥도 있고 능력도 있다. 그런데 이런저런 일을 맡겨놓으면, 마치 회사가 자기 아니면 안 된다는 식으로 생각하고 행동한다. 그리고 조금 일이 될 것 같으면 자기가 직접 이권을 챙기려는 경향도 있다. 똑똑한 사람이라도 큰 회사나 혹은 중국계 회사에 다니면 함부로 다른 생각을 못 하는데, 작은 회사나 외국인 회사, 특히 한국인 회사에서는 걸핏하면 이민국이나 노동부에 신고한다고 협박하기도 한다. 일부 필리핀 사람들은 한국인을 소리 지르고 화 잘 내는 호구로 본다.

필리핀에서 이런저런 일을 하고 있기 때문에 현지 뉴스에 관해 관심을 가지고 보고 있다. 주로 정치와 경제 분야에 관심이 있는데, 사업과 관련된 뉴스는 주로 구글 검색을 해서 관련 기사를 찾아 본다. 전에 사무실에서는 현지 신문을 구독해 보기도 했다. 나는 필리핀에 살면서 여러 지역을 방문했다. 주로 장어 치어를 찾기 위해서 많이 다녔고, 또 다른 사업과 관련해서도 지방을 많이 다닌 편이다. 메트로 마닐라와 지방은 아주 많이 다르다. 마닐라는 필리핀에서도 새로운 국가라고 생각하면 된다. 생활 수준이나 급여, 그리고 문화도 지방과는 확연히 다르다. 지방마다 나름 귀족 문화 같은 것이 있는 것 같다.

우리 가족에 대해 말하자면, 한국에는 어머니가 남해에 계시고, 형이 두 명 있는데 서울과 부산에 살고 있다. 형들하고는 카톡으로 소식을 전한다. 어머니한테는 전화를 자주 드려야 하는데, 그러지 못해 죄송한 마음이 크다. 우리 아이들은 둘 다 필리핀에서 태어났는데, 큰애인 딸은 18세고, 아들은 14세다. 나는 필리핀에서 영주권을 취득했다. 2010년쯤부터 매년 한국인 50명에게 영주권을 주기 시작했는데, 나는 2015년에 받았다. 영주권은 별다른 혜택은 없고, 그냥 거주할 수 있는 권리만 주는 것이다. 취업비자는 3년마다 다시 등록해서 고용허가증을 받아야 하는데, 영주권이 있으면 고용허가증 없이도 일을 할 수 있다. 아내가 하는 여행사는 서비스업이라 외국인으로서 지분을 40퍼센트밖에 가질 수 없다.

큰아이는 고등학교에 다니고 있는데, 한국말은 잘 못 하고 주로 영어를 쓴다. 둘째 아이는 한국어를 거의 10퍼센트밖에 이해하지 못한다. 아이들이 중국인 학교에 다니다 보니 영어와 중국어, 그리고 필리핀어를 할 수 있다. 중국인 학교는 국제학교보다 학비가 훨씬 저렴하고 한국인도 그리 많지 않다. 아이들을 처음부터 그 학교에 보내려고 했다. 아이들과는 집에서 주로 영어로 얘기한다. 아이들은 어려서부터 스스로 중국계 필리핀 사람이라고 생각했던 것 같다. 하지만 이제는 한국인이라고 생각하는 것 같은데, 필리핀에 살다 보니 필리핀 사람이란 생각을 더 많이 하는 것 같다. 아이들은 자기 인생을 스스로 알아서 잘 개척할 것이라고 본다. 항상 계획해서 행동하라고 얘기하고 있다. 지금은 아이들이 한국에 가고 싶어 하는데, 언어가 통하지 않아 두려워한다. 일단 큰아이는 고등학교 졸업 후에 아테네오 대학교에 들어가서 경영학을 전공할 계획이다. 아내는 큰애가 경영학을 전공하길 바라고, 나는 회계사가 되었으면 하고, 큰애는 빵 만드는 것을 좋아해서 요리를 전공하고 싶어 하는 것 같다.

지금으로서는 한국에 들어가는 것은 힘들다고 본다. 아마도 필리핀을 떠난다면 한국이 아닌 다른 나라로 갈 것 같다. 외국 생활과 문화가 이미 몸에 배어 있어서 그렇게 생각하는 것 같다. 나 혼자 귀국한다면 생활할 수도 있겠지만, 가족이 함께 가지는 못할 것 같다. 아내도 필리핀에서 자유롭게 살다가 한국에 가면 여러 가지로 힘들 것 같기 때문이다. 무엇보다도 한국에 가서 내가 할 수 있을 만한 일이 마땅히 없다는 게 문제이다. 싫어도 내 삶과 가족들의 터전이 있는 곳은 이곳이기 때문에 어쩔 수 없다. 나로서도 인생에서 제일 중요한 시기를 필리핀에서 보내면서 인맥이나 배경 모두 여기에 있다.

정민재 씨의 이주와 정착 이야기

정민재 씨는 1970년 한국에서 태어나 2001년 필리핀에 와서 현재까지 거주하고 있다. 정민재 씨의 이주와 필리핀 생활에 관한 이야기는 2017년 8월 8일 올티가스에 있는 사무실에서 이루어진 인터뷰 내용을 맥락에 따라 정리한 것이다.

나는 필리핀으로 오기 전에 일본에서 2년, 중국에서 5년 정도 생활한 경험이 있다. 일본에는 공부하러 가서 알바도 했고, 중국은 사업차 상주하기보다는 한국에 있는 회사와 절반씩 왔다 갔다 하면서 생활했다. 한국에서 대우자동차 법조팀에서 일하다가 그 경험을 바탕으로 중국에 중고차를 수출하는 사업을 시작해서 돈을 많이 벌었다. 그때가 20대 중후반이었는데, 돈도 많이 벌다 보니 좀 무모해졌던 것 같다. 중고차 무역이 내림세로 반전할 때 다른 사업으로 눈을 돌렸는데, 중국에서 라이터 같은 공산품을 대량으로 수입했다. 그런데 내가 정보가 부족한 상황에서 막바지에 그 시장에 뛰어들다 보니, 이미 베트남이나 캄보디아 등에서 더 싼 물건이 많이 들어와 사업이 힘들어졌다. 그래서 빚도 많이 지게 되었다.

내가 필리핀으로 오게 된 계기는 사람을 찾기 위해서였다. 전에 아는 사람에게 보증을 섰는데, 그 사람이 부도를 내고 도망가서 필리핀에 있다는 얘기를 들었다. 그 일로 나도 빚이 몇억이나 돼 어려운 상황이라 그 사람을 찾을 겸 필리핀에 왔다. 처음 마닐라에 왔을 때는 돈이 하나도 없었다. 편의점에서 핫도그를 사 먹고, 호텔 로비에서 자는 생활을 3개월 정도 했다. 그때 배고프다는 것을 처음 느꼈다. 여기저기 수소문해보니 찾는 사람이 보라카이에 있다는 얘기를 들었다. 외숙모한테 부탁해서 30만 원을 받아 그 돈으로 보라카이라는 곳을 찾아갔다. 보라카이에 도착하니 천연의 자연이 펼쳐진 것이 부산 출신인 나로서도 너무나 아름답게 보였다. 내가 사람을 찾으러 왔다는 사실도 잊을 정도였다. 결국, 거기서 그 사람은 만났는데, 그는 다시 밤에 도망가버렸다.

나는 보라카이에 남아 한국 사람들을 사귀게 되었고, 제트스키와 바나나보트를 빌려주는 외국인이 하는 가게에서 소개료를 받는 조건으로 일하게 되었다. 내가 바다도 좋아하고 운동도 좋아해서 즐겁게 한국에서 오는 고객들을 소개해줄 수 있었다. 당시 내가 들어간 가게가 가장 안 되는 곳이었는데, 내가 거기서 1년 정도 일을 하면서 제일 잘되는 가게가 되었다. 한국 관광 가이드들과 연계해서 많은 사람을 소개해줬다. 한국말로 안전 수칙을 설명해주니 사람들이 편하다고 좋아했다. 그 가게는 내가 들어갈 때 제트스키가 두 대뿐이었는데, 1년 뒤에 50대로 늘어났다.

그 일을 하다가 나는 한 동업자를 만나서 보라카이에서 네 발 오토바이 여행 사업을 시작했다. 하지만 그 사업은 동업자와 틀어지는 바람에 어그러졌고, 또 다른 투자자와 함께 다른 사업을 차렸는데, 그걸 고스란히 빼앗겼다. 내가 필리핀 법을 잘 몰라서 비자 문제에 걸려 도망치듯 보라카이에서 빠져나와야 했기 때문이다. 내 돈을 투자해서 사업을 했는데 도망쳐야만 하는 상황이 되었다. 그때가 2003년이었는데, 약 6천만 원 정도 자본금이 있었는데 한 푼도 회수하지 못하고 마닐라로 왔다. 그때 비자의 중요성을 알게 되었다.

마닐라에 와서 만달루용에 있는 전주식당 2층에 하숙하면서 무엇을 할까 생각했다. 한국에는 빚이 있어서 못 들어가고 결국 필리핀에서 무엇이든 해야 할 상황이었다. 하루는 TV에서 나오는 영어와 필리핀어가 너무 듣기 싫어서 무작정 비행기를 타고 한국으로 들어갔다. 인천에서 며칠 지내다 보니 다시 필리핀 생각이 났다. 그래서 다시 필리핀으로 돌아왔다.

필리핀으로 돌아와서 마닐라에 보라카이 전문여행사(Party Tour)를 차렸다. 식당 옆 정비소 사무실을 월 2천 페소씩 주고 오토바이 한 대와 전화 한 대를 구입해 시작했다. 당시에는 비행기 표를 먹지에 써서 발행했는데, 세부퍼시픽 직원과 연계해 그 일을 시작했다. 당시 보라카이 2박 3일 여행이 1만 5천에서 2만 페소 정도였는데, 내가 계산해보니 원가가 약 5천 페소 정도가 나왔다. 그래서 보라카이 자유여행 패키지를 만들어 한인 신문에 광고도 내고, 다녀온 사람들이 후기도 잘 써줘서 대박이 났다. 그때는 지출이 거의 없어서 100만 원 버는 것이 지금 1,000만 원 버는 것보다 나았다. 주요 고객은 학생들이었는데, 오토바이를 타고 학원들을 찾아다니며 비행기 표를 배달해주었다.

파티 자유투어 사업을 약 3년 정도 하다 보니 여행사 사업이 사양길에 접어들었다. 비행기 표나 호텔을 인터넷에서 예약하기 시작했기 때문이다. 그 후 세부퍼시픽 총판도 하고, 비자 연장 업무도 하고, 법인설립 대행하는 것도 변호사들한테 물어서 배워가며 시작했다. 그렇게 2007년부터 파티 컨설팅이란 이름으로 컨설팅 사업을 하게 되었다. 2013년부터는 회사 이름을 한·필 컨설팅으로 바꿨다. 컨설팅 사업을 하려면 여러 가지 지식과 변호사가 필요하다. 나도 필리핀에서 변호사를 100명 정도 만나다 보니 많은 것을 배울 수 있었다. 변호사법이나 수임료 등도 한국과는 전혀 다르다. 변호사들에게 건별로 수임료를 주는 것과 고용해서 월급을 주는 방식이 있는데, 나는 이전에 월급을 주는 변호사를 고용했다가 지출이 너무 많아서 지금은 필요할 때만 변호사를 쓰고 있다.

최근 한국인으로는 최초로 말라테에 한·필 Law Office Consultancy라는 법인을 설립했다. 필리핀에서 법률회사law firm는 변호사가 주주가 되어야 해서 두 명의 필리핀 변호사와 동업partnership으로 법인을 만들었다. 법률 사무law office는 두 변호사가 하고, 나는 컨설팅을 담당하는 구조로 회사를 만들었다.

한인 사회에 관해 얘기하자면, 내가 보라카이에 있을 때는 한국 뉴스가 아리랑TV에서만 나왔다. 그런데 요즘은 인터넷과 케이

블이 잘 발달되어 있어서 온종일 볼 수 있다. 한국에 대한 뉴스는 주로 퇴근하고 집에 가서 본다. 한국의 경제나 정치 등에 관심이 있다. 재외국민투표를 할 때도 참가했다. 내가 필리핀에 처음 온 후에는 한국을 7년 만에 들어갔다. 그런데 요즘은 거의 한 달에 한 번씩 들어간다. 예전에는 보라카이나 세부에 가고 싶으면 반드시 마닐라를 거쳐서 가야 했다. 마닐라에서 밥도 먹고, 술도 마시고, 잠도 자니 마닐라 상권이 좋았었다. 그런데 2010년쯤부터 지역마다 직항이 생겨나면서 마닐라 상권이 많이 죽었다.

한국인이 필리핀 사람과 결혼해서 사는 것에는 장단점이 있는 것 같다. 문화적인 차이가 분명히 있다. 필리핀에서 잘사는 집안 여자는 여기 온 한국 남자 아무나와 결혼하지 않는다. 다들 끼리끼리 만나는 것 같다. 필리핀은 가족 관념이 강해서 맏딸하고 결혼하면 동생들도 다 책임져야 한다. 그렇지만 또 무슨 일이 있으면 가족들이 다 나서서 도와주는 점은 좋다. 필리핀 사람들은 나름 도리를 지키고 의리도 있는 것 같다.

무엇이 옳은지는 모르겠는데, 필리핀 아내를 둔 한인들은 한인사회에 잘 융화되지 못한다. 나 역시 아내의 친구들을 만나면 불편해진다. 한국인들은 미국 여자와 결혼했다고 하면 좋게 보고, 동남아 여자와 결혼했다고 하면 뭐 문제가 있는 것 아니냐는 식으로 편견을 가지는 것 같다. 또한, 스스로 자격지심도 가지는 것 같다. 필리핀에서 사업을 위해 필리핀 여자와 결혼하려는 사람도 있다. 그렇게 목적을 위해서 결혼하는 사람은 결과가 좋지 않다.

필리핀 한인들의 경제적 수준은 무슨 사업을 하느냐를 보면 알 수 있다. 필리핀에서 어떤 집에 살고 있고, 어떤 차를 타고 다니는지를 봐서는 잘 모른다. 처음 필리핀에 올 때는 대부분 돈을 가지고 오는데, 일부는 카지노에 빠져서 가지고 온 돈을 다 날리는 경우도 있다. 어떤 사람은 돈을 다 잃고 한국으로 돌아가지도 못하고, 필리핀에 남아서 집안사람들이나 지인들에게 계속 돈을 빌려 도박에 빠져 살기도 한다.

내가 한인총연합회와 같은 단체에 다니기에는 좀 이르다고 생각한다. 나는 그런 단체들이 봉사단체라고 생각하기 때문이다. 경제인연합회 등에는 이름이 올라가 있는데, 시간도 없고 여력도 부족해 참여하지 않는다. 그리고 필리핀 한인들 사이에서 총연합회에 대한 이미지가 그리 좋지 않다. 일부 총연합회 임원들이 개인의 사리사욕을 위해서 활동한다고 느끼게 하기 때문이다. 필리핀 한인들은 주로 나이별, 업종별로 따로 만나는 것 같다. 한인 단체에 대한 이미지는 한인 사이트를 살펴보면 알 수 있다. 대부분 자기들만의 모임이라고 생각하는 것 같다.

사업을 하다가 일이 생기면 한국대사관에 연락해 해결하기보다는 지인이나 변호사를 찾게 된다. 한인들 사이에서 한국대사관의 서비스에 대해 좋은 말을 하는 사람은 거의 없다. 대사관에서 개최하는 행사도 자기들만의 행사지 일반 한인들은 잘 알지도 못한다. 필리핀에서 한인들이 억울한 일을 당하거나 누명을 쓰고 옥살이를 하는 경우도 많이 있는데, 코리안 데스크가 있어도 한인들이 피해

볼 건 다 본다.

내가 주로 접하는 필리핀 사람들은 변호사 혹은 관공서 사람들이 많다. 변호사들은 잘 모르겠지만 공무원들은 월급이 너무 박하다 보니까 뒷돈이 없으면 생활 자체가 안 되는 상황이다. 그러다 보니 뒷돈을 요구하는 경우가 많다. 밥값을 챙겨주는 것이 거의 공식화되어 있는데, 당국에서도 그런 것은 인정하는 것 같다는 생각이 든다. 필리핀 공무원들을 대하는 태도에서 한국 사람과 서양 사람이 조금 다르다. 한국 사람들은 돈을 요구하면 화내면서 주는데, 미국이나 영국 사람들은 웃으면서 거절한다. 서양 사람들은 부당한 것에 대해 꼬치꼬치 물어보고 따진다. 그래서 서양 사람들한테는 잘 요구하지 않는다. 한국 사람들은 말도 잘 안 통하고, 귀찮으니까 그냥 돈을 줘서 해결하려 한다. 그러면 일도 제대로 안 되고 벌금도 물어야 하는 경우가 많다.

필리핀 사람들과 문화적 갈등을 느낀 가장 대표적인 것은 시간관념과 책임감이 부족하다는 점이다. 처리할 업무가 있는데 조금만 배가 아파도 안 나오고, 사촌이나 먼 친구의 초상이라고 1주일씩이나 안 나오고, 열심히 하지 않으면서 많은 것을 바라는 모습이 거슬린다. 특히 필리핀 여자보다 남자들이 가족이나 자녀들에 대한 책임감이 부족하다는 것을 많이 느꼈다.

나는 필리핀 전국을 거의 다 다녀봤다. 요즘은 필리핀 어디를 가나 한국 사람들이 있다. 필리핀에 관한 정보는 뉴스를 통해 듣고 있는데, 잘하지는 못하지만 필리핀어와 영어를 대충 알아듣고 이해

한다. 그리고 궁금한 점이 있으면 직원들한테 물어본다. 필리핀 사회의 트렌드를 알 필요가 있어서 음악이나 쇼 프로그램도 자주 본다.

우리 가족에 관해 얘기하자면, 지금 아버지는 보라카이에 계시고, 어머니는 한국에 계신다. 필리핀 아내를 만나 살고 있는데, 아이들은 한국인으로 키우고 싶다. 내가 아는 사람은 아예 필리핀인으로 키우고 있다. 아이들은 부모의 성향에 따라 달라지는 것 같다. 우리 아이들은 한국 국적을 취득했고, 이중국적이 가능하면 그렇게 하려고 한다. 교육도 한국에서 시키고 싶다.

한국에서의 생활이 그리 행복하지 않았기 때문인지 필리핀에서 행복하게 살고 있는 게 축복받은 것 같다. 하지만 나중에는 한국으로 돌아가서 살고 싶다. 요즘 한국에 지사를 열어서 왔다 갔다 한다. 한국인이 한국에서 일하기는 쉬운데, 한국인이 필리핀에서 일하는 것은 어렵다. 과연 한국인이 필리핀에 와서 수익을 창출할 수 있는 사람이 몇 명이나 될지 모르겠다.

지금은 한국에서 진 빚도 다 갚고, 사람들로부터 환영받고 있다. 필리핀이 나에게 많은 것을 해줬다고 본다. 필리핀에서 내 청춘을 다 바쳤다. 내가 도움을 받았으니, 필리핀 사회에 도움을 줄 수 있으면 당연히 그렇게 할 생각이다.

김상민 씨의 이주와 정착 이야기

김상민 씨는 1973년 한국에서 태어나 2004년 필리핀에 와서 현재까지 거주하고 있다. 아직 독신으로 사는 김상민 씨의 이주와 필리핀 생활에 관한 이야기는 2018년 1월 7일 케손시의 한 식당에서 이루어진 인터뷰 내용을 맥락에 따라 정리한 것이다.

내가 필리핀에 오기 전에 중국과 베트남으로 여행을 간 적이 있다. 그러나 외국에 나와 장기 거주한 것은 필리핀이 처음이다. 처음 필리핀에 오게 된 계기는 놀면서 영어 공부나 할까 해서였다. 내가 영문학을 전공했는데 영어 실력이 별로여서 두 달 정도 있을 계획으로 2003년에 왔다. 한국에서는 광고 쪽 이벤트회사에 다녔는데, 4년 동안 너무 힘들게 일했다. 회사에 사직서를 냈지만 처리해주지 않고 갔다 오라고만 했다.

단기간 필리핀 생활을 마치고 한국에 돌아오니 다시 필리핀에 가고 싶은 생각이 들어서 2004년에 아주 이주하게 되었다. 다시 필리핀에 와서 그동안 벌어둔 돈으로 공부를 하려고 한 대학교 석사 과정에 입학했다. 학업은 1학기만 하고 2학기부터는 포기했다. 공부도 안 하고 딱히 할 일도 없어서 한국으로 돌아가려고 했는데, 마침 콜센터(텔레텍)에서 낸 모집공고를 보고 지원했더니 일하라고 했다. 그래서 거기서 1년 반을 일했다. 그러다가 감기에 걸려 검진했더니 결핵에 걸렸다고 했다. 그래서 한국에 와 병원에서 다시 검진해보니 결핵이 아니라고 했다.

그 일로 인해 필리핀 생활을 접고 한국으로 복귀하려고 했는데, 지금 다니는 능률교육이란 회사에서 필리핀에 화상 영어 센터를 만든다는 얘기를 친구에게 들었다. 그 친구 소개로 2006년 2월에 그 회사에 지원해 일하기 시작한 게 지금까지 11년째 일하고 있다. 처음에 입사했을 때는 센터장이 있었고, 내가 그 밑에서 일했다. 그런데 5~6년 전에 센터장이 그만두고 내가 센터장이 되었다. 센터가 잘 됐을 때는 영어 강사가 300명까지도 됐는데, 지금은 80명으로 줄었다. 시장 규모가 작아진 것은 아니고 경쟁이 심해져서 그렇다. 능률교육은 한국야쿠르트가 모회사인데 교육업계에서는 중소업체이다. 필리핀 화상 영어 시장에 YBM, 민병철, 파고다 등 교육업계의 큰 회사들이 많이 뛰어들었다. 그로 인해 경쟁도 심해지고 가격도 낮아지면서 우리 회사처럼 중소업체들은 어려워지게 되었다. 지금은 유지만 하고 더는 확장하지 않으려고 한다.

나는 필리핀에서 좀 편하게 산 편이다. 필리핀에 10억 이상 투자한 회사는 외국인이어도 사장CEO이 될 수 있는데, 우리 회사는 내가 현지 법인장으로 올라가 있다. 의장은 능률교육 사장님 이름으로 올라가 있고, 나는 지사장이나 마찬가지다. 회사에서 보수도 충분히 주고, 비자나 다른 현지 생활에 관한 모든 법률적인 것들도 회사에서 모두 처리해준다. 만일 내가 퇴사를 하게 된다면 다른 소상공인처럼 모든 법률적인 문제를 스스로 해결해야 할 것이다.

우리 센터가 잘 운영되지 않으면 나도 미래 계획을 생각해야만 한다. 능률교육에서 센터를 개인 법인으로 바꿀 계획도 있는 것 같다. 그러면 내가 맡아서 할 수도 있을 것 같다.[7] 그렇지 않을 때는 다른 사업을 시도해야 하지 않을까 싶다. 한국보다는 여기서 하는 게 기회가 더 많을 것 같다. 한국 사람으로서 필리핀을 잘 안다는 것은 장점인 것 같다. 내가 그동안 벌어둔 돈으로 집을 몇 채 마련해서 임대만 해도 나 혼자 살아가는 데는 문제가 없다고 본다. 한국의 조직 문화가 나에게는 별로 맞지 않는 것 같다.

한인 사회에 관해 얘기하자면, 내가 처음 필리핀에 와서 하숙집에서 두 달 동안 있으면서 한국 사람들을 만났고, 이후에 사업을 하는 K 씨를 만났다. K 씨는 자기 직원들을 대상으로 교육 프로그램을 진행하고 있었는데, 내가 영어학원에 다니면서 만난 한 할머니가 소개해서 그 교육에 참여하게 되었다. 그 할머니는 K 씨와 골프장에서 만난 사이였다. 영어 공부를 공짜로 할 수 있다고 해서 같이 가게 된 것이다. 그 후 K 씨는 친구처럼 만나 얘기도 나누고 골프도 함께 친다.

내가 필리핀에 살고 있지만, 한국에 대해서 모르는 소식은 거의 없다. 반대로 한국 사람들이 필리핀에 대해서는 잘 모르는 것 같다. 나는 주로 정치 뉴스를 많이 보고, 스포츠 소식도 챙겨보고, 쟁점이 되는 일들은 거의 찾아서 보는 편이다. 한국에도 평균 1년에 두

7 인터뷰할 당시 김상민 씨는 필리핀 현지 법인장이었는데, 2018년 11월 회사가 철수하면서 이를 인수해 현재는 CEO로 직접 사업체를 운영하고 있다.

번 정도 들어가고 있다. 지난번 재외국민투표가 있을 때도 참여했다. 내가 이스트우드Eastwood에 살기 때문에 가깝고 해서 직접 가서 투표했다.

내가 처음 왔을 때인 2003년 이후에 필리핀에 들어오는 한국인들 부류가 많이 달라졌다. 초기에는 어학 연수생들이 많았고, BF 홈, 마카티, 오티가스로 분산되어 학원들도 많았다. 그런데 지금은 어학 연수생들이 많이 빠져나갔다. 그 대신 예전에 비해 건달들이 많이 들어오는 것 같다. 한국에서 손님이 와서 클락이나 앙겔레스 지역으로 골프를 치러 가기도 하는데, 그쪽 골프장이나 유흥주점들을 한국인들이 인수해서 운영하는 곳이 많아졌다. 카지노나 골프 등 관광산업 쪽과 연계해서 건달들이 많이 들어왔고, 그 사람들이 마닐라까지 들어온 것으로 안다. 이전에는 한인들끼리 정보교환을 하던 인터넷 사이트가 지금은 환전, 도박 사이트로 변한 것 같다.

나는 상공회의소에 회사 이름으로 가입해서 교류하고 있다. 필리핀한인회 성격이 이전과는 좀 달라졌다는 생각이 든다. 8~9년 전쯤에 한인회 회장님은 아주 좋은 분이었다고 기억한다. 상공회의소에 가니까 여기서 성공한 분도 계시고, 여러 가지 도움도 받을 수 있어서 좋은 느낌이 들었었다. 그런데 한인회에 돈을 밝히는 사람들이나 건달 같은 사람들이 점점 많아지고 있다는 생각이 든다. 한인 사이트에도 그런 얘기들이 많이 올라온다. 특히 지방의 지부장 중에 그런 의심을 받는 사람들이 많은 것 같다.

나는 개인적으로 한국대사관과는 별다른 접촉을 하지 않고, 단지 우리 직원들을 한국에 포상 휴가 보낼 때 비자 때문에 방문하는 정도다. 우리 나라 대사관이 다른 나라 대사관보다 일을 많이 하지 않는다는 얘기도 있지만, 한인들이 대사관에 너무 많은 것을 기대한다는 생각도 든다. 필리핀에 사는 한인들이 가장 불만스러워하는 것은 비자 관련 비용이 많이 들고, 때에 따라서 너무 엄격하게 적용한다는 것이다. 물론 한국인들이 필리핀에서는 편법이나 불법으로 사업을 해도 된다고 생각해서 문제가 되는 부분도 있다. 나는 현재의 필리핀 시스템이 그리 나쁘지 않다고 본다.

정부 차원에서 한국인들이 왜 필리핀에 오는지 알아야 한다고 본다. 나는 도피성으로 필리핀에 오는 한국인이 많다고 본다. 나도 한국에서 힘들게 직장생활을 하다가 내 능력에 맞춰 쉽게 올 수 있는 필리핀을 발판 삼아 다른 나라로 가려고 했다. 많은 한인이 한국에서 먹고살기 힘드니까 도피성으로 필리핀에 오는 경우가 많다. 필리핀에 살면서 안전에 대한 불안은 항상 있다. 필리핀 국가나 국민이 중국인이나 일본인에게 하는 것처럼 한국인에게도 동등하게 외국인으로서 대접하도록 정부나 한국인들이 그렇게 만들어야 할 것이다. 필리핀에 값싼 인건비가 많으니, 한국에서 필리핀에 많이 투자할 수 있도록 유도했으면 좋겠다.

필리핀 현지인에 대해 말하자면, 나는 필리핀에서 일하면서 직원들의 역량이 단지 필리핀의 정치·사회적 요소 때문에 저평가되고 있다고 생각했다. 그래서 가능성이 있고, 제대로 일하는 사람에게는 제대로 대접해주려고 했다. 같은 상황에 있는 필리핀인과 한국인을 차이를 두고 생각하지 않았다. 그런데 시간이 지나면서 요즘에는 노동력 자체가 한국 사람보다 많이 떨어진다고 생각한다. 업무에 대한 능력, 사고의 크기만 봐도 한국과 여기 노동력과는 차이가 있다고 본다. 대학 교육 수준에도 차이가 나고, 어려서 사회에 나온다는 점을 고려해 더 많은 경험을 한 20대 후반이 되어도 별로 차이가 없는 것 같다.

필리핀에서는 여성의 능력이 남성보다 오히려 뛰어난 것 같다. 우리 회사에도 직원 90명 중 남자는 6~7명밖에 되지 않는다. 내 생각에 필리핀에서 여성의 역할이 더 큰 이유는 문화 차이인 것 같다. 스페인 식민지 시기에 남성을 우민화시키고, 여성은 활용했다는 얘기를 들은 적이 있다. 필리핀 남자들이 골목에서 놀고 있는 모습을 많이 볼 수 있다. 그런데도 사회가 돌아가는 것은 여성들의 생활력이 강하기 때문이다. 남녀 관계도 우리와는 조금 다른 면이 있다. 두세 살림을 하는 필리핀 남자를 많이 봤다. 여자는 대학교수인데 만나는 남자가 지프니 기사인 경우도 봤다. 필리핀 여자들은 남자에 대한 기대가 크지 않다. 남자가 성실하고 책임감 있다는 것만으로도 필리핀 여자들은 만족해하는 것 같다. 필리핀에는 미혼모도 많고 여성의 영향력도 매우 높다. 물론 훌륭한 남자도 있다. 우리 회사에서 일하는 남자 매니저는 아이들을 데리고 혼자 살고 있다.

필리핀은 개인주의적인 문화가 많다. 일의 효율성 면에서도 개인이 전혀 희생하려 하지 않기 때문에 종종 문제가 생긴다. 필리핀 사회의 조직 문화는 개인적인 신분 상승 여지가 거의 없다 보니 충성심을 바라는 것 자체가 어렵다. 그래서 노동 능률이 낮을 수밖에 없다고 본다. 함께 골프를 치는 사람들은 여기서 성공하고 지위가 높다. 그러나 크게 봐서는 차이점이 그다지 많지 않다. 이들 성공한 사람들의 문화나 대화를 눈여겨보면 여유로운 점은 있지만, 다른 사람들과 별반 차이가 나지 않는다.

필리핀에 와서 문화적 차이로 인해서 어려움이 많았다. 필리핀 사람들은 냉정한 면에서 미국적인 사고방식과 서구적인 문화를 가지고 있다. 그런 측면이 일하면서 스트레스가 되었다. '될 대로 되라(바할라나)'라는 식의 문화가 있다. 길을 물으면 잘 몰라도 아무 데나 가르쳐준다거나, 내가 전문가답다고 생각했던 사람이 그냥 시간 때우기 식으로 일을 할 때 실망스러움을 느끼곤 한다.

나는 필리핀 내에서 많은 곳을 가보지는 못했고, 몇 군데 여행지만 다녀봤다. 시간이 나면 동남아의 다른 나라들로 여행을 간다. 필리핀 현지 문화에 대해서는 관심이 많다. 필리핀 사람들의 한국인에 대한 인식은 좋다고 본다. 우리 회사에서 일하는 영어 강사들은 20~30대인데 한국 문화에 대해 매우 선망하고 좋아한다. 한국 사람에 대한 동경도 크다. 우리 회사에 한국인이 두 명 있는데, 크리스마스 파티를 해서 가족들을 초대하면 한국 사람과 사진도 찍고 어울리기를 좋아한다. 필리핀 사람들은 외국인을 만난 것을 자랑하고 싶어 하기 때문이다. 물론 건방지게 행동하는 한국인들은 싫어하지만, 80퍼센트 정도는 한국인에게 아주 호의적이다.

우리 가족에 대해 말하자면, 나는 형과 남동생, 그리고 누나가

두 명 있다. 가족 모임에는 설이나 추석 중 한 번만 참석한다. 외국에 나와 있다고 해서 별다른 차이가 있는 것 같지는 않다. 오히려 해외에 나와 있으니 한국에 있을 때보다 전화도 더 자주 하게 된다. 나는 아직 미혼이지만 오랫동안 진지하게 만나는 필리핀 여성이 있다. 지금은 양가 집안 식구들도 서로 왕래하는 사이이다. 내가 좀 특이하게 결혼식을 하고 사는 것, 법에 얽매이는 것, 아이를 가지는 것을 싫어한다. 그렇다고 그 여성을 가볍게 만나는 것은 아니고, 처음부터 많은 얘기를 나누었는데, 그쪽도 형식에 얽매이지 않으려 하는 것이 나와 통한다.

나는 국제결혼 해서 사는 것을 부정적으로 생각하지 않는다. 한국 남자와 필리핀 여자는 매치가 좋은 것 같다. 내가 두 커플을 봤는데, 필리핀 남자와 한국 여자는 잘 맞지 않는 것 같았다. 물론 필리핀에서 사회적 지위가 있는 남자들의 경우는 잘 모르겠다. 잘 살겠다는 생각이 든다. 아무튼, 한국 남자가 책임감이 있는 것처럼 필리핀 여자들도 그렇다.

필리핀에서 한국인 가족과 국제결혼 한 가족이 서로 섞이지 못하는 것은 사실인 것 같다. 나도 여기서 한국 사람을 좀 가려서 만난다. 소양이나 교양이 있는 사람들이라면 다르겠지만, 그렇지 않은 사람들은 뭔가 좀 모자라서 필리핀 사람과 결혼했다고 인식하는 것 같다. 물론 그런 대우를 받아 마땅한 사람들도 있다. 필리핀 아내를 하대하거나 존중하지 않는 사람들이 그렇다. 경우에 따라 다르겠지만 많은 한인이 그런 인식을 가지고 있어 잘 어울리지 못

하는 것 같다.

나는 자녀에 대한 계획은 없다. 자녀를 가질 만큼 희생정신이나 책임감이 없는 것 같다. 좀 이기적이지만 자녀를 갖기에는 너무 많이 알아버렸다고 생각한다. 지금 나는 강아지를 두 마리 키우고 있는데, 자녀를 키우는 것에 대해 부러움은 없다. 내가 좋은 자녀를 가질 확률에 대해서 부정적이라고 하면, 많은 사람이 나를 이상하게 생각한다.

내가 필리핀에 온 이유 중 하나가 북유럽에 대한 로망이 있어서였다. 그곳에 가서 자연을 즐기고, 농사도 짓고 하면서 살고 싶었는데, 여기서 이렇게 오래 살게 될 줄 몰랐다. 기회가 되면 그러리라 생각하지만, 한국으로 돌아갈 생각은 없다. 한국 사회의 가치관이 나에게는 맞지 않는다. 필리핀 사람들에게도 배울 것이 있다고 본다. 앞으로도 그냥 여기서 살고 싶다.

제3기 필리핀 이주 한인의 정체성

제3시기에 이주한 한인은 총 7명에 대해 인터뷰를 시행하여 이들의 이주와 정착에 관한 이야기를 소개했다. 이들은 미국 유학 중에 필리핀 사람과 결혼하여 1991년 필리핀에 온 김현숙 씨, 1992년에 필리핀에 휴식차 왔다가 필리핀 여자와 결혼하여 정착한 손범식 씨, 선교사 아버지를 따라 1995년에 필리핀에 오게 된 최일영 씨, 1998년 필리핀에서 선교사로 활동하고 있는 형의 권유로 필리핀으로 이주한 김인일 씨, 친척이 하는 사업을 돕기 위해 2000년에 필리핀에 와서 정착한 강동석 씨, 채무자를 찾아 2001년 필리핀에 왔다가 정착한 정민재 씨, 그리고 한국에서 직장생활을 하다가 2003년 영어 공부를 하러 필리핀에 왔다가 정착하게 된 김상민 씨 등이다. 이들이 필리핀으로 이주한 시기는 이미 한국이 필리핀보다 경제적 수준이나 국제적 위상이 높아진 후다. 또한, 한국 정부의 해외여행 자유화정책으로 인해 특별한 자격이나 이유 없이도 해외를 자유롭게 오갈 수 있게 된 상황이었다.

김현숙 씨는 한국에서 고등학교까지만 졸업하고 미국 대학으로 유학 가서 생활한 것으로 봐서는 한국인으로서 한국 사회를 경험하며 공유하는 일반적인 가치관이 자리 잡기 전에 외국 생활을 시작한 것으로 볼 수 있다. 이러한 그녀의 성장배경으로 봐 다양한 종족과 민족이 섞여 사는 미국에서 필리핀인을 만나 결혼한 것이 그다지 어려운 선택이 아니었을 것으로 짐작된다. 한국 국적을 그대로 유지한 것은 국가적인 경쟁력 면에서 필리핀보다 한국이 더 유리하다는 남편의 권유에 따른 것이라고 했다. 이는 자신의 정체성에 있어서 민족이나 국적은 주어진 운명이라기보다는 개인의 합리적 판단에 따라 선택할 수 있는 것으로 생각하고 있음을 알 수 있다. 필리핀에 와서 생활하면서 외국인에 대해 선망하는 필리핀 사회의 특성상 그녀의 한인 정체성에도 다분히 영향을 주었을 것으로 보인다. 한국보다는 저개발국으로 간주되는 필리핀 사회에서 한인으로서의 정체성이 강화된 것은 합리적이고 자연적인 현상이었다. 김현숙 씨가 필리핀 생활에 익숙해진 이후 한인 사회에 적극

표 7 제3기 필리핀 이주 한인의 정체성 관련 요소들

한인 동포	출생	이주	본인			자녀들	
			국제결혼	국적	한인 활동	국적	주요 언어
김현숙	1962	1991	예	한국	적극적	미/필	영/필
손범식	1963	1992	예	한국	적극적	필	영/필
최일영	1980	1995	아니오	필리핀	수동적	한	–
김인일	1968	1998	아니오	한국	적극적	한	영/한/중
강동석	1974	2000	아니오	한국	수동적	한	영/필/한
정민재	1970	2001	예	한국	수동적	한	n/a
김상민	1973	2004	아니오	한국	수동적	–	–

적으로 참여하며 활동하는 것도 이러한 맥락에서 이해할 수 있다. 하지만 자녀들은 국적이나 언어에 있어서 한인으로서의 정체성을 이어받지 못했음을 볼 수 있다. 자녀들이 미국과 필리핀의 이중국적을 보유하고 영어와 필리핀어에 익숙한 외국계 필리핀인으로서의 정체성을 가지게 된 것은 이주민 1.5세대이자 국제결혼을 한 김현숙 씨의 초국적 정체성의 일면을 보여준다.

손범식 씨는 대부분의 성장 과정을 한국에서 했고 필리핀으로의 이주는 특별한 목적을 가지고 결심한 것이라기보다는 휴식차 방문하여 우연히 지금의 필리핀 아내를 만나게 되면서 이루어진 것으로 보인다. 손범식 씨에게 이미 형성되어 있는 한인 정체성은 필리핀에서 가정을 이루고 살아가는 데 있어서 긍정적인 측면과 부정적인 측면 모두 드러내고 있다. 자신이 한국인인 것은 필리핀에서는 경제적으로 잠재적 기회를 포함하고 있는 것으로 해석되어 아내와 자녀들에게 긍정적인 의미로 받아들여진다. 반면, 한국 국적을 유지함으로써 가족의 경제적 활동에 있어서 자신보다 아내가 주도적인 역할을 하고 있음을 볼 수 있다. 이는 많은 한필 가족이 한국인 남편의 경제적 영향력을 중심으로 형성되는 상황과는 달리, 필리핀인 아내의 경제적 주도권이 오히려 강하다는 것을 알 수 있다. 손범식 씨는 한국과 필리핀 간의 거리감을 별로 느끼지 않는다며, 필리핀에 살면서 굳이 한인 사회에 대한 연대감이나 소속감을 느낄 필요성에 대해 의문을 제기한다. 이는 필리핀 한인 사회에서 한필 가족에 대한 차별적인 시선을 경험하면서 가지게 된 거부감에서 비롯된 것으로 볼 수 있다. 자녀들의 교육과 성장 과정은 손범식 씨보다는 필리핀 아내의 주도로 이루어지고 있음을 알 수 있다. 자녀들에게 한국 국적을 부여하고 한국어를 가르치고자 하는 노력이 부재했던 것은 탈주체화의 경향으로 해석할 수 있다. 손범식 씨는 아이들에게 특정 국가 정체성을 선택하라고 강요할 생각은 없다고 했으며, 필리핀 사람이라는 것에 대해서 부끄럽게 생각하질 않길 바란다고 했다. 손범식 씨가 겪은 한국에서의 아픈 경험과 필리핀에 와서 이룬 한필 가족이 한인 사회로부터 소외당한다는 인식으로 인해 한인 정체성에 대한 감정적 지향이 약화된 것으로 보인다.

최일영 씨는 한국에서 중학교 3학년 때 선교사인 아버지를 따라 필리핀에 온 이주 1.5세대이다. 그는 어려서 필리핀에 와서 교육받았고, 대학에서 이주민 자녀로서는 드물게 정치학을 전공했고, 또한 법대에 진학하여 변호사 시험에 합격했다. 이러한 교육 과정은 필리핀의 주요 엘리트 가문의 자녀들이 밟는 전형적인 교육 과정으로 향후 가문의 정치적 위상을 이어나갈 인물로 키우기 위해서다. 외국인 신분으로 필리핀에서 변호사 일을 할 수 없음에도 불구하고 그러한 길을 선택했다는 것은 재외 동포 1.5세대로서 자신의 정체성을 한국계 필리핀인으로 규정하고 있음을 볼 수 있다. 변호사로서 필리핀에서 활동하기 위해 한국 국적을 포기하고 필리핀에 귀화한 것이나, 한인 사회 활동에 적극적으로 참여하지 않는 것은 한민족 정체성이 자신의 정체성의 중요한 일부로 치환되지 않은 것으로 볼 수 있다. 최일영 씨는 한국인 부모님과 함께 살고, 한국인 아내를 만나 결혼한 것, 그리고 장차 외교관이 되어 한국에 파견 나가고 싶다는 장래 희망 속에는 재외 동포 1.5세대가 흔히 가지는 성공한 재외 동포로서 자신의 미래를 구상하고 있음을 볼 수 있다. 결혼한 아내의 한국 국적 유지와 얼마 전 출생한 딸의 미래에 대한 계획을 통해서도 국가나 민족보다는 개인의 합리성을 기준으로 삼는 초국적 정체성을 가졌음을 알 수 있다.

김인일 씨는 한국에서 태어나 대학까지 졸업하고, 이후 8년간 일본에서 생활하다가 필리핀으로 이주해 정착한 사례이다. 일본에서의 생활이 김인일 씨의 민족 정체성에 어떠한 영향을 주었는지는 알 수 없었지만, 일반적인 재일 한인들이 분리와 차별의식으로 인해 한인으로서의 정체성이 더욱 강화되는 경향이 그에게도 있음을 볼 수 있다. 필리핀으로 이주하여 생활하다가 한국에 들어가 한국인 여성과 결혼하여 함께 이주한 것이나, 필리핀 한인 사회에 적극적으로 참여하는 모습은 한민족 공동체에 대한 소속감과 애착심을 드러내고 있음을 알 수 있다. 비록 필리핀에 살고 있지만, 매일 한국 방송과 뉴스를 접하고 있다는 점도 주어진 민족 정체성을 자신의 정체성으로 받아들이는 중요한 통로가 되고 있다고 볼 수 있다. 필리핀에서 출생한 이주 2세대인 아이들에게 한국어 사용을 강조하고, 향후 한국으로 진학하기를 희망하는 점 또한 비록 필리핀에서 생활하지만 새로운 정체성이나 주체를 추구하기보다는 한인으로서의 정체성을 유지하면서 현실적인 문제로 인해 해외에 거주하는 것으로 볼 수 있다.

강동석 씨는 한국에서 대학을 졸업하고 결혼하여 필리핀으로 이주한 사례이다. 그는 제3시기에 이주한 많은 한인과 마찬가지로 영어나 현지어와 같은 이주에 필요한 준비 없이 새로운 삶을 개척하기 위해 필리핀으로 이주하였다. 이러한 유형의 이주는 주로 미국이나 캐나다 혹은 호주와 같은 선진국으로 이주한 초기 한인 이주민이 더 나은 삶을 개척하기 위해 이주한 것과 흡사하다. 선진국으로의 이주자들이 현지에서 자리 잡기 위해 새로운 정체성과 주체를 창조하려는 탈주체화 경향을 나타냈던 것과는 달리, 강동석 씨는 이주 후 한국인으로서 한국과 지속적인 관계를 유지하고 있음을 볼 수 있다. 필리핀에서 자신의 입지를 구축하려는 방식이 현지화보다는 외국인 투자자를 지향함으로써 탈주체화의 계기가 부족했던 것으로 보인다. 그렇다고 한민족에 대한 자기 동일시나 소속감이 강해 보이지는 않는다. 그의 필리핀 한인 사회에 대한 수동적이고 다소 부정적인 견해와 한국 뉴스에 대한 무관심, 그리고 자녀들을 중국계 학교에서 교육하고 한국어나 한국 문화를 전수하는 데 별로 신경을 쓰지 않는 것 등이 이를 말해준다. 필리핀에서 한국인은 외모로 중국인과 잘 구분되지 않으며, 또한 언어 문제로 고생한 부모들은 영어, 중국어, 필리핀어를 모두 배울 수 있는 중국계 학교를 선택하는 경우가 많다. 이러한 교육은 자녀들에게 한인으로서의 정체성보다는 외국계 필리핀인으로서의 정체성을 강화하는 경향으로 나타난다.

정민재 씨는 필리핀에 이주하기 전에 직업과 관련해서 일본과 중국을 오가면서 생활한 경험이 있는 상태에서 필리핀에 이주한 사례이다. 필리핀으로의 이주는 이전과는 달리 직업 때문이 아니라 사업 부도로 인한 절망적인 상황에서 이루어진 것이었다. 필리핀에서 어렵게 새로운 길을 개척하는 과정에서 한국과 한국인과의 관계가 지속되었음을 볼 수 있다. 이는 2000년대 이후 한국에서 불었던 세계화 바람으로 인해 수많은 한인이 해외를 방문하고, 특히 저개발 지역인 동남아로의 여행 붐이 일어나면서 현지에서 한인을 상대로 한 숙박과 여행 관련 직종에 종사하는 한인 수가 급속히 증가한 것과 맥락을 같이 한다. 이들의 주요 고객이 한국인이라는 점은 비록 필리핀에서 생활하지만, 자신들의 사업에 한국의 국내 상황이 직접적으로 영향을 미친다는 점에서 현지화의 여지는 크지 않았음을 알 수 있다. 정민재 씨는 사업상 한국에 지사도 설치하여 양 국가를 수시로 오가면서 생활하는 세계화 시대의 재외 동포라는 특성을 보여준다. 그가 한인회를 필리핀에서 재외 한인을 대표하는 공적인 기구로 간주하기보다는 성공한 사람들의 봉사 모임 정도로 인식하고 있다는 점도 한국과 필리핀의 공간적 분리 의식이 그다지 크지 않음을 말해준다. 필리핀 여성과 결혼하여 필리핀에 사는 한필 가정의 경우, 자녀들이 대부분 필리핀 정체성을 가지는 경우가 많다. 그러나 정민재 씨의 경우에는 자녀들에게는 한국 국적을 만들어주고, 차후 교육도 한국에서 시키고 싶어 한다는 점에서 한인으로서 탈주체화 경향이 나타나지 않았음을 알 수 있다.

김상민 씨는 한국에서 직장생활을 하다가 재충전의 의미로 필리핀을 방문했다가 정착하게 된 사례이다. 비록 필리핀에 거주하고 있지만, 가족과의 관계 유지 형태나 한국 뉴스를 매일 살펴보는 등 한국과의 거리감은 거의 느끼지 않는 것으로 볼 수 있다. 운영하는 사업에 필리핀인을 고용하고 이들과의 접촉을 통해 한인과 필리핀인의 차이점을 이해하고 자신의 한인 정체성을 재확인하는 계기가 되었던 것으로 보인다. 그러나 이는 주어진 동일성(being)으로의 한인 정체성이지 한민족 집단에 대한 소속감이나 애착을 나타내는 자기성(becoming)으로의 한인 정체성이라고 볼 수 없다. 그는 비록 물리적으로 필리핀에서 생활하고 있지만, 심리적 환경은 여전히 한국을 생활권 내에 포함하고 있는 듯하다. 그리고 거주하는 필리핀 한인 사회는 그다지 참여하고 싶어 하지 않는 공동체로 간주하고 있다. 결혼이나 미래 계획에 관해서도 굳이 한인 정체성을 유지 혹은 전수하려는 의지가 드러나지 않는다. 김상민 씨의 경우에는 데이비드 허다트의 '혼종적 정체성'의 특징을 나타낸다고 볼 수 있다. 즉 어느 곳에서도 고향처럼 평안하게 있을 수 있지만, 그렇다고 절대로 고향을 가질 수 없는 상태, 즉 민족 정체성으로부터 탈주체화를 지향하지만, 그렇다고 새로운 정체성과 주체를 추구하지도 않는 경우라 할 수 있다.

제3시기에 필리핀에 이주한 한인들은 다양한 이유와 목적이 있으며, 현지에서의 삶의 모습도 다양하다. 이들이 더 발전한 한국을 떠나 덜 발전한 필리핀으로 오게 된 배경에는 우연이라는 요소와 함께 새로운 환경에서 새로운 삶을 찾으려는 측면이 강함을 발견할 수 있다. 치열한 한국 사회에서 얻을 수 없었던 기회가 필리핀에서는 가능할 것이라는 희망도 이주의 목적에 한몫하고 있다. 이들이 이주한 시기 혹은 이주 후 오래지 않아 급속히 발달한 교통·통신의 영향으로 한국 사회와의 관계가 단절되지 않고 지속되었음을 알 수 있다. 또 이 시기에 필리핀으로 이주하여 정착한 한인들의 경우 국가나 민족과 같은 개념이 점차 자신의 혹은 자녀들의 정체성에 큰 의미를 부여하지 않는 경향을 볼 수 있다. 이는 2000년대 이후 한인들의 해외 경험이 많아지고, 가치관도 다분히 세계화된 경향을 말해준다.

3. 이주 시기별 필리핀 한인 정체성의 특징

위에서 살펴본 바와 같이 한인의 필리핀 이주 패턴은 그 특성에 따라 세 시기로 나눌 수 있으며, 이는 한국 사회의 변화와 한국과 필리핀 간의 경제적 관계 혹은 위상과 밀접한 관련이 있다. 이는 이주의 이론에서 논하고 있는 경제적 기회를 찾아 이동하는 개인의 합리적 선택에 기인한다고 볼 수 있다. 이들 이주자가 가지는 국가 혹은 민족 정체성은 떠나온 한국의 국제적 위상과도 밀접한 관련이 있다고 볼 수 있다. 또한, 국제결혼 여부는 자신의 정체성을 형성하고 전수하는 데 또 다른 주요 변수로 작용하고 있다.

제1시기에 이주해온 한인들은 가난한 한국에 대한 정체성보다 더 선진적인 필리핀 혹은 초국가적 정체성을 선호하고 있음을 볼 수 있다. 이들은 필리핀 현지인과의 관계 속에서 한인이라는 정체성을 강요받아왔으며, 또한 삶을 개척해나가는 방편으로 한국과의 관계를 지속해왔다. 그러나 한국에 대한 소속감이나 일체감은 그다지 크지 않은 것으로 보인다. 국제결혼 여부와 관계없이 이들은 자녀교육에 있어서도 한국에 대한 정체성을 전수하고자 하는 노력은 찾아보기 힘들며, 자녀들은 대부분 자연스럽게 필리핀 혹은 초국가적 정체성이 형성되었음을 알 수 있다.

제2시기에 이주해온 한인들은 시기적으로는 한국과 필리핀 간의 경제적 위상이 변화되어갔던 시점이다. 당시만 해도 해외에 나가는 것 자체가 특별한 것으로 여겨지던 시점에 필리핀에 이주했다는 것은 한국 사회에서도 일정한 수준 이상의 역량을 갖춘 사람들이라고 볼 수 있다. 이들은 많은 경우 필리핀에 정착해 살면서 성공한 외국인으로서 존경받는 위치에 올랐다. 이들은 대부분 한국 국적을 유지하고 있지만, 한국에 대한 소속감이나 일체감은 그다지 크다고 볼 수 없다. 그렇다고 필리핀이 자신의 정체성에 크게 작용한다고 보기 힘들며, 오히려 초국가적 정체성을 가진 것으로 보인다. 이들의 자녀들도 대부분 국제학교에서 교육받고 미국에 유학한 후 미국에 정착한 경우가 많으며, 이를 가장 성공적인 코스로 생각함을 알 수 있다.

제3시기에 이주해온 한인들은 시기적으로 한국과 필리핀 간의 경제적 위상에 많은 차이가 났지만, 그렇다고 이들이 소위 선진국에서 후진국으로 이주하는 전문·고급인력이라는 특성을 가지지는 않는다. 많은 경우 이들의 필리핀 이주는 치열한 한국 사회에서 벗어나 새로운 가능성을 발견하려는 시도로 볼 수 있다. 이들은 비록 필리핀으로 이주했지만, 교통·통신의 발달로 한국과의 다양한 관계를 지속적으로 유지하고 있다. 이들은 필리핀 사회에 통합된 정도도 약하며, 필리핀 사회에서 외국인으로서 불안정한 상태로 살아가는 경우가 많음을 알 수 있다. 이들의 한국에 대한 소속감과 일체감은 여전하지만, 자녀들에게 자신의 한인 정체성을 전수하는 양상은 다양하게 나타난다. 특히 국제결혼을 한 경우 자녀들은 대부분 필리핀인으로 정체성을 확립하며, 극히 일부 자녀들만이 한국 혹은 초국가적 정체성을 가지기를 희망한다. 그러나 필리핀에서 생활하면서 자녀들에 대한 한국어 교육이나 한국에 대한 정체성을 전수하는 데는 한계가 있음을 볼 수 있다.

필리핀에 제1시기나 제2시기에 이주한 한인들이 점차 연로해지고 있으며, 그들의 자녀들인 이주 1.5세대 혹은 2세대가 일부 필리핀에 남아서 그들의 뒤를 잇고 있다. 특히 국제결혼을 한 가정에서 태어난 자녀들에게서 한국에 대한 정체성을 찾아보기는 힘들다. 또한, 한인 부부 가정에서 태어나 필리핀에서 성장한 자녀들도 한국에 대한 정체성이 대단히 희박한 것을 알 수 있다. 이러한 현상은 필리핀에 이주한 한인들이 자녀들에게 한국에 대한 정체성 전수에 소홀하고, 또한 일부는 그러한 필요를 느끼지 않기 때문으로 보인다. 이들은 오히려 자녀들이 영어를 기본언어로 하는 초국가적 정체성을 가지기를 선호한다. 그럼으로써 부모와는 달리 한인으로서의 정체성이 희박하고, 미국이나 필리핀에서 한국계 시민으로 살아가려는 경향이 나타난다. 이러한 필리핀 이주민 1.5세대와 2세대가 한국에 대해 어떠한 인식을 하고 있는가에 대한 후속 연구는 필리핀 한인 사회의 미래를 이해하는 데 중요한 의미를 가질 수 있을 것이다.

3장

경계에 서 있는 필리핀 한인 사회

1. 한인 공동체로서의 필리핀 한인 사회

대한민국 외교부의 최근 몇 년간(2013~2019) 집계에 따르면, 필리핀 거주 한인 동포 수는 약 8만 5,000~9만 5,000명 정도로 추산된다.[1] 이들 중 외국 국적의 한인 동포 수는 2019년 기준 22명에 불과하여, 대부분 한국 국적을 소지한 외국인으로 필리핀에 장기 거주하는 형태임을 알 수 있다. 한편 필리핀한인총연합회에서는 자체 집계에 따라 2018년 필리핀에 거주하는 한인 수를 약 11만 명으로 추산하고 있다. 지역별로는 수도 메트로 마닐라에 가장 많은 약 5만 명이 거주하며, 그다음으로 필리핀 제2의 도시인 세부에 약 2만 6,000명의 한인이 거주하는 것으로 추산한다. 또한, 중부 루손 앙겔레스 지역에 약 2만 5,000명이 거주하여 그 뒤를 잇고 있다. 비록 소규모일지라도 한인들이 필리핀 전역에 분포되어 있는 것을 볼 수 있다.

필리핀 한인 사회 조직은 전국적인 조직을 포함하고 있다. 총 8개 지역 한인회와 13개 지회가 마닐라에 있는 총연합회와 유기적인 관계를 맺고 있다. 각 지역 한인회는 자체적으로 활동하면서 총연합회와 협력하고, 지회들은 총연합회에서 직접 관리하고 있다.

---

1 2019년 대한민국 외교부 공식 집계에 따르면 필리핀 거주 한인 동포 수는 총 8만 5,125명이다. 이는 동남아시아 국가 중 2위이며, 베트남이 17만 2,684명으로 1위, 인도네시아가 3위로 2만 2,774명, 싱가포르가 2만 1,406명으로 4위, 말레이시아가 2만 861명으로 5위, 그리고 태국이 2만 200명으로 6위를 차지하고 있다.

그림 1 필리핀한인총연합회 전국 분포도, 2017~2018

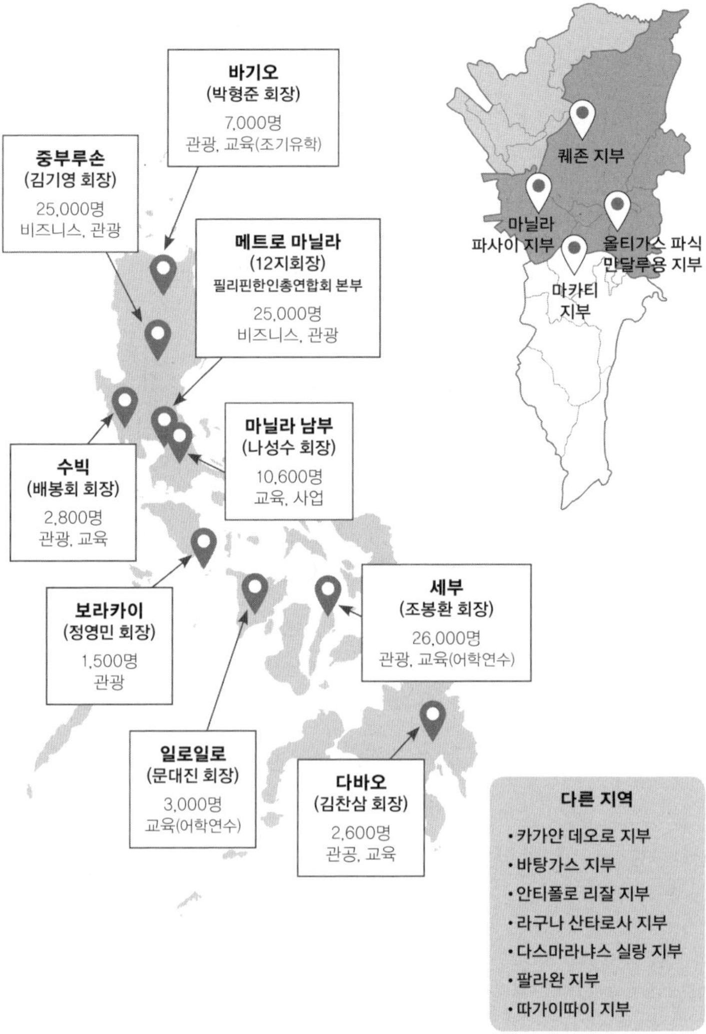

출처: 2018 필리핀한인총연합회 다이어리

필리핀 한인 사회를 대표하는 필리핀한인총연합회가 주관하는 연례행사들은 다양하다. 2018년을 사례로 들면, 1월에 집행부 신년다과회; 3월에 필리핀 한인체육대회; 5월에 어버이날 행사; 6~7월에 KOMSTA 한방의료봉사(한국에서 봉사단 방문), 한인총연합회 후원 초청골프대회; 7~8월에 아시아 한인회 총연합회 및 동남아 한상대회; 10월에 한·필 문화축제, 세계한인회장대회; 12월 정기총회(올해의 한인 대상 발표) 등이 있다. 이중 가장 큰 행사로는 10월에 개최하는 한·필 문화축제로 대사관과 문화원이 함께 후원하고 필리핀 국민도 참여하는 대표적 문화교류 행사로 자리 잡았다.

필리핀한인총연합회에 대한 객관적인 자료를 구하거나 권위적인 평가를 하기는 쉽지 않다. 여러 차례 한인회 사무실과 필리핀 한인 언론사와 접촉해봤지만 축적된 자료들을 찾을 수가 없었다. 현지에 사는 한인들은 자신의 직간접적인 경험을 통해 긍정적 혹은 부정적 평가를 하고 있다. 필자는 필리핀 한인 사회에 대한 내부자의 이야기를 들어보기 위해 2018년 7월 17일 마카티에 있는 필리핀한인총연합회 사무실을 방문하여 현직에 있는 강창희 회장을 인터뷰했다. 강창희 회장은 1981년에 필리핀에 와서 사업을 하면서 지금까지 필리핀에 거주하고 있으며, 제22대 필리핀한인총연합회 회장으로서 2년간(2017~2018) 필리핀 한인 사회를 이끌었다.

우선, 한인회의 역사를 살펴볼 수 있는 자료들, 특히 한인회 전임 회장들과 한인회의 활동에 관한 자료를 보관하고 있는지를 물어봤다. 강 회장은 한인회 초기자료는 보관된 것이 없고, 1980년대 이

표 8 필리핀한인회 역대 회장

역대	회장	연도
1	박윤화	1969. ? ~ 1979. 12
2	한덕우	1980. 1 ~ 1981. 12
3	엄익호	1982. 1 ~ 1983. 12
4	유병희	1984. 1 ~ 1985. 12
5	이철민	1986. 1 ~ 1986. 12
6	김용직	1987. 1 ~ 1987. 12
7	이계목	1988. 1 ~ 1989. 12
8	김춘배	1990. 1 ~ 1991. 12
9	이관수	1992. 1 ~ 1993. 12
10	강영배	1994. 1 ~ 1995. 12
11	김봉일	1996. 1 ~ 1997. 12
12	박현모	1998. 1 ~ 1999. 12
13	이세채	2000. 1 ~ 2000. 12
14	홍성천	2001. 1 ~ 2002. 12
15	장재중	2003. 1 ~ 2004. 12
16	신철호	2005. 1 ~ 2006. 12
17	이영백	2007. 1 ~ 2008. 12
18	박일경	2009. 1 ~ 2010. 12
19	이원주	2011. 1 ~ 2012. 12
20	이장일	2013. 1 ~ 2014. 12
21	김근한	2015. 1 ~ 2016. 12
22	강창익	2017. 1 ~ 2018. 12
23	변재흥	2019. 1 ~ 2021. 12

출처: 필리핀한인회 홈페이지 (http://korea.com.ph/)

후의 자료들은 일부 남아 있다고 했다. 현재 한인총연합회의 조직에 대해서는 산하단체로는 민주평통, 무역협회, 체육회 등의 단체가 들어와 있고, 지역 한인회가 8개 있으며, 지회로는 마닐라 지회, 파사이 지회, 오티가스 지회 등 13개 지회가 있다고 했다. 지회는 총연합회에서 직접 관리하고, 지역 한인회는 자체적으로 운영하고 있다고 한다. 이사회도 있는데, 각 지회의 회장과 이사장이 이사회에 들어와 있으며, 산하단체의 회장들도 이사회 멤버라고 했다. 이 이사회에서 한인총연합회 회장을 선출한다.

강 회장에 따르면, 해외 한인 사회 중 필리핀만큼 안정된 곳이 없으며, 서로 회장을 안 하려 한다고 한다. 다른 나라와는 달리 조직이 잘 갖춰져 있어서, 이사회에서 회장을 선출하기 때문에 잡음이 없다는 것이다. 회장 후보는 거의 단독출마가 일반적이라고 덧붙였다.

한인총연합회 회장은 각 지역 한인회를 순회하며, 해당 지역 행사에 참석해 도움을 준다. 필리핀한인회를 한인총연합회로 바꾼 이유에 대해서는 마닐라에 있는 한인회가 지방 한인들을 모두 관리할 수 없는 상황에서 지역마다 자체적으로 한인회가 설립된 것이 계기가 되었다고 한다. 현실을 고려하여 한인회를 전국적으로 연계시키는 방향으로 조직을 정비한 것이다.

필리핀에 거주하는 한인들의 현황에 관한 질문에 대해서는 한인회에서 집계한 바로는 그 수가 약 11만 명에 달한다고 했다. 유동성이 많은 관계로 정확한 집계는 어려우며, 각 지역 한인회장들에게 해당 지역의 한인 수를 보고받아 집계한다는 것이다. 이처럼 장기 거주하는 한인들 외에 2017년에는 약 160만 명에 달하는 한국인 관광객이 필리핀에 입국했는데, 이들의 이동 패턴이 바뀌고 있다고 했다. 과거에는 대부분 마닐라를 통해 들어와 지방으로 갔는데, 지금은 세부, 클락, 보라카이, 보홀 등에 한국 직항 노선이 생겨서 마닐라를 경유하는 수가 줄어들고 있다는 것이다. 이는 수도 마닐라에서 한인 업체와 한인 수가 감소하고 있는 원인이 되고 있다고 했다. 그리고 이러한 현상은 앞으로 더욱 가속화될 것이라고 했다. 중부루손 클락은 한국에서 들어오는 비행기가 매일 7편이나 돼, 몇 년 내로 클락에 장기로 체류하는 한인 수가 5만 명이 넘을 것 같다고 했다. 세부 역시 한국으로부터의 항공편 수가 계속 늘어나고 있어서 장기체류 한인 수가 더욱 증가할 것으로 전망했다.

필리핀 한인 사회의 중요한 일원 중 하나인 지상사 협의회가 있는데 회원으로 들어와 있는 회사가 100여 개가 넘는다고 했다. 강 회장이 1997년에 한인회 부회장으로 있을 때와 비교해보면 다섯 배 이상 증가한 것 같다고 했다. 중견기업들이 많이 들어와 있어 모두 파악할 수 없을 정도라고 했다. 카비테에 투자자 공단이 있는데, 한인 공장이 100개가 넘는다. 그곳에 투자자 협의회가 있는데, 회원은 약 1,000명이며, 그들의 가족들과 함께 한인 상권을 형성하고 있다고 했다. 또한, 국제기구에 파견 나와 있는 한인들이 초창기에는 한인회에서 봉사를 많이 했다고 한다. 한글학교는 ADB 소속 한인이 계속 교장을 맡아왔는데, 이후 일반인 한인 수가 많아지다 보니 모두 빠져나갔다는 것이다. 요즘에는 아시아개발은행한인회 ADBK라고 부르는 자체 모임이 있고, 회원 수는 약 70명 정도라고 했다. 비록 이들이 총연합회에는 잘 나오지 않지만, 회비는 철저하게 내고, 또한 이사회에도 참석한다고 한다.

그동안 필리핀에는 한인타운이라고 부를 만한 대표적인 지역이 없었다. 한인업소와 인근에 한인들이 많이 사는 지역으로는 마카티에 있는 불고스 거리 지역과 마닐라시에 있는 말라테 인근 지역을 들 수 있다. 말라테에는 한인 파출소도 있고. 약 100개가 넘는 한인 업체가 영업하고 있다. 한인총연합회에서 주도하여 말라테 지역이 코리아타운으로 공식 지정되도록 노력하고 있다고 한다. 이를 위해 말라테 지역 내에 있는 식당 운영자들과 모임을 갖고, 마닐라 시장과 함께 탑도 세울 계획이라고 했다. 과거에 마카티시도 그렇게 하려고 했는데 성과를 얻지 못했다. 하지만 이러한 노력의 결과 2021년 1월 28일 마닐라시 당국에서는 말라테의 바랑가이699와 바랑가이702의 일부 지역을 코리아타운으로 공식 지정했다.

한인들의 필리핀 생활상에 관해 물었더니 일부 변화된 양상을 지적했다. 과거에는 어학연수를 온 기러기 가족들이 상당히 많아 한인 사회의 큰 주류를 형성하였는데, 요즘은 80퍼센트 이상 빠져나가 그 숫자가 현저히 감소했다. 그래서 그들을 대상으로 했던 하숙집, 식료품점 등이 다들 힘들어지고 있다는 것이다. 이처럼 한인 사회가 위축된 이유로 안 좋아진 한국경제가 가장 큰 몫을 차지하고, 필리핀의 물가가 많이 오른 것도 주된 이유라고 했다. 국제학교의 학비가 많이 올라서 기러기 가족들이 견디지 못하고 떠날 뿐만 아니라, 조금 여유가 있는 사람들은 필리핀이 아니라 호주로 유학지를 변경하고 있다는 것이다.

필리핀에 사는 한인들의 삶에 대해서 강 회장은 그다지 긍정적으로 평가하지 않았다. 필리핀에서 잘사는 한인은 11만 명 중 약 1만 명 정도고, 나머지는 어렵게 살고 있다는 것이다. 이주지로서 필리핀은 한국에서 은퇴하고 와서 사는 것이 가장 좋다고 했다. 우선 가깝고, 자유로운 국가이기 때문이라는 것이다. 현재 은퇴비자를 취득한 한인은 약 1만 1,000명 정도로 보고 있다. 35세 이상이면 신청할 수 있는 은퇴비자는 한인들이 필리핀에서 장기 거주하기에 가장 편리한 제도로 알려져 있다. 비자 문제는 한인회에서 가장 신경 쓰는 문제이고 필리핀 이민국과도 지속적으로 논의하고 있다고 했다. 현재 필리핀에는 11만 명 한인교포 중 약 1만 명 정도는 비자 없이 사는 것으로 알고 있다고 했다.

필리핀 사회의 치안 문제에 대해서도 불만을 표시했다. 한국의 언론이 과도하게 부풀려 보도하고 있다는 것이다. 작년(2017)에 한인 관련 사고가 한 건 있었고, 올해(2018)는 두 건이 있었는데, 대부분이 한국 사람들 사이에서 일어나는 일이라고 했다. 한인 관련 사건·사고 중 거의 80~90퍼센트 정도가 한인들끼리의 문제에서 일어나고, 어학연수 온 학생들 사이에서 사건이 일어나는 경우는 거의 없다는 것이다.

필리핀 현지인과 관련하여 한인총연합회가 주관하는 대표적인 행사로는 2018년 제27회를 맞은 한·필 문화축제라고 했다. 필리핀 국민의 한국노래 경연대회, 한인의 필리핀노래 경연대회 등을 주최하며, 필리핀에서는 가장 큰 약 3,000석이나 되는 장소가 거의 가득 찰 정도로 인기가 있었다고 했다. 최근에는 한국에서 아이돌이나 고전무용팀도 불러서 공연도 하고, 필리핀 젊은이들 사이에 한류 팬클럽이 만들어져 활발하게 활동하고 있는데 그들에 대해서도 신경을 쓰고 있다고 했다. 특히 한인회에서 가장 신경 쓰는 부분은 필리핀 한국전 참전용사회라며, 그들의 2~3세대에까지 도움을 주기 위해 여러 가지 사업을 펼치고 있다고 했다.

2. 한인과 현지인과의 관계와 경계

필리핀 거주 한인들은 필리핀 사회에 깊숙이 동화되어 살고 있다고 보기 힘들다. 필리핀 현지인과의 관계는 주로 일과 관련된 고용인이나 거래 관계자일 뿐 하나의 공동체에 포함되어 활동하는 경우는 흔치 않다. 이러한 일과 관련된 공간에서 벗어나서는 한국인들 사이에서만 공동체가 형성되어 활동하고 있는 것을 볼 수 있다. 한인들도 직업과 업종에 따라서 각기 다른 공간으로 분리되어 생활하고 있다.

필리핀에서 한인들이 어떻게 생활하며 현지인들과 어떻게 관계를 맺고 있는지를 살펴보기 위해 두 차례 인터뷰했다. 첫 번째는

ADB에 근무하는 남편을 따라 1993년 필리핀에 와서 오늘날까지 생활하고 있는 L 씨와의 인터뷰이다.[2] 두 번째는 필리핀에서 산 지 20년이 넘은 K 씨와 필리핀 한인 1.5세대인 E 씨와 C 씨를 함께 만나 그룹 인터뷰를 시행했다.[3] 이들과의 인터뷰 내용을 정리하여 한인들이 필리핀 사회에서 어떠한 관계를 맺으면 살아가고 있는지를 살펴보았다.

지인의 소개로 만난 L 씨는 필자를 반갑게 맞아주었고 다양한 의견을 말해주었다. 우선 L 씨의 경우에는 비록 남편을 따라 필리핀에 왔지만, 필리핀에 오기 전에 직장생활도 하고, 미국에서 박사후과정도 받은 사람으로서 필리핀으로 온 이후에도 대학에서 교수로 있으면서 강의도 하고 연구도 하며 일을 지속했다고 한다. L 씨는 남편 직장인 ADB 내의 한인 사회에서도 활발하게 활동하는 편이었다. L 씨가 바라보는 한인 사회는 구성원인 한인들끼리 격차가 심해서 서로에 대한 믿음이 깊지 못한 것으로 평가했다. 한인회에서도 ADB 사람들에게 다양한 직위를 맡아달라고 요청하는데, 아마도 ADB라는 국제기구가 주는 믿을 수 있는 신분 때문이 아닐까 싶다고 했다.

L 씨가 1996년에 ADB에 왔을 때는 전체 한인이 약 30명 정도로 서로 아주 친하고 의지하며 살았는데, 약 5년 전부터 변하기 시작

2 본 인터뷰는 2018년 7월 16일 UP 한국학연구소 사무실에서 실시했다.

3 본 인터뷰는 2018년 7월 14일 마카티 그린벨트에 있는 한 음식점에서 실시했다.

했다고 한다. ADB가 규모가 커지면서 한국 사람도 많이 뽑고 해서 요즘은 서로 잘 모르는 경우도 많다고 했다. 또 ADB나 파견 주재원과 일반 한인 동포 간의 차이가 과거보다 더욱 벌어졌다고 했다. ADB에서는 자체적으로 제공해주는 시설이 있는데, 편하게 살아야지 일도 잘한다고 보기 때문에 고급주택 단지에 살면서 아이들도 거의 다 국제학교를 보낸다는 것이다. 그래서 그 공간에 들어오는 한인들과는 어울리지만, 그렇지 않은 사람들과는 사귈 기회가 없다고 했다. 일단 ADB 자체적으로도 한인이 많고, 그 안에서도 충분히 사람들을 사귈 수 있어서 굳이 밖에서 사람을 사귀려 하지 않는다는 것이다. 마닐라국제학교ISM 같은 곳에서 학부모끼리 교류하고 있으며, 다른 한인이나 필리핀 현지인을 만나 사귀는 경우도 있다고 했다. 요즘은 ADB 사람들이 한인회 활동에서 많이 빠졌는데, 그 이유는 한인 사회에 신뢰할 만한 분들이 많이 생겨나서 굳이 ADB 사람이 참여하지 않아도 되기 때문으로 생각한다고 했다. 요즘 ADB 사람들은 외국에서 대학을 나온 경우가 많고, 외교관이나 해외 생활을 오래 한 부모님의 자녀로 한국 생활 경험이 거의 없으며 미국 시민권을 가진 한국인이 많다는 것이다.

필리핀에서 자란 한인 1.5세대나 2세들의 경우 한국에 진출하는 경향이 두드러진다면서, 그 이유에 대해 L 씨는 미국에서 취직이 어려워져서 한국 대학으로 보내는 경우가 있다고 했다. 물론 주위 사람들은 대부분 자녀를 미국 대학으로 보내는데, 마닐라에 있는 한국국제학교에 다니는 동포 자녀들은 거의 다 한국 대학으로 진학하는 것 같다고 했다.

필리핀 한인들은 대부분 현지인과의 관계에서 베푸는 처지에 있다고 했다. 경제적으로 필리핀보다 선진국에서 온 한국인에게 도움을 주기보다는 도움을 받으려고 하는 경향이 크다는 것이다. 비록 그러한 관계가 편안하지 않더라도 양보하면서 사는 수밖에 없다고 L 씨는 말한다. 한국인에게 필리핀 사회는 그냥 줘야만 하는 사회인 것 같다고도 덧붙였다.

젊은 세대에 속하는 필리핀 한인 세 명과는 시내 식당에서 식사하면서 자연스럽게 대화 형식으로 인터뷰했다. 필리핀에서 자란 한인 1.5세대인 E 씨는 미국에서 MBA를 하고 돌아와 필리핀에서 직장생활을 하고 있다. 일상생활을 할 때는 영어와 필리핀어를 주로 쓰고, 특별한 경우에만 한국어를 쓴다고 했다. 그녀는 자신이 한국인이라고 느낄 때는 주위 사람이 "필리핀은 이렇다"라고 말할 때라고 한다. 스스로는 한국인이라는 생각을 별로 하지 않지만, 필리핀 사람들은 자신을 한국인으로 인식하는 것 같다고 했다. 한국에서 온 사람들과도 좀 차이를 느끼는데, 아마도 자라온 문화가 다르기 때문일 것이라고 했다. 그룹 인터뷰를 한 세 명은 비록 필리핀에 오랫동안 살고 있고, 필리핀 현지인과의 접촉도 많지만, 여전히 한국인으로서의 정체성을 일정 부분 가지고 있는 것으로 보였다. C 씨에 따르면, 만일 한국인과 필리핀인 사이에 문제가 발생했을 때 한국인을 도와주고 싶은 마음이 들 거라고 했다. 하지만 한국인의 일에 너무 관여하게 되면 피곤해질 수도 있어서 될 수 있는 대로 피한다고 했다. 필리핀 사람들과의 관계는 여전히 거리가 있다고 했다. 특히 필리핀 사람들은 자신이 외국인이라서 무언가를 요구하는 경우가 많다는 것이다.

외국인이 필리핀에서 사업을 하며 사는 데는 많은 법적 제한이 있다. 필리핀 헌법에 의해 외국인의 지분을 대부분 40퍼센트로 제한하고 있기 때문이다. 특히 토지의 경우 외국인이 소유할 수 없고, 콘도의 경우는 외국인 소유가 가능하지만, 콘도 전체에서 역시 외국인 소유가 40퍼센트를 넘으면 안 돼서 여전히 불안한 거래를 하고 있다는 것이다. 이러한 다양한 제한들이 한인 1.5세나 2세들이 사는 데 문제가 되고 있다고 했다. 자격 조건을 갖추어 필리핀 시민권을 취득한 C 씨에 따르면, 시민권을 따기가 쉽지 않으며, 가끔 중국인들이 출생서류를 위조해서 불법으로 시민권을 만드는 경우도 있다고 했다.

이들이 생각하는 한인 사회는 그다지 긍정적이지 않았다. 워낙 별별 사람이 다 있어서 한인 단체에는 참가하지 않는다고 했다. 좀 안타깝지만, 중국인들은 서로 돕는데, 한국인들은 서로 돕기보다는 서로 빼앗으려고 해서 문제라는 것이다. 한인들은 욕심이 많아서 서로 불신한다는 게 가장 큰 문제라고 했다. 필리핀에 적어도 15년 정도 살면서 오랫동안 사업한 사람들은 거의 다 성공했다고 볼 수 있는데, 단기간에 불법적인 사업을 하다가 떠나는 사람들이 다수 있다는 것이다. 앞으로 5~6년 정도 지나면, 2000년 이후 필리핀에 와서 사업에 성공한 사람들이 나오지 않을까 싶다고도 했다.

E 씨와 L 씨는 선교사인 부모님을 따라 어려서 필리핀에 온 경우이다. 필리핀 한인 사회에서 선교사는 중요한 그룹을 형성하고 있다. 이들은 선교사들 가운데도 참된 선교사와 그렇지 않은 선교사들을 구분하고 있었다. 자기 부모님들은 한국에서 재정적 후원을 받지 않고 스스로 돈을 벌어서 선교한다며, 비록 가족들 모두 고생스럽지만 자랑스럽게 생각한다고 했다.

결혼 문제에 관해서는 독신인 E 씨는 같은 믿음을 가진 사람을 만나려 한다고 했다. 국적은 상관없고, 필리핀 사람이 오히려 편한 느낌이 든다고 했다. 한국인과 결혼한 C 씨의 경우에는 필리핀 사람과 결혼하는 것은 생각해본 적이 없다고 했다. 독신인 K 씨는 국적이나 나이 같은 것은 가리지 않고, 느낌을 중요하게 생각한다고 했다. 한인 1.5세들의 결혼관은 부모의 역할이 중요하며, 결혼에 대해서 많이 개방적이라는 느낌이 들었다.

필리핀에서 한인들은 대부분 필리핀 사회의 일원으로 깊숙이 들어가지 못하고 있는 것 같았다. 특히 이주민 1세대의 경우에는 문화적인 차이뿐만 아니라 언어적인 장벽으로 인하여 제한된 접촉에 머물고 있음을 알 수 있었다. 반면 1.5세대 이후는 필리핀 사회에 깊숙이 동화되어 필리핀 사람들과 밀접한 관련을 맺고 있긴 하지만, 여전히 현지인들에게 외국인으로 취급받는다고 인식하고 있는 것처럼 보였다.

3. 정체성의 경계를 넘은 한 한인 이야기

본 절에서는 김용찬 씨의 생애사를 중심으로 필리핀 이주 한인의 정체성 경계 넘기라는 주제를 다루어보았다. 필자가 만나본 필리핀 이주 한인들은 이주 시기에 따라 차이는 있지만 대부분 한인이라는 정체성 경계를 넘지 않고 있다는 느낌이 들었다. 이는 미국 등 선진국으로 이주하여 시민권을 취득하고 비록 소수민족이지만 미국인이라는 새로운 정체성을 확립하고자 하는 경향과는 매우 다르다. 필리핀의 경우 시민권 취득도 어려울뿐더러 굳이 한국보다 후진국이라고 생각되는 필리핀 국적을 취득하고 본인 정체성의 일부로 삼고자 하는 경우가 많지 않기 때문이다. 필자가 김용찬 씨의 생애사에 관심을 가지게 된 계기는 그와 여러 차례 만나 대화를 나누면서 그의 특별한 삶의 여정과 자신의 정체성에 대한 남다른 생각 때문이었다. 김용찬 씨의 경우는 제1시기에 필리핀으로 이주한 한인으로서 민족이나 국가를 중심으로 한 정체성 경계를 넘은 사례라고 볼 수 있다.

연구 방법으로서 생애사 분석은 참여자가 살아온 삶의 경험을 구술하고 그 맥락에서 의미를 이해하는 방법이다(김영천·한광웅 2012: 17; 남혜경·김영순 2018: 672-673). 생애사 연구가 가지고 있는 학문적 함의로는 우선 개인의 경험과 기억을 사회적이고 역사적인 기억으로 치환할 수 있다는 것이며, 둘째로 개인의 사회적 위치성과 관련해서 주체로서의 개인이 삶을 주도적으로 조직해내는 행위성agency을 전면에 드러낼 수 있다는 점이다(윤택림 1993: 290; 이은정 2019: 6). '기억의 환기recall of memories'는 지나가 버린 사건이나 삶의 양태 및 인식, 태도, 신념, 믿음, 가치지향 등과 같은 비가시적인 문화 양상들을 현재로 불러내어 살아 생동감 넘치게 만드는 방법 중 하나다(박경용 2014: 6). 인간이 살아오면서 겪은 경험이나 사건들을 구술하면서, 삶의 의미를 새롭게 발견한다는 것이다. 즉, 구술자는 이야기라는 틀 속에 자기 경험을 배열하여 의미 있는 전체로 조직화하고, 이를 통해서 삶을 이해 가능한 것으로 전환한다. 이는 삶에 관한 이야기의 내용과 형식 속에서 인간의 정체성을 발견할 가능성을 내포하고 있음을 말해준다(이만영·김수연 1995: 86). 따라서 생애사 분석 방법은 이주민 정체성 연구 방법 중 매우 유효하다고 볼 수 있다.

생애사 연구 방법에 관해서는 다양한 외국학자들의 논의가 국내 학자들에 의해 소개되고 적용되고 있다(김영천·한광웅 2012; 양영자 2013a, 2013b; 이효선·김혜진 2014; 이희영 2005; 최인혁·이영학 2015). 다양한 연구 방법 중 이효선·김혜진(2014)이 소개한 슛제F. Schütze의 '이야기식 인터뷰narrative interview' 방식은 표준화된 인터뷰로 이해할 수 없었던 인간과 사회의 실재성 영역을 발견하기 위해 평범한 사회 구성원의 능숙한 의사소통 방법인 '이야기'를 방법론적 수단으로 활용한 것이다. 이야기를 통해서 형성된 생애사는 화자의 경험과 생애 사건에 대한 의미구성이 이루어진 것이기 때문에 그 속에는 화자가 자신의 삶을 구성해나가는 의미 구조가 반영되어 있으며, 이

것은 필연적으로 화자의 정체성과도 연결된다고 본다(이효선·김혜진 2014: 259).

김용찬 씨는 스스로 '한국인'이면서 또한 '필리핀인'이라고 표현하기도 하고, 국가나 민족의 틀을 넘어서 '국제인'으로 자기 정체성을 밝히기도 했다. 김용찬 씨는 1948년 출생하여, 14세 때부터 해외에서 생활했으며, 1967년에 필리핀에 유학 와서 필리핀 여성과 결혼하여 정착하였다. 여기에 사용한 구술인터뷰 자료는 필자가 2018년 7월에 인터뷰한 내용이다. 인터뷰 당시 김용찬 씨는 몇 달 전 발견한 말기 암으로 투병 중이었으며, 결국 2019년 4월에 필리핀에서 생을 마감했다. 이주민으로서 그의 특별한 삶의 여정 속에서 필리핀이라는 공간이 그의 정체성에 어떠한 영향을 주었는지는 필리핀 한인 동포의 미래 세대를 이해하는 데 특별한 시사점을 줄 것이다.

이주민의 민족에 대한 정체성은 다양한 요소들에 의해 영향을 받는다고 볼 수 있다. 이들 요소 중에서 김용찬 씨의 구술생애사를 분석하는 기준으로서 세 가지를 중점적으로 다루었다. 우선 개인의 정체성 형성에 소속집단 특히 가족의 영향이 강하다는 점에서 부모와의 관계를 살펴보았다. 둘째로 필리핀이라는 공간적 요소, 즉 국가의 이주민에 대한 정책과 이주민으로서 필리핀 주류 사회와의 관계를 살펴보았다. 셋째로 다른 공간으로 이주한 한인 동포들의 정체성 문제를 기존 연구를 중심으로 살펴보고, 이를 김용찬 씨의 사례와 비교함으로써 맥락의 차이와 함께 유사성과 특이성을 살펴보았다.

1) 김용찬 씨의 구술생애사

필자는 본 생애사 인터뷰를 시행하기 전부터 필리핀 한인 사회를 연구하면서 구술자와 여러 차례 만나 얘기를 나눈 적이 있다. 필자가 전화로 생애사 인터뷰의 목적을 설명하고 이에 응할 의향이 있냐고 물었을 때, 그는 흔쾌히 허락했다. 아마도 필리핀과 한국에서 여러 차례 만나 얘기를 나누면서 쌓인 신뢰 때문일 것이라고 필자는 추정한다. 약속한 시각에 구술자의 집을 찾아가 넓은 응접실 탁자에서 함께 음식과 음료를 나누면서 이야기를 시작했다. 구술 내용은 양해를 구하고 녹음했다. 구술자는 목 부분에 생긴 암으로 인해 큰 소리를 낼 수 없는 상황이었다. 구술자는 목소리를 잃을 것을 감수하고 수술받을 것을 권유하는 병원 의사의 처방에 따르지 않고, 차이나타운에 있는 소문난 한의사에게 약을 처방받아 나름의 치료를 하고 있었다. 암이 이미 많이 진행된 터라 구술자는 자신이 언제 죽어도 이상할 것이 없다고 얘기했다. 필자는 구술자가 자신의 살아온 인생을 되새기며 스스로 정리할 수 있도록 특별한 질문의 틀에 구속받지 않고 자유롭게 이야기하는 방식으로 인터뷰를 진행했다. 일부 필요한 사항들은 구술자의 회고가 모두 끝난 후 간단하게 대화하는 형식으로 질문했다.

자신의 살아온 인생을 자유롭게 얘기해달라는 필자의 주문에 대해 구술자는 자신의 생애를 나름대로 정리하여 네 개의 막幕으로 설명하겠다고 했다. 제1막은 한국에서의 14세까지의 삶이고(1948~1961),

제2막은 로마와 방콕에서 공부하던 시절(1961~1967), 제3막은 필리핀에 혼자 와서 공부하고 또 직장생활하던 시절(1967~1986), 그리고 마지막 제4막은 현재 운영하는 가방 사업에 뛰어들면서 시작된 삶(1986~2019)이라고 했다. 이러한 네 개의 인생 막이 오늘날 구술자를 만든 것이라고 했다.

생애사 제1막(1948~1961)—해외 이주 이전 한국에서의 유년기

구술자는 1967년 정부 관료로 있던 아버지와 근대교육을 받지 않은 어머니 슬하에서 3남 1녀 중 둘째 아들로 태어났다. 그는 부모님에 대해 이렇게 소회를 밝혔다.

> 우리 아버지는 미국에 가서 석사학위를 받았고, 미국에 가기 전에는 일본 사람들 밑에서 일했어. 어찌 보면 엘리트지. 어머니는 공부를 한 사람도 아니고, 전통적으로 중매해서 아버지와 결혼했어. 그러니 두 사람이 잘 어울리는 부부는 아니었지. 아버지는 늘 밖에 나가서 엘리트 생활을 하셨고, 집안일이나 아이들에게 별다른 신경을 쓰지 않았어. 부모의 사랑이라는 게 별로 없는 환경에서 자랐지. 어머니한테는 생존경쟁을 배웠어. 어머니는 옛날 분이고 지식이 없으니까 별로 커뮤니케이션도 없이 살았어.
>
> 우리 아버지가 영어를 해서 우리한테도 대디daddy라고 부르라고 했어. 아버지를 좋아하지는 않았지. 고등학교 마칠 때까지도 아버지와의 관계가 좋지 않았어. 내가 공부를 안 해서 혼만 났지. 그런데 아버지가

나쁘다고 생각한 적은 없어. 모두 내가 잘못해서 야단맞은 것이라고 봐. 아버지와 나 사이에는 정이 없는 것 같아. 그런데 나와 내 아들과의 관계나 내 손주들과의 관계도 마찬가지로 정이 없어. 나는 그것이 환경이 그래서라기보다는 내 퍼스널리티personality가 그래서 그런 것이라고 봐.[4]

구술자는 세 살 때 6·25전쟁이 발발했고, 1·4후퇴 때 가족이 충청남도 공주로 피난 가서 힘든 생활을 보냈다. 약 3년가량 그곳에 머물면서 거지처럼 생활했고, 구술자는 영양실조에 걸려서 배가 개구리처럼 불렀던 것을 기억하고 있었다. 전쟁이 끝나갈 때쯤 아버지가 미국 유학에서 돌아와 정부 장관의 비서관으로 일하게 되었고, 아버지를 따라 부산에 가서 잠시 살기도 했다. 엄마는 맨날 아버지한테 야단맞는 자신을 위로해주는 사람이었다. 그런데 그런 엄마가 예쁘지도 않고, 재주도 없고, 남보다 뛰어난 것도 없어서 자랑할 만한 것이 없는 그런 사람으로 기억했다. 세 살 차이 나는 형에 대해서는 친구처럼 아기자기한 사이는 아니었고, 형을 부를 때에도 동생처럼 이름을 불렀다. 형은 언제나 공부도 잘하고 칭찬받는 사람이었고, 구술자는 늘 야단맞는 사람이었다. 구술자는 자신이 그다지 사랑받고 자라지 못한 것으로 회고했다.

---

4 김용찬 씨는 한국어도 잘하지만, 영어를 더 편하게 사용했다. 인터뷰 중에도 영어를 많이 사용했으며, 본문에 제시한 녹취록 내용은 의미의 왜곡이 없는 범위 내에서 문체를 수정한 것이다.

구술자가 중학교 1학년 말까지 살았던 한국에서의 어린 시절 기억은 별다를 게 없었다. 그저 동네에서 제기차기하던 것이나, 좁은 골목길에서 축구하던 것을 기억해냈다. 그리고 서울에 살고 있었던 그는 방학 때면 경기도 의정부 지나서 있던 시골집(구술자는 '주네'라는 곳으로 기억하고 있음)에 가서 한 달씩 지내면서 놀았던 기억이 있었다. 국민학교 때 우유 급식을 받아서 먹던 것과 중학교에 다닐 때 4·19혁명이 일어나 학생들이 데모를 시작하자 학교에서 집에 가라고 해서 집에 가다가 종로 근처에서 데모하던 학생들을 봤던 것을 기억했다. 방학 때마다 갔던 시골에 좋아하는 여자아이가 한 명 있었다고 했다. 구술자가 외국에 가게 되어 연애편지를 썼는데, 답장은 받지 못했다고 한다. 해외로 떠나기 전날 그곳에 찾아가서 그녀와 어색한 만남을 가졌던 것을 어렴풋이 떠올렸다.

생애사 제2막(1961~1967)—로마와 방콕에서의 청소년기

구술자는 자신의 인생이 여기까지 오게 된 이유로 아버지가 유엔UN기구에서 일하게 된 것을 꼽았다. 그는 가족이 모두 로마로 간다는 말을 처음 들었을 때 흥분되고 좋았었다고 했다. 한국에서 공부를 잘하는 것도 아니고, 공부가 싫었는데 도망가는 느낌이나 모험을 할 수 있을 것 같은 느낌이 들었다고 했다. 모험처럼 생각하고 뭣도 모르고 좇아갔던 로마 생활은 모든 게 다 어려움뿐이었고, 또한 그에게 인종적 열등감을 가지게 했다.

우선 말도 통하지 않고, 또한 백인들에 대한 열등감을 가졌지. 백인은 멋있고 동양인은 촌놈 같다는 생각이 들었어. 백인들은 옷을 입어도 멋지고 세련돼 보였어. 얼굴색이 하얗고, 머리칼도 약간 곱슬머리이고, 매너나 걸음걸이조차도 동양인과 차이가 났지. 당시 주위에 동양인은 거의 없었어. 이태리에서 내가 길을 걸어가면 애들이 앞에 와서 놀렸어. 이태리 애들이 짓궂게 장난한 것인데, 나는 창피하게 생각했어. 언어도 그렇고 그런 면에서 열등감을 느꼈지. 백인들이 나보다 우월하다는 생각이 들었어. 나는 항상 낙제만 했으니까 선생님들과 친했던 적도 없었어. 고등학교 때까지 맨날 놀기만 하고 공부는 하지 않았지.

구술자는 로마에서의 가정생활도 그다지 행복하지 않았던 것으로 기억했다. 특히 아버지와 엄마 사이에 불화가 잦았는데, 그것은 둘 사이가 너무 차이가 나서 그랬던 것으로 생각했다. 아버지는 엘리트고 엄마는 초등학교도 못 나와서 엄마가 아버지에게 열등감이 심했다는 것이다. 엄마는 파티에 가면 말도 못 해서 주눅이 들어 있는데, 아버지는 영어, 일어 모두 잘해서 잘 어울렸고, 그런 상황이 가정불화로 이어졌다. 주말에는 가족이 함께 여행을 가곤 했는데, 엄마가 샌드위치를 준비해서 주로 유적지를 다녔다. 감정 변화가 심한 엄마는 화가 나면 말을 하지 않는데, 그러면 아버지가 또 뭐라고 해서 싸움이 되었다. 그래서 구술자는 아버지와 엄마를 떠났으면 좋겠다고 생각했다고 한다.

로마에서 약 2년 반 정도 생활하고 아버지가 방콕 사무소로 발령을 받아서 구술자도 태국으로 이주하게 되었다. 구술자는 방콕으로 가게 된 것을 좋아했다. 로마에서 백인들에게 위축되어 있다가 방콕에 가면 맞먹을 수 있겠다는 생각에 좋았다고 했다. 구술자는 1964년에 방콕에 와서 약 3년 반을 그곳에서 지냈다. 방콕에서 국제학교에 다녔는데, 학생 대부분이 아시아인들이었고, 미국인들보다 아시아인이 많으니 위축되지 않았다고 했다. 구술자는 영어로 일상 대화는 가능했지만, 강의를 이해할 정도는 못 됐고, 결국 낙제해서 졸업을 못 했다. 그러자 아버지가 방콕에 있는 영어로 수업하는 한 대학을 찾아가 학장과 얘기해서 자신을 입학시켰다고 한다. 거기서 1학년 1학기를 다녔는데 공부는 못했지만, 축구를 잘해서 선수처럼 중요한 사람이었고, 주위에는 항상 여자가 따라다녔다고 회고했다.

공부하기 싫어하는 자신은 늘 아버지의 근심거리였고, 또 그런 문제를 해결해주는 것도 아버지였다. 학교에서 모두 낙제를 맞자 아버지가 고민 끝에 구술자에게 미국으로 가라고 했다. 그러나 구술자는 미국에 가는 것은 싫고, 오히려 한국으로 가기를 원했다고 한다. 그러나 당시에는 구술자와 같이 외국에 머물던 사람이 한국에 들어가 쉽게 대학을 갈 수 있는 상황이 아니었다. 그러던 참에 방콕을 방문한 아버지의 필리핀 지인의 권유로 구술자를 필리핀으로 보내기로 했다. 그 필리핀인은 나중에 구술자의 양아버지godfather가 되었다. 그는 삼림에 관한 책을 출판하는 사람이었는데, 구술자의 아버지가 FAO 삼림 책임자라서 그에게 데이터를 제공하고 있었다. 구술자는 마닐라로 오게 되면서 가족과 헤어지게 되었다. 구술자의 형은 이미 로마에서 장학금을 받아 미국으로 유학을 떠났으며, 동생들은 부모님과 함께 방콕에 남았다.

생애사 제3막(1967~1986)—마닐라 유학, 정착, 그리고 직장생활

구술자는 필리핀으로 가라는 말을 들었을 때 아버지와 엄마를 떠날 수 있다는 사실이 제일 좋았다고 했다. 처음 필리핀에 와서 아테네오 대학교Ateneo de Manila University에 입학하려 했으나 고등학교 졸업장이 없었기 때문에 1년 동안 산토 토마스 대학교University of Santo Thomas 부설 고등학교에서 공부했다. 그때부터 구술자는 공부해야겠다는 생각이 들었다고 한다. 필리핀에서 학교에 들어가 보니 자신이 다른 필리핀 사람보다 우월하다는 생각이 들었다는 것이다. 자신은 태국에서 고등학교를 이미 다녔다는 것과 아버지가 유엔기구에서 일하고 있다는 것이 그러한 우월감의 이유였다. 1년 후 아테네오 대학에 입학한 후 기숙사 생활을 하면서 공부를 열심히 한 결과 좋은 성적을 받았다. 하지만 전공(비즈니스)과 생활환경에 흥미를 가지지 못해 인근에 있는 UP로 전학을 했다. 구술자는 자신의 인생이 급격하게 변화하는 특징이 있다고 했다. UP에서는 공부와 운동 모두 열심히 했다고 한다.

구술자는 대학 4학년 때인 1971년에 필리핀 여성과 결혼했다. 같은 학교에 있던 한국 유학생의 소개로 알게 되었는데, 만난 지 한 달 만에 결혼을 결심했다고 한다. 갑작스러운 결혼 통보에 아버지는 반대했고, 결국 필리핀 양아버지만 모시고 결혼식을 했다. 1년 후에 아버지가 필리핀에 와서 아내를 만나보고, 아버지의 마음에 꼭 들어 했던 것으로 기억했다. 구술자는 자신이 한국 여자와 결혼하지 않은 것을 잘했다고 생각했다. 아마 한국 여자는 자신과 잘 맞지 않을 것이라는 선입견을 가지고 있었던 것 같다. 구술자는 결혼하면서 필리핀 영주권을 받았고, 이후 1976년에 시민권도 취득했다.[5] 구술자는 UP를 졸업한 후 아버지의 도움으로 마닐라에 있는 AIM에 들어가 MBA 공부를 시작했고, 아내는 UP에서 강의하면서 부업으로 작은 가방공장을 운영했다. 구술자는 그때부터가 자신의 인생에서 중요한 시기였다고 했다. 결혼도 했고, 공부는 따라가기 힘들고, 모든 조건이 어려운 가운데 죽을 고생을 해서 AIM을 졸업한 것이 구술자에게는 중요한 의미이자 성취였다고 했다.

구술자는 AIM을 졸업한 후 1년 정도 정부(건설부)에서 일하다가 나와서 SGB라는 컨설팅회사(회계사 사무소)에 입사했다. 그 회사에서는 구술자를 훈련시켜 한국에 보내려고 했고, 1년쯤 지난 후 한국에 파견 보냈다. 서른 살쯤 되던 1978년에 구술자는 15년 만에 한국에 들어가 한 달가량 지냈다. 그때 구술자는 한국에서는 못 살겠다고 마음먹었다고 했다. 그가 한국에서 받은 인상은 아마도 당시의 한국 시대상을 말해주는 것 같았다.

---

5 마르코스 대통령은 1976년 중국과 외교 관계를 맺으면서 필리핀에 거주하는 중국인들을 차별하지 않는다는 의미로 자격 조건에 해당하는 필리핀 거주 외국인들(주로 중국인이 대상)에게 시민권을 제공하는 대통령령(PD no. 836)을 1975년 12월 3일에 공포했다.

외국에서만 살다가 한국에 가니 답답해서 못 살겠다는 생각이 들었어. 한국의 억압적인 시스템이 마음에 들지 않았지. 한국에 가서 보니 내가 해야 할 일이 무엇인지 보이지를 않았고, 사람들이 일하는 것을 보니까 별로 일도 하지 않는데 밤늦게까지 있는 것을 보고 이상하게 생각했어. 같은 급에 있는 사람에게 물어봐도 그 사람도 잘 모르는 것 같았어.

구술자는 한 달 후 필리핀에 돌아와서 자신이 이 회사에 별 도움이 되지 않겠다는 생각에 퇴사를 결심했다고 한다. 퇴직 후 구술자는 특별히 할 일도 없고 해서 다시 UP의 경영학 박사 과정에 들어갔다. 거기서 급우 중 한 명의 소개로 동남아수산연구소에 들어갔다. 주로 하는 일은 각국에 양어장을 만들어 양식을 하는 것인데, 일본에서 식량 문제 해결을 위해서 만든 것이었다. 구술자는 그곳에서 근무하면서 그 기관 책임자들의 부정부패와 맞서 미디어 전쟁, 법정 싸움, 협박 등 많은 경험을 했다고 한다. 구술자는 자신의 한계를 인정하고 결국 사직을 결심했으며, 이후 무슨 일을 해야 할 것인가를 고민하다가 1986년 8월경에 갑자기 한국 사람이면서 또한, 필리핀 사람이라는 자신의 특이성을 활용할 수 있겠다는 생각에 사직서를 제출했다고 한다. 시기적으로 그때는 1986년 2월 시민혁명으로 마르코스 독재정권이 붕괴되고, 그 뒤를 이어 아키노 민주정권이 들어선 전환기이기도 했다.

생애사 제4막(1986~2019)—사업가로서의 새로운 인생

구술자는 동남아수산연구소를 퇴직한 후 집에 머물면서 아내가 운영해오던 가방공장 일을 돕기 시작했다. 아내가 부업으로 10년 넘게 운영해왔지만, 실상은 겨우 유지만 하는 상태였다. 구술자는 공장 청소부터 시작했고, 가방 사업을 현대화시켜야겠다고 결심하면서 한국과 다시 관련을 맺게 되었다고 한다. 그 일을 시작하면서 아내와 갈등이 생겨났고, 그러한 상황 속에서 서로를 더 잘 알게 되었다고 한다.

> 우리 와이프는 "내가 하는 일을 왜 네 마음대로 하느냐" 그거지. 와이프와의 갈등conflict이 아주 중요했어. 그게 나와 우리 와이프의 퍼스널리티 싸움이었지. 나도 우리 와이프와 같이 독단적assertive이어서 서로 나대로 해야 한다고 주장했지. 우리 와이프는 자기가 왕이기 때문에 자기 마음대로 해야 한다고 생각해. 처음에는 서로 각자의 일을 하면서 상관없이 지냈지. 내가 구조를 바꾸고자 하는 것은 내 돈을 써서 하니까 말을 하지 않았어. 그러다가 한국을 들락날락하면서 한국의 가방 산업에 대해 보고 기술을 가지고 들어와 우리 가방공장을 현대화시켰지. 가방의 질이 좋아지니 잘 팔리기 시작했어. 우리 와이프는 장사를 잘하니 가방을 잘 팔았고, 그때부터 돈이 쌓이기 시작했어. 그래서 새로운 건물도 올리게 되고, 우리 사는 집도 늘렸지. 어찌어찌하다가 대형 쇼핑몰(SM)에 입점하게 되면서 사업이 크게 확장되었어. 한 15년 하다 보니 회사 이름도 알려지고 사업도 더 확장되었지. 이 집도 다 내가 지은 거야.

그게 내겐 아주 중요한 일이었지.

구술자가 처음으로 가방 사업을 하는 한국인을 만나게 된 것은 우연이었다. 골프를 치다가 알게 된 한국인이 마침 가방을 수출하는 사람이었던 것이다. 그 사람에게 한국에 가서 가방 만드는 것을 봐도 되겠냐고 물었더니 오라고 했다. 그래서 한국에 들어가 대전 공장에 가서 가방 만드는 것을 배웠고, 그 후 약 15년 동안 청계천을 들락날락하면서 재봉틀, 재료 등을 들여와 회사를 키웠다. 그 결과 이제는 직원이 350명 정도 되며, 매장도 65개나 되는 제법 규모 있는 회사가 되었다. 아들과 딸은 인근에서 독립적으로 사업을 하고 있지만, 가방 사업도 돕고 있다. 예식장을 운영하는 딸 부부는 회사 광고를 주로 맡아서 하고, 컴퓨터회사를 운영하는 아들 부부는 매장의 판매관리를 맡고 있다. 구술자는 사업상 관계하면서 한국인에 대해 나름대로의 인상을 받게 되었다.

한국인은 주로 가방을 하는 사람들과 일했는데, 신용 있는 가방원단을 생산하는 회사를 찾는 게 중요했지. 그런 회사를 찾는 데 거의 5년 정도 걸렸어. 한국인과 일하는 데 애로점은 신용이 없어서 믿을 수가 없다는 거야. 가보면 물건도 잘 나오고 회사도 큰데 한순간에 공장이 망하는 경우가 있었거든. 나도 한 번 당할 뻔했어…. 필리핀 정부가 부탁해서 한국의 중소기업을 필리핀에 유치하기 위해 2년 동안 왔다 갔다 했지. 여러 팀이 한국에 가서 중소기업 사장들을 100명 정도 불러놓고 유치 목적에 관해 설명도 했는데, 그 사람들이 너무나 모른다는 것을 알았어. 아무런 계획도 없이 그냥 정부가 하라니까 무언가 있겠지 하고 온 사람들이 대다수였던 것 같았어.

구술자는 50세가 되었을 때 회사도 안정되고 자신이 더는 회사에서 크게 할 일이 없다는 생각에 다시 UP에 들어가 공부를 시작했다. 교육학 석사 과정에 들어가 공부면서 다른 대학(FEU)에 강사로 나가 심리학 강의를 했다. 다시 공부하면서 자신이 무엇을 하든지 배우는 것이 있어야 재미를 느끼지, 그렇지 않으면 재미가 없다는 것을 알게 되었다고 한다. 구술자는 자신에게 마지막으로 중요했던 프로젝트는 로마에 가서 가방 패턴을 만드는 방법을 배워온 것이라고 했다. 구술자는 공장에서 나오는 가방이 왜 반듯하지 않을까를 오랫동안 고민했다고 한다. 그래서 로마에 가야겠다는 생각을 전부터 했는데, 가면 그것을 배워올 수 있을지 없을지 확신이 없어서 차일피일 미루어왔다는 것이다. 결국 결심하고 얼마 전에 로마에 가서 운 좋게 75세 된 노인한테 그 방법을 확실히 배워서 돌아왔다고 한다. 공장직원들에게 배워온 기술을 가르쳤고, 지금은 가방이 중국산보다 낫게 나온다고 했다. 그것이 회사에 대한 자신의 마지막 기여contribution라고 했다.

2) 김용찬 씨의 이주민 정체성에 대한 이해

김용찬 씨의 이주민 정체성

구술자는 자신의 삶에 대해 후회는 없고 축복받은 삶을 살아왔다고 했다. 특히 아버지를 따라다니면서 여러 가지 언어를 접하게 된 것이 자신에게는 특별한 행운이라고 생각했다. 구술자는 음악 듣는 것을 좋아하는데, 이탈리아어나 한국어 혹은 영어나 스페인어로 된 음악을 들어도 그 가사의 감정을 느낄 수 있다고 했다. 자신이 여러 가지 언어를 하게 됨으로써 그만큼 다양한 문화를 이해할 수 있게 되었다는 것이다. 구술자는 자신의 이주민 정체성에 대해 다음과 같이 진술했다.

> 나는 이주민이라는 개념이 없어졌지. 내가 한국에서 태어났어도 나는 한국 사람이라는 개념이 없어. 그냥 내가 한국에 가서 한국말을 하니까 가방에 대해 배우는 데 편리하다는 점이 나에게는 중요해. 필리핀에 대해서도 마찬가지야. 미국을 가든 어느 나라를 가든 다 똑같아. 감정적인 것은 없다고 봐. 그런 쪽으로는 생각을 안 하는 거지.

이처럼 구술자는 국가적 혹은 민족적 정체성 자체에 대해 그다지 의미를 두지 않는 것을 볼 수 있다. 굳이 자신의 정체성을 말하라고 한다면 '국제인'이 가장 적합할 것이라고 했다. 이러한 구술자의 성향이 그의 삶의 여정 속 어디에서 비롯되었는지를 살펴볼 필요가 있다. 우선, 민족적 정체성은 일반적으로 지배자 혹은 국가가 구성원들의 결속력을 강화하기 위하여 강조하고, 또한 사회화 교육 과정 속에 내재화시킨다. 구술자의 경우에는 일찍이 조국을 떠나 생활했으므로 사회화 과정에서 국가의 역할을 크게 받지 않았다. 더구나 유년기를 보낸 조국에 대한 기억이 그다지 긍정적이지 않다는 점에서 감정적인 소속감(혹은 애착심)도 부족했을 것이다. 필리핀에 정착해 사는 다른 한인 이주민의 사례를 통해 이와 유사한 이주 1.5세대 혹은 2세들의 정체성에는 가족의 영향이 큰 것을 알 수 있다(김동엽 2018). 즉 민족공동체를 떠나 해외에서 어린 시절을 보내는 경우 부모님이 조국의 권위를 대신하여 자녀들의 민족 정체성 형성에 일차적인 영향을 준다. 따라서 부모의 조국에 대한 생각과 부모의 자녀에 대한 영향력, 그리고 부모와 자녀와의 친밀도 등 다양한 측면을 살펴봐야 할 것이다. 구술자는 자신의 아버지에 대해 일본 식민지하에서나 미군의 군정시대, 그리고 독립 후 한국 정부에서도 엘리트로 살면서 시류를 잘 탄 기회주의자opportunist로 표현한 적이 있다. 아버지는 언제나 자신의 필요를 충족시켜주는 사람이었지만 자신과 '정'이 있는 관계는 아니었던 것으로 기억했다.

구술자는 성장 과정에 대한 진술 속에서 부모님으로부터 한인 정체성과 관련된 어떠한 기억이나 경험도 언급하지 않았다. 또한, 부모님에 대한 언급에서는 주로 부부싸움이나 자신이 혼난 기억 등 부정적인 측면이 대부분이었다. 이러한 측면에서 구술자는 국가와 가족의 영향보다는 자신이 경험에 기초한 독립적인 주체로서 정체성을 확립한 것으로 추정할 수 있다. 구술자가 해외 생활을 시작하면서 한국인으로서의 자신을 지각하게 된 것은 로마에서의 인종차별의식을 느끼면서 가진 열등감이었을 것이다. 그러한 인종적 열등감에 대한 기억은 내면화되어, 미국 유학을 권유받았을 때 이를 회피했던 이유로 볼 수 있다. 방콕에서의 생활과 마닐라에서의 생활은 구술자에게 그러한 인종적 차별의식에서 벗어날 수 있는 공간이었으며, 또한 조국의 위상보다 유엔에서 근무하는 아버지의 위치가 어린 시절 자기 우월성의 기초가 되었음을 알 수 있다.

이주지 필리핀이라는 공간은 구술자에게 있어서 제도적인 불편함이나 소통의 어려움이 없는 평안한 공간이었던 것으로 보인다. 필리핀은 이주민으로 구성된 국가가 아니므로 특별한 경우가 아니고는 시민권을 발급하지 않는다. 구술자는 필리핀 여성과 결혼함으로써 영주권을 취득했고, 1976년에 필리핀 시민권을 취득했다. 이는 구술자가 필리핀에서 생활하면서 어떠한 법적 차별이나 제한을 받지 않은 이유였다. 그렇다고 구술자가 필리핀인으로서의 정체성을 가지려고도 하지 않았다. 이는 1970년대 들어 필리핀의 국제적 위상이 출신국인 한국보다도 낮아지고 있는 시점에 그다지 매력적인 선택지가 아니었을 것이다. 더구나 필리핀 국민의 자국에 거주하는 외국인에 대한 우호적인 태도도 작용했을 것으로 보인다. 구술자는 1967년 필리핀으로 이주하여 50년이 넘도록 생활하면서 필리핀 현지어를 배우려고 하지 않았고, 오직 근래 들어서 필리핀어를 배워야겠다는 생각이 들었다고 하다. 필리핀에서는 사용하는 언어에 따라 계층이 구분되기도 하는데, 상류층으로 갈수록 보다 세련된 영어를 구사하는 경향이 있다. 이는 그들이 외국에 자유롭게 드나들 수 있는 경제적 여건을 대변하는 것으로 해석되기도 한다. 구술자는 영어를 가장 편한 언어로 삼고 있으며, 또한 현지인들도 부러워할 정도의 교육경력과 경제적 여건을 누리고 살았다. 구술자는 비록 한국 태생이지만 필리핀의 주류 사회의 일원으로 살았음을 그의 생애사 진술을 통해 알 수 있었다. 구술자는 동남아수산연구소에 근무하면서 필리핀 정부의 고위층과 지속적인 관계를 맺었고, 또한 1986년 필리핀 민주화 이후 아키노 정부의 요청으로 한국기업을 필리핀에 유치하는 일에 나서기도 했다.

이처럼 구술자는 거주지 필리핀에서 합법적인 필리핀 시민권자로서 활동에 제약받지 않고, 현지인과의 관계에서도 존경받는 외국계 시민으로서 필리핀 주류 사회의 벽을 느끼지 않고 살았음을 볼 수 있다. 구술자는 자신에게 가장 중요하게 생각되는 것은 어느 민족이나 국민인가가 아니라 '정의justice'라고 했다. 그는 스스로가 '프롤레타리아트' 정신을 타고났다고 했다. 이러한 구술자의 생각은 삶의 모습 속에서도 발견할 수 있다. 구술자가 자신의 마지막 프로젝트로 로마를 방문하여 가방 제작기법을 배워온 얘기를 하면서 자신이 로마에서 머문 숙소를 거론했다. 구술자는 인터넷에 있는 숙소 공유사이트에서 몇만 원 되지 않는 방을 얻어 생활했다고 한다. 필자가 사는 부산을 방문했을 때도 본인이 직접 허름한

골목길에 있는 모텔을 잡아 머물렀다. 이러한 구술자의 단편적인 모습에서 나타나는 생활 태도는 구술자와 10년 넘도록 매주 함께 골프를 치면서 친밀한 관계를 유지한 K 씨의 증언을 통해서도 확인할 수 있었다. K 씨에 따르면, 구술자는 골프를 칠 때도 너무나 검소한 차림이어서 함께하는 동반자들이 부끄럽게 느낄 정도라고 했다. 하지만 구술자는 주위에 어려운 사람들에게 많은 도움을 주고 있다고 했다. 자신의 가방공장에서 일하는 직원들에게 아내 몰래 금전적인 도움을 주기도 하고, 골프 연습장에서 일하는 아이들에게 장학금을 주기도 한다고 했다. 이러한 구술자의 생활 태도는 스스로를 규정하고 있는 '프롤레타리아트'로서의 삶과 자신이 중요하게 생각하는 '정의'를 표현한 삶의 모습이라 볼 수 있다. 구술자는 자신이 행하는 조그만 선의가 자신을 기쁘게 한다고 했다. 이처럼 구술자가 특정 민족이나 국가에 대한 정체성보다 인류의 보편적인 가치에 자신의 정체성을 찾으려 한 것은 구술자의 성장 과정과 필리핀이라는 이주 환경에서 만들어진 독특한 자기 지향성으로 볼 수 있다.

비교적 관점에서 본 김용찬 씨의 이주민 정체성

구술자 김용찬 씨의 사례가 필리핀 이주 한인의 정체성을 대변한다고 볼 수는 없다. 이주민의 정체성은 거주지 환경뿐만 아니라 자신의 가정환경과 성장배경, 그리고 거주지 필리핀에서의 경제적, 사회적 위치 등 다양한 측면이 영향을 미치기 때문이다. 김용찬 씨의 경우 가족과 함께 청소년기를 해외에서 보내고, 20세의 나이에 필리핀에 이주하여 현지인과 결혼하여 정착한 사례로 특수성이 있다. 그러나 이주지 필리핀 정부의 외국인에 대한 정책과 현지 주류 사회와의 관계는 다른 필리핀 한인 이주자들도 경험하는 것으로서 이주민 정체성 형성에 큰 영향을 미치는 것으로 볼 수 있다. 합법적인 이민을 받아들이지 않는 필리핀 정부의 정책과 함께 특히 1970년대 이후 한인 이주자들은 필리핀이 떠나온 조국보다 후진국이라는 생각으로 인해 필리핀 시민으로 동화되려는 경향이 현저히 약하다. 이는 필리핀 한인 이주민이 한국 국적을 포기하고 필리핀 국적을 취득할 수 있는 상황에서도 여전히 한국 국적을 유지하고 있으며, 자녀들도 한국 혹은 미국 국적자로 필리핀에 사는 경우가 많은 것을 통해서도 알 수 있다.

필리핀의 경우 오랜 식민지 과정을 거치면서 인종적인 혼합이 많이 이루어졌다. 그리고 이러한 인종적 혼합에 대한 일반적인 인식은 부정적이기보다는 긍정적인 경향이 강하다. 이는 오늘날 필리핀의 주류 사회에 스페인계와 중국계 후손들이 다수를 차지하고 있는 현상과도 관련이 있다고 볼 수 있다. 이처럼 필리핀 사회가 외국계 혈통에 대한 거부감이 없고 오히려 선망하는 상황에서 이주 한인들이 굳이 필리핀 국가와 사회에 일체감을 가질 필요를 느끼지 못한다. 또한 필리핀 사람들은 한류를 통해 한국에 대해 호감을 느끼고 있으며, 자국민 노동자를 파견하고 결혼 이주로 신부를 보내는 한국에 대해 선진국으로 인식하고 있다. 이러한 거주지 필리핀의 환경은 한인들에게 차별의식보다는 오히려 우월의식을 가지게 만든다.

거주지 필리핀의 특성은 중국이나 구소련처럼 다민족 사회의 통합을 위한 정부의 소수민족 정책이 한인 이주민의 정체성에 영향을 준 것과는 차이가 있다. 또한, 조선족처럼 집단으로서의 한인 이주민 사회가 스스로의 정체성을 유지하기 위한 다양한 노력도 필리핀에는 없다고 볼 수 있다. 미국이나 유럽처럼 자신의 의지와 여건에 따라 시민권을 취득하고 주류 사회의 일원으로 합류하기를 선망하는 상황과도 차이가 있다. 또한, 인종에 의한 차별의식이나 소수민족 간의 경쟁의식이 존재하지 않는 것도 차이로 볼 수 있다. 재일교포의 경우처럼 한인이라는 사실이 사회적으로 부정적이고 차별적인 요소로 작용하지 않는다. 또한, 거주지 국적의 취득 여부를 놓고 고민하는 상황이나 주류 사회의 차별에 대한 우려 때문에 한인으로서의 정체성을 숨겨야 하는 상황도 필리핀의 거주 현실과는 다르다.

거주지 필리핀은 다양한 측면에서 기존의 한인 이주민이 거주하는 국가들과 다른 거주 환경을 제공하고 있다. 이처럼 다른 거주지 공간은 필리핀 한인 이주민의 정체성이 기존의 다양한 연구가 이루어진 한인 이주민 거주국들의 경우와 구별되는 이유가 된다. 김용찬 씨의 사례는 필리핀 한인 이주민 정체성의 일면을 보여줄 뿐 전체를 대변하지는 않는다. 그러나 필리핀이라는 거주지 공간에서 만들어진 구술자의 탈민족적 정체성은 필리핀 한인 이주민 후예들에게 나타날 수 있는 정체성 경계 넘기의 일면을 보여주는 사례이다.

4. 한인과 필리핀인의 경계를 넘는 사람들

2020년 초부터 본격화되기 시작한 코로나19 사태로 인해 필리핀 한인 사회에 많은 변화가 일어나고 있는 것을 볼 수 있다. 또한, 이로 인해 향후 필리핀 한인 사회의 모습이 어떻게 될지에 대한 예측도 조심스럽게 해볼 수 있다. 2000년대 이후 필리핀 한인 사회는 주로 필리핀을 방문하는 한인 수에 크게 의존했다. 약 10만 명 정도로 추산되는 필리핀 한인 사회는 한국의 국내 상황에 따라 그 수가 증가 혹은 감소해왔다. 어학연수, 조기유학, 해외관광, 해외투자 등 다양한 명목으로 최근 170만 명이 넘는 한국인들이 필리핀을 방문하였으며,[6] 이들이 필리핀 현지에 머무르면서 필요한 숙박, 여행, 음식, 유흥 등을 제공하는 사업이 한인 사회의 주요 수입원이 되어왔다. 물론 모든 필리핀 이주 한인들의 경제 활동이 필리핀 방문 한국인을 상태로 한다고 단정할 수는 없다. 그러나 많은 필리핀 이주 한인들의 생계가 한국인 방문객 수와 밀접한 관련이 있는 것은 부인할 수 없다. 또한, 필리핀 한인 이주자들의 현지 정착 형태도 뿌리를 깊이 내리지 못하고 사업상 잠시 체류하는 장소로 간주하는 경

---

6 한국관광통계에 따르면 2019년 필리핀을 방문한 한국인은 약 178만 명에 이른다.

우가 많다. 게다가 필리핀 헌법상 자국민우선정책을 명시하여 외국인의 필리핀 재산권과 사업권을 엄격히 제한하는 법적인 한계로 인해 많은 필리핀 한인이 의식하건 의식하지 않건 불법이나 편법으로 사업을 하는 경우가 많다. 이러한 이주지 환경이 안정적인 정착을 어렵게 만들고, 한인 사회를 불안정하게 하는 이유가 되었다.

코로나19 사태를 통해 필리핀 한인 사회의 허약한 기반이 여실히 드러나는 것을 볼 수 있다. 필리핀 정부는 코로나 사태가 시작되자마자 국제선 운항 중단을 결정하고, 시행 이전에 필리핀 체류 외국인의 출국을 종용한 바 있다. 이에 따라 일시 체류 중인 한인들이 대부분 한국으로 귀국했으며, 장기체류 한인들도 많은 수가 일시적으로나마 사태를 피하고자 귀국했다. 이후 필리핀 정부의 코로나19 대처 정책이 영업 제한과 이동 통제 등으로 이어졌으며, 외국인의 입국도 1년 넘게 통제되고 있다. 이에 따라 삶의 터전을 필리핀에 두고 일시 귀국했던 필리핀 한인들이 재입국을 하지 못함으로써 많은 어려움을 겪고 있다. 코로나19 사태가 언제 종식되어 한인들의 자유로운 필리핀 입국이 실현될지 모르는 상황이다. 또한 코로나19 사태가 종식된 후 필리핀 한인 사회가 어떠한 모습을 띠게 될지 예측하기 어렵다. 코로나19 사태는 필리핀뿐만이 아니라 한국 사회에도 많은 고통을 주고 있다. 이는 1997년 IMF 사태 이후 많은 명예 퇴직자와 파산한 자영업자들이 새로운 삶을 개척하기 위해 필리핀에 진출했던 상황을 연상케 한다. 즉 코로나19 사태의 종식 이후 더 많은 한국인이 필리핀으로 몰려들 가능성도 있다. 그러나 이러한 유형의 이주는 성공적인 정착보다는 실패하고 돌아가는 경우가 많았음을 과거의 경험을 통해 알 수 있다.

코로나19 사태를 겪으면서 장차 필리핀 한인 사회의 새로운 중심으로 등장할 가능성이 큰 사람들을 발견할 수 있다. 코로나19 사태가 시작되면서 필리핀에서 사업을 하던 많은 한인이 일시적 혹은 영구적으로 철수를 결정하고 귀국했지만, 여전히 필리핀에 남아서 생존을 모색하는 한인들이 그들이다. 이들은 필리핀 현지 사회에 깊숙이 뿌리 내리고 정착해 사는 한인들이며, 대표적으로 한필 가족 구성원들이다. 코로나19 사태 이후 출입국이 통제된 상황에서 이들의 생활 모습은 소셜 미디어를 통해 알 수 있다. 이들도 많은 경우 필리핀 방문 한국인들을 대상으로 여행이나 숙박 혹은 유흥 관련 업종에 종사하다가 한국인 방문객의 단절로 경제 활동이 어려워지면서, 장차 정상화될 때를 대비하거나 혹은 수익을 창출할 목적으로 유튜브 방송을 시작하는 것으로 볼 수 있다. 최근 몇 개월간 많은 유튜브 채널이 개설되었으며, 또한 구독자 수도 급속히 증가하는 추세를 나타내고 있다.

이들은 필리핀 국민과 결혼하여 자녀를 낳고 필리핀 현지 가족들과 함께 생활하는 모습을 유튜브 방송을 통해 보여주고 있다. 필자는 필리핀 한인 사회를 연구하면서 대부분의 한필 가족 자녀들이 자연스럽게 필리핀인으로서의 정체성을 형성하는 성향을 감지했다. 유튜브 방송에 나오는 한필 가족 자녀들의 모습도 크게 다르지 않다. 자녀들에게 사용하는 언어도 대부분 영어나 필리핀어며,

일부 한국어를 섞어서 사용하는 것을 볼 수 있다. 한국인 아빠를 제외한 주위의 대부분 사람이 필리핀 현지인인 상황에서 한국인으로서 정체성이 형성될 것을 기대하기는 어렵다. 이는 한인들의 필리핀 이주보다 훨씬 긴 역사를 가진 중국인 후예들, 즉 필리핀 화인華人의 현지화 과정과 다르지 않다. 필리핀인과의 결혼을 통해 필리핀 사회에 합법적인 구성원으로 정착해 사는 한인들의 후손은 필리핀 화인들처럼 한국계 필리핀인으로서 한인과 필리핀인 정체성의 경계를 오가면서 살아갈 것이다.

필리핀 이주 초창기 한필 가족의 자녀들이 한인으로서의 정체성을 가지지 못했던 것은 필리핀 한인 사회의 배타적인 한인 가족의 태도와 더불어 한국의 국제적 위상이 오늘날처럼 자랑스럽지 못했기 때문이기도 하다. 그러나 오늘날 필리핀에서 한인은 선진국 국민으로 대접받으면서 부러움의 대상이 되고 있다. 또 다른 측면에서 필리핀 거주 한필 가족은 과거 1950~1960년대 필리핀 군인 혹은 군무원과 결혼하여 만들어진 한필 가족이나 2000년대 중반에 본격화된 국제결혼 정보업체를 통해 탄생한 한국의 다문화 가족과는 달리 필리핀 현지에서 주도적으로 자신의 삶을 개척하고 있다. 필리핀에서 나고 자란 이들의 자녀들이 향후 한인과 필리핀인의 경계에서 새로운 필리핀 한인의 표상으로 자리 잡게 될 것이라 예상할 수 있다. 이중 국적, 이중 언어, 초국가적 거주 환경 등을 가진 이들이 그동안 폐쇄적이며 본국 의존적이었던 필리핀 한인 사회에 새로운 주체로 등장할 것이다. 이는 그동안 불안정하게 유지됐던 필리핀 한인 사회의 새로운 미래를 여는 의미도 있다.

코로나19 사태를 통해 두드러진 국제적 환경은 자국민 보호와 이를 위한 국경 통제이다. 이와 더불어 온라인을 통한 비대면 소통이 더욱 강화되고 있다. 그동안 필리핀 한인들 간 소통의 장으로서 혹은 필리핀 이주를 고려하는 사람들이 정보를 구하는 공간으로써 인터넷 사이트나 카페 등이 주로 이용되었다. 대표적인 사이트로는 2010년 개설된 〈필고〉(https://www.philgo.com/)가 있는데, 2020년 10월 3일 현재 회원 수가 15만 7,469명에 이른다. 〈필고〉는 한국과 필리핀 관련 다양한 뉴스를 제공하고, 필리핀 한인들의 사업 정보, 이민 정보, 생활 정보 등 다양한 정보를 공유하는 공간이다. 지역별 그리고 주제별로 관심 사항을 찾아서 볼 수 있도록 하고 있으며, 게시판을 통해 다양한 의견 게재와 이에 대한 댓글 형식으로 활발한 의견 교환이 이루어진다. 한필 가족을 이루고 필리핀에서 살면서 자녀의 정체성에 관한 고민이 담긴 게시글 하나를 소개한다.[7]

ID 망고농부 게시글

안녕하세요.

현재 지방에서 필리핀 와이프, 두 자녀와 살고 있습니다.

애들 둘 다 현지 유치원, 초등학교에 다니고 있습니다.

---

7 "학교 입학 목적으로 자녀를 한국으로 데려가려고 합니다… 조언 부탁드립니다… 감사합니다" ID 망고농부, 2019.10.13 12:28, 〈필고〉 자유게시판 1274431045.

아홉 살, 일곱 살 두 살 터울입니다.
필리핀에서 태어나서 영어, 타갈로그어만 할 줄 압니다.
지방이라 한국어를 따로 가르치기가 어렵네요…. 먹고사는 데 바빠서 한글 공부에 신경을 전혀 못 썼던 게 내내 안타깝더라고요.

그래서 내년에 1~2년 정도 기간으로 해서 애들을 한국에서 공부를 시키려고 합니다.
한국말은 전혀 못 하는데, 한국에서 어떻게 공부를 시켜야 할지 걱정입니다.
와이프와 같이 가는 건데 전혀 경험이 없다 보니 걱정입니다.
학교 입학부터 살 집도 구해야 하고….

1~2년 정도 해서 애들이 한국말만 할 줄 알게 되면 다시 필리핀으로 돌아와서 여기서 고등학교에 보낼 생각입니다.
그 이후는 생각을 안 해봤고요. 먼저 한국말부터 가르치는 게 주목적입니다.
둘째가 사내놈이라 군 복무도 한국에서 시키고 싶은데 모르겠습니다.

먹고사는 데 빠듯하지만, 자녀에게 최소한 한국말과 아버지의 나라에 대해서 알려주고 싶거든요.
애들에게도 언젠가 생길 자기 정체성에 대한 고민이 있을 거지만…, 부모로서 해줄 수 있는 건 해주고 싶은 게 솔직한 심정입니다.

서론이 길었군요.

한국에서 애들 공부시키는 거나 생활에 대한 조언 좀 부탁드립니다.

당장 어떤 학교에 입학시켜야 할지 전혀 지식이 없거든요.

글 읽어주셔서 감사합니다.

ID 흑랑 댓글

제 지인이 한인 학교에 애를 보냈답니다. 엄마가 필리피나니까…, 애들, 선생, 학부모들이 애 엄마를 볼 때마다 "니네 야야는[8] 참 이쁘구나"라고 했답니다. 그냥 일반인 필리피나도 아니고 상류층이라 부를 정도의 집안 딸인데도 말이죠. 그게 따돌리려 의도한 건 아니지만 애 엄마나 애들한테는 어떤 영향을 끼칠지 모릅니다. 여기서도 그런데 한국에선 어떨까요??

ID Atlas 댓글

필리핀에서 자녀를 키우시는 분들의 최대 고민 중 하나라고 볼 수 있네요.

무턱대고 준비 없이 한국 일반 학교에 보낸들 아이들만 힘들어할 것 같고, 국내 국제학교 보내면서 한국어나 기타 문화를 체험하기에는 돈이 좀 들 것이고요….

8 필리핀어로 '야야'는 아이를 돌보는 보모를 지칭한다.

어느 정도 말을 하면 한번 가볼 수도 있지만요…. 개인적으로는 그건 아닌 듯싶네요.

일단 필리핀 내에서 한국에 대해 접할 기회를 많이 만들어주는 게 중요할 듯싶습니다. 어릴 때부터요…. 요즘은 한국 드라마, 가요 등 한류도 상당하여, 몇몇 외국인은 한류가 좋아 한글을 일부러 배운다고 하더라고요.

주변에 한글학교 같은 게 있으면 아내분도 같이 배우는 게 좋습니다. 대부분 부인이 한글을 습득하면 애들도 관심을 가지게 될 것이고요. 사실 혼자 이해 못 하고, 애 아버지와 애들이 한국어 구사한다면 좋지 않겠죠. 애 엄마가 "너희 아버지는 한국인이니 한글도 배워야 해"라면 좋겠지만, 애들이 한글을 알아도 본인은 이해를 못 할 테니 별로 중요하게 못 느낄 겁니다. 그래서 같이 배우는 게 좋습니다.

ID 강변호사 댓글

이 같은 경우를 중도 입국 청소년 문제라고 합니다. 최근 한국에서의 다문화 가정과 관련된 사회 문제 중 하나입니다.

정부나 지방자치단체는 이와 관련하여 여러 가지 다양한 해결 방안을 제시하고 있습니다만, 실제로는 아직도 매우 미흡한 상황입니다.

중도 입국 청소년의 대부분은 한국의 학교와 직장에서 적응하지 못하고 이른바 니트족이 됩니다.

한국에서 아이들을 공부시키는 것에 대해서는 조금 더 신중하게 생각하실 필요가 있을 것 같습니다.

이상의 질문과 댓글에서 필리핀에 사는 한필 가족 자녀의 정체성 문제가 한국 아버지의 고민인 것을 볼 수 있다. 사용 언어는 개인의 정체성에 있어서 가장 중요한 요소 중 하나라고 할 수 있다. 그러나 필리핀에 사는 한필 가족 자녀의 경우 한국어를 습득할 수 있는 환경이 제대로 되어 있지 않음을 볼 수 있다. 또한, 댓글에서 보듯이 한국인과 한국 사회에서 한필 가족 자녀들에 대한 차별의식 또한 한인 정체성을 형성하는 데 장애요인으로 작용하고 있음을 볼 수 있다. 〈필고〉 사이트는 비록 필리핀에서 운영되는 필리핀 한인 사이트지만, 그 주체와 관점이 한국인 중심으로 되어 있다. 따라서 한필 가족에 대한 시각이 다분히 예외적이고 차별적으로 취급되고 있음도 볼 수 있다. 근래 인터넷 사이트보다 더 대중적인 접근이 쉽고 파급효과가 큰 소셜 미디어로서 유튜브가 등장하면서 필리핀 한필 가족에 대한 고정관념에 변화를 가져오고 있다.

필리핀에서는 정부정책에 의해 2020년 3월부터 강력한 이동 통제가 시행되고 있으며, 이로 인해 필리핀 한인들 사이에 더욱 활발해진 소통 공간으로 유튜브가 부상하고 있다. 2018년부터 개설되기 시작한 필리핀 한인들의 유튜브 채널은 이동제한정책lock-down 실시 이후 구독자와 조회 수도 급속히 증가하는 추세를 보여주고 있다. 더욱 두드러진 현상은 주요 유튜버들이 한필 가족이라는 점이다. 이들은 대부분 관광업에 종사하거나 소규모 사업체를 운영하다가 코로나19 사태로 인해 주변의 많은 한인이 귀국하는 상황에서 가족과 함께 필리핀에 남아 생활하는 경우이다. 대부분의 경제 활동이 제한된 필리핀 코로나19 사태 속에서 유튜브 방송은 자신의 존재감을 찾는 동시에 경제적인 수익을 기대할 수 있는 돌파구로서 큰 의미가 있는 것 같다. 급증하는 구독자와 조회 수는 필리핀 내에서 외부 출입이 자유롭지 않은 많은 한인과 한국에 일시 귀국해 있는 사람들이 무료한 시간을 보내면서 현지 소식도 알아보려는 수요가 많기 때문으로 볼 수 있다.

필리핀 이주 한인이 운영하는 유튜브 채널 중에서 가장 성공한 방송은 〈한필커플 피나이티비〉이다. 2018년 1월 14일 개설되어 2020년 10월 4일 현재 구독자 수가 21만 3,000명이며 조회 수도 8,604만 2,496회를 기록하고 있다.[9] 유튜브 이용자의 급속한 증가와 함께 외국 생활에 대한 일반인들의 관심이 높아짐에 따라 각 국가별로 해당 국가의 문화를 소개하는 채널들이 등장해 인기를 끌고 있다. 많은 경우 해당 지역에 대한 전문적인 지식과 경험을 바탕으로 해당 지역의 생활 모습과 문화를 전달하는 직업적 유튜버가 많아졌다. 그러나 필리핀의 대표적 유튜브 채널인 〈한필커플 피

9 해당 구독자와 조회 수는 2020년 10월 4일에 조사한 결과이다. 이하에 소개되는 여타 유튜브 채널 관련 수치도 같은 날짜에 조사한 결과이다.

나이티비〉는 세부에 사는 한필 가족의 소소한 생활 이야기를 브이로그vlog 형식으로 소개하고 있다. 필리핀인 부인과 두 딸을 둔 운영자는 필리핀에서 관광 가이드로 일하면서 유튜브 채널을 시작하였다. 영상을 통해 보여주는 부인과 딸들, 그리고 부인의 가족들과의 관계에서 보이는 상호작용은 한국과 필리핀 문화가 융합되어 새로운 형태의 가족 문화가 등장한 것을 볼 수 있다. 이 채널 이외에도 2019년 5월 13일 첫 방송을 시작하여 현재 7만 7,700명의 구독자와 1,612만 1,331회의 조회 수를 기록하고 있는 〈필리핀 한량〉은 필리핀 처가에서 생활하면서 가족들과의 생활 모습을 소개하고 있다.

특히 코로나19 사태 이후에 시작하여 몇 개월 만에 많은 구독자와 조회 수를 기록한 채널들도 다수 있다. 대표적으로 〈필리핀 클락 사랑아빠〉은 2020년 4월 7일 개설되어 6개월 만에 구독자 2만 2,000명에 조회 수가 400만을 넘는 빠른 성장세를 보이고 있다. 이 채널은 클락·앙겔레스 지역에서 골프 여행객 가이드를 하는 한국 남성이 필리핀 여성과 결혼하여 두 딸을 낳고 살아가는 소소한 이야기를 소개하고 있다. 한필 가족으로 필리핀에 정착해 살아가는 한국인이 경험하고 느끼는 다양한 이야기를 소재로 다루고 있다. 특히 한국인으로서 필리핀 사회에서 살아가기 위해 현지 문화에 적응하고, 다름을 이해하고 인정하는 모습을 발견할 수 있다. 필리핀 아내와 두 딸의 모습은 우리 나라에서 볼 수 있는 다문화 가정의 그것과는 차이가 있음을 알 수 있는데, 아이들과의 대화에서 간

혹 한국어와 필리핀어를 사용하기는 하지만 대부분 영어가 주요 언어로 사용되고 있기 때문이다. 유사한 성격의 한필 가족 유튜브 채널로 2020년 6월 4일 첫 방송을 시작한 〈채널 T〉와 2020년 8월 20일 시작한 〈인조이 필리핀〉이 있으며, 많은 구독자가 시청하고 있다. 이들은 자신의 필리핀 정착 이야기와 함께 필리핀에서 사업하면서 겪은 경험, 그리고 필리핀 뉴스를 분석하여 제공하는 등 보다 전문적이고 깊이 있는 주제들을 다루기도 한다. 이들의 자녀들도 비슷한 환경 속에서 성장하고 있는 것으로 보이며, 향후 한국계 필리핀인으로의 정체성을 형성할 것으로 보인다.

최근 정보통신기술의 급속한 발전으로 정보습득의 통로로 주류 미디어보다 유튜브와 같은 개인 채널의 영향력이 더욱 강화되고 있다. 필리핀 관련 유튜브 영상들을 살펴보면서 한필 가족에 대한 이미지가 점차 변화하고 있음을 느끼게 한다. 물론 유튜브 영상으로 소개되는 모습이 전체 한필 가족을 대변한다고 볼 수는 없다. 그러나 한국 사회에서 대중매체를 통해 흔히 봐왔던 동남아 다문화 가정의 이미지와는 다른 점을 발견할 수 있다. 필리핀 여성과 결혼한 한국 남성들도 해외 유학이나 직업과 관련하여 외국 경험이 풍부하고, 언어나 사고방식 등이 다분히 국제화되어 있어 필리핀 사회에 자연스럽게 적응해 살고 있음을 볼 수 있다. 이는 필리핀 국가의 엄격한 이민정책과는 달리 필리핀 사회가 오랜 역사적 과정을 통해 외국인에 대해 대단히 우호적이며 포용적이라는 점에서 국제결혼 가정이 살아가는 데 좋은 환경을 제공하기 때문이기도 하다.

필리핀에서 법률상 특별한 경우를 제외하고 영구정착의 가장 일반적이며 합법적인 방안이 현지인과의 결혼이다. 이번 코로나19 사태로 인한 자국민우선정책은 외국인 신분으로 필리핀에서 생활하는 것에 대한 한계를 더욱 명확히 드러냈다. 이러한 상황이 코로나19 사태 종식 이후에도 크게 변화되지 않는다면 필리핀 한인 사회의 구성원과 성격도 크게 변화될 것이다. 이는 향후 정체성의 경계를 넘는 한필 가족과 그들의 후손들이 필리핀 한인 사회의 새로운 주요 구성원으로 부상할 것으로 예상할 수 있다.

나오며

더 나은 미래를 향하여

역사적 맥락에서 한국과 필리핀과의 관계는 밀접하면서도 그다지 주목받지 못하는 주변적인 요소로 간주되어온 것이 사실이다. 한국에 있어 필리핀은 냉전 시대 자유진영의 동맹국이면서 6·25전쟁 때 함께 피를 나눈 혈맹이기도 하다. 이념의 시대가 저물고 경제가 국가 간 관계를 주도하는 시대로 접어들면서 필리핀은 동남아라는 저발전 지역 국가로서 한국인의 관심에서 멀어져갔다. 1990년대 세계화 시대의 바람을 타면서 값싸게 영어를 배울 수 있는 국가이며, 또한 사건 사고가 한국 언론에 자주 등장하는 치안이 불안한 국가라는 이미지가 한국인의 필리핀에 대한 인식으로 자리 잡게 되었다. 최근 우리 정부의 신남방정책 추진에 따라 아세안이 주목받고 있지만, 필리핀은 베트남, 인도네시아, 싱가포르 등 주요 경제협력 국가들 사이에서 크게 주목받지 못하고 있다. 한편 필리핀 국민의 관점에서 한국은 해외 취업의 기회를 제공하는 국가이며, 한국인과 결혼한 딸을 가진 필리핀 사람들에게는 가족과 같은 친근한 국가일 것이다. 또한, 2000년대 들어 불기 시작한 한류 바람은 필리핀 사회에서 한국에 대한 호감도를 높이는 데 크기 기여하고 있다. 이처럼 한국 사회에서 바라보는 필리핀과 필리핀에서 바라보는 한국의 시선에는 많은 차이가 있다.

최근 우리 정부가 추진하는 신남방정책의 주요 목표인 3P(People,

Peace, Prosperity) 중 하나인 사람은 인적 교류와 문화적 교류의 확대를 통한 상호 이해의 증진에 주안점을 두고 있다. 이러한 이해를 바탕으로 향후 한-아세안 공동체를 지향하고 있음을 천명하고 있다. 이처럼 국가적 차원에서 추진하고 있는 신남방정책을 성공적으로 추진하기 위해서는 필리핀과 직접 교류하는 한국인, 특히 현지에 거주하고 있는 한인들의 역할을 강화시킬 필요가 있다. 필리핀 사회에서 한국과 한국인에 대한 이미지는 대중매체를 통해 상상되지만, 이러한 상상은 실제로 현실 속에서 경험하는 한국인과 한인 사회를 통해 조정되고 구조화된다. 따라서 필리핀에 거주하고 있는 한인들이 현지 필리핀 사람들과 원만하고 우호적인 관계를 맺는 것은 양국 관계에 있어서도 매우 중요하다.

해외 이주 한인의 역사 속에는 많은 이야기가 담겨 있다. 특히 조국이 국민의 안위를 책임지지 못하는 식민지 상황이나 전쟁과 기근으로 이주를 선택할 수밖에 없는 현실 속에서 새로운 삶을 찾아 떠나야만 했던 우리 민족의 슬픈 역사적 산물이기도 하다. 필리핀 한인 사회의 뿌리도 이러한 조국의 슬픈 현실과 맞닿아 있다. 1950년대 6·25전쟁과 전후 빈곤으로 생계를 잇기가 어려웠던 시절 군인이나 군무원 혹은 기술자로 한국에 온 필리핀 남자와 결혼하여 필리핀으로 이주한 필리핀 이주 한인 1세대가 그들이다. 이후 한국의 경제발전 성공과 상대적으로 필리핀 경제의 발전 지체로 인해 1970~1980년대 우리 기업들이 필리핀에 진출하게 되면서 다수의 고급인력이 필리핀으로 이주하게 되었다. 필리핀 이주 한인 2세대로 볼 수 있는 이들 중에는 국제기구 종사자, 기업 주재원, 그리고 선교사와 같은 직종에 근무하는 사람들이 다수를 이루었다. 비록 그 수가 많지는 않았지만, 이들은 필리핀 한인 사회를 형성하고 이끌어온 주체로서 그 역할이 지금까지도 이어지고 있다고 볼 수 있다.

필리핀 한인 사회에 급속한 변화는 1990년대 이후에 나타나며, 이는 한국 정부의 해외여행자유화정책, 해외투자자유화정책, 그리고 한국 사회의 세계화 열풍과 같은 시대적 변화에 기인한 것이다. 필리핀은 가까우면서도 영어를 배울 수 있는 국가로 주목받기 시작하면서 수많은 한국인이 필리핀에 오게 되었고, 이들을 따라 어학원, 하숙집, 식품점, 식당 등을 운영하는 소상공인 또한 늘어났다. 한편 우리 기업들의 필리핀 진출이 늘어나면서 주재원 수도 급속히 증가했다. 다양한 이유와 배경을 가지고 필리핀에 온 이들 필리핀 이주 한인 3세대들은 오늘날 필리핀 한인 사회의 다양하고 다채로운 모습을 대변한다고 볼 수 있다. 한편 2020년에 본격화된 코로나19 사태는 1990년대 이후 급속히 증가했던 필리핀 한인 사회에 양적, 질적 변화를 가져올 것으로 보인다. 코로나19 사태 종식 이후 필리핀 한인 사회의 규모가 이전과 같이 회복될지는 모르겠지만, 점차 존재감이 부각되고 있는 필리핀 한필 가족과 그 후손들이 차지하는 필리핀 한인 사회에서의 역할은 점차 강화될 것으로 예상된다.

필리핀 한인 사회에 관한 연구를 시작하면서 가장 어려웠던 부분은 기초자료를 수집하는 것이었다. 필리핀 한인 사회에 대한 체계적인 기록과 연구가 제대로 이루어져 있지 않을 뿐만 아니라, 한인 사회의 흐름을 살펴볼 수 있는 자료들을 찾기가 힘들었다. 이는 이주지로써 필리핀은 한인 이주민 수가 적고 역사적 맥락도 그다지 관심을 끌지 못함으로써 학자들의 연구 대상에서 벗어나 있었기 때문이기도 하다. 더불어 오늘날까지 필리핀 한인 사회 조직이 제도화되어 체계적으로 운영되고 역사적 자료를 체계적으로 축적해오지 못한 측면도 연구의 시작을 어렵게 만드는 원인으로 볼 수 있다. 이러한 상황에서 필자는 주로 한인들을 만나 인터뷰를 함으로써 정보를 구하고, 사람을 소개받고, 또한 구술자료를 녹취하는 방법을 통해서 연구를 진행할 수밖에 없었다. 특히 연구를 진행하면서 필리핀 한인노인회 회원들의 도움을 많이 받았고, 그들의 이야기가 바로 필리핀 한인 이주의 역사 그 자체였음을 깨닫게 되었다. 그들의 필리핀에서의 경험을 기록으로 남기고 싶다는 필자의 요청에 친절하고 성의 있게 인터뷰에 응하시는 모습도 감동적이었다. 안타까운 사실은 연구가 진행되는 3년 동안에 이미 세상을 떠난 분도 계시고, 건강이 많이 안 좋아지신 분들도 계시다는 것이다. 기록자료가 부족한 필리핀 한인 이주사 분야에서 이들의 이주와 정착에 관한 기억은 수집 기한이 그리 많지 않은 귀중한 자료가 아닐 수 없다.

오늘날 필리핀의 한인 사회는 제도적인 차원에서 다른 국가들과 비교해서 잘 조직되고 운영되는 것으로 스스로 평가하고 있다. 전국적인 조직을 가진 필리핀한인총연합회가 다양한 활동을 통해 필리핀에서 한인 사회의 이미지를 만들어가고 있다고 볼 수 있다. 본 연구를 통해 필리핀 한인 사회의 환경도 시대적 흐름에 따라 많은 변화를 겪고 있음을 볼 수 있었다. 하지만 1970~1980년대 소수 엘리트 그룹에 의해 주도되며 큰 분란 없이 이어져 왔던 한인회의 운영체계가 1990년대 들어와 폭발적으로 증가한 다양한 부류의 한인들로 인해 제기되는 수많은 요구를 적절히 수렴하고 관리하는 데 적절한지에 대한 의문이 들기도 했다. 특히 한인회의 운영이 회장 개인의 재정적 역량과 인맥에 크게 의존하고 있는 현실은 한인회가 한인들 사이에 '그들만의 리그'로 간주하는 주된 원인이 되고 있다. 오늘날 필리핀 한인 사회는 그 구성원들의 지리적 분화뿐만 아니라 문화적 차이, 계층 간 분화, 그리고 현지화 정도 차이 등 다양한 요소들로 인해 그 특징을 규정하기가 쉽지 않다. 또한, 교통과 통신의 급속한 발달로 인해 3~4시간 정도에 불과한 한국과 필리핀의 물리적 거리는 필리핀 거주 자체가 기존의 '해외 이주'라고 하는 무거운 개념으로 포착할 수 없는 경우도 많이 있다. 한편 합법적인 이민 국가가 아닌 필리핀으로의 이주와 정착은 다양한 법적인 문제에 직면하게 만든다. 특히 코로나19 사태를 계기로 국제적 환경이 자국민 보호와 국경통제정책이 강화될 경우 필리핀 이주와 정착 패턴이 이전과는 같지 않을 것이다. 이처럼 변화하는 필리핀 한인 사회 현실을 반영하는 조직과 운영에 혁신이 필요하다고 본다.

필리핀에 거주하는 한인들은 대부분 필리핀 사회에 제대로 융합되지 못하고 제한된 영역에서 분리된 생활을 하고 있음을 발견할 수 있었다. 그러한 이유 중에는 한국인들이 필리핀의 언어와 문화 등 현지에 융합하여 살아갈 수 있는 기본적인 소양을 갖추지 못한 채 필리핀에 이주하여 생활하는 경우가 많기 때문이기도 하다. 더불어 한국에서나 필리핀에서 이들 한인 이주자들이 현지에 제대로 적응하여 살아갈 수 있도록 안내하고 도와주는 제도적 장치가 제대로 갖추어지지 않은 것 또한 발견할 수 있었다. 대부분의 한인 이주자들은 자신들이 가지고 있는 제한된 정보나 이윤 추구를 목적으로 하는 중계업체의 도움으로 현지 생활을 시작하는 경우가 많다. 따라서 많은 한인이 그리 많지 않은 자본으로 필리핀에서 새로운 삶을 개척하려다가 자본금만 날리고 되돌아와야 하는 상황을 맞기도 한다. 간혹 정착에 실패한 일부 한인들이 필리핀에 남아서 필리핀과 한인 사회에 문제를 일으키는 예도 있다. 이러한 이유로 인해 필리핀 이주 한인들 간에 신뢰를 바탕으로 한 사회적 자본이 제대로 형성되지 못했음을 발견할 수 있다.

필리핀에 이주하여 정착해 사는 한인들이 필리핀 사회에 잘 융합되어 살아가는 것은 양 국가 간의 우호적 관계를 증진해나가는 데도 중요하게 작용할 것이다. 따라서 이를 위한 국가적 차원의 관심과 지원을 강화할 필요가 있다. 또한, 필리핀 한인 사회도 변화하는 환경에 맞추어 효과적으로 한인들을 조직하고, 불의의 사건·사고로부터 한인을 보호하는 체계를 갖추어나갈 필요가 있다. 다양한 이유와 목적을 가지고 수많은 한인이 방문하는 필리핀의 특수한 환경을 고려하여 대사관과 한인회 조직을 중심으로 원활한 소통체계를 마련하고, 이를 통해 필리핀 이주 한인들 간의 신뢰를 쌓고 더욱 강화해나가야 할 것이다.

강수옥. 2013. "중국 조선족의 역사적 형성과 정체성." 『디아스포라연구』 7(1): 89-101.

김도형. 2014. "일제 말기 필리핀·버마지역 한인 병사의 강제동원과 귀환." 『한국독립운동사연구』 47: 153-196.

______. 2015. "도산 안창호의 '영행권'을 통해 본 독립운동 행적." 『한국독립운동사연구』 제52집: 35-63.

김동엽. 2008. "필리핀의 정당정치와 민주적 정치발전." 『동남아시아연구』 18(2): 33-67.

______. 2009. "동남아 은퇴이주의 실태와 전망: 필리핀을 중심으로." 『동아연구』 제57집: 233-265.

______. 2013. "필리핀 무슬림 분리주의 운동의 발생과 전개: 이슬람 부흥운동의 맥락에서." 『동아연구』 32(2): 263-300.

______. 2016. "한국-필리핀 관계: 혈맹에서 전략적 동반자로." 이충열·홍석준·윤대영 편저. 『한-아세안 관계 우호와 협력의 25년』. 서울: 도서출판 눌민.

______. 2018. "이주 시기와 형태에 따른 필리핀 한인동포의 국가 정체성 연구." 『동아연구』 37(2): 287-317.

______. 2019. "필리핀 한인 재외동포의 구술생애사를 통해 본 민족 정체성." 『동남아시아연구』 29(4): 185-222.

김민정. 2014. "한국과 필리핀 '사이': 세계화정책 이전 필리핀의 재외한인과 결혼 이주." 『한국사회학회 사회학대회 논문집』: 229-231.
______. 2015. 1900년대 초중반기 필리핀의 한인이주에 대한 성찰적 연구." 『사회와역사』 107: 251-284.
김범수. 2018. "혈육에서 경계인으로—1980년대와 1990년대 재일동포의 표상과 한국 민족주의." 『정치사상연구』 24(2): 167-198.
김영천·한광웅. 2012. "질적 연구방법으로 생애사연구의 성격과 의의." 『교육문화연구』 18(3): 5-43.
김왕배. 2003. "미주 한인 후예들의 민족주의—민족 정체성 형성을 중심으로." 『현상과인식』 27(12): 55-75.
김용찬. 2006. "국제이주분석과 이주체계접근법의 적용에 관한 연구." 『국제지역연구』 제10권 3호: 81-106.
김혜진. 2008. "고려인 청년층의 민족 정체성 형성과정에 대한 고찰—모스크바 및 남부 러시아 지방을 중심으로." 『슬라브학보』 23(4): 279-298.
김휘택. 2013. "프랑스의 국가정체성 논의에 대하여." 『한국프랑스학논집』 82: 305-338.
남근우. 2011. "제일동포사회의 문화정체성에 관한 연구—민족, 조국 귀속성, 현실의 '3중 경계문화정체성'을 중심으로." 『국제정치논총』 51(4): 159-188.
남혜경·김영순. 2018. "재독 한인국제결혼여성의 생애사에 나타난 이주의 의미." 『교육문화연구』 24(6): 667-685.
데이비드 허다트, 조만성 옮김. 2011. 『호미 바바의 탈식민적 정체성』. 서울: 도서출판 앨피.
류지영. 2005. "재미한인 영재 청소년의 민족적 정체감 형성." 『청소년학연구』 12(1): 348-370.
민성은·최성호·김영천. 2017. "생애사 연구의 개념적 모형에 대한 이론적 탐색." 『교육문화연구』 23(1): 465-500.
미셸 세르, 실비 그로스조프 외, 이효숙 옮김. 2013. 『정체성, 나는 누구인가』. 파주시: ㈜알마.
박경용. 2013. "사할린 한인 김옥자의 삶과 디아스포라 생활사—기억의 환기를 통한 구술생애사 방법을 중심으로.”『디아스포라연구』7(1): 163-196.
______. 2014. “한 조선족 여성의 가족사를 통해 본 디아스포라 경험과 생활사—1932년생 박순옥의 삶을 중심으로.”『아시아연구』17(3): 1-36.
박경용 · 임경희. 2016. “한 조선족 여성의 디아스포라 경험과 젠더 재구성—중국 칭다오 거주 P씨의 구술생애사를 중심으로.”『아시아여성연구』55(1): 199-236.
박권일 · 서경식. 2006. “서경식 도쿄케이자이대 교수—‘디아스포라로 살아가는 건 나의 숙명’.”『월간말』6월호: 48-53.
박신규. 2008. “국제결혼이주여성의 정체성 및 주체성의 사회적 위치성에 따른 변화—구미 지역의 국제결혼이주여성의 생애사 분석을 중심으로.”『한국지역지리학회』14(1): 40-53.
박승규. 2013. “정체성, 인간과 공간의 관계를 설명하는 노두.”『대한지리학회지』48(3): 453-465.
박정현 · 김동엽 · 리노바론. 2015.『한국-필리핀 교류사』. 서울: 폴리테이아.
박준규. 2002. “복합정체성, 그 가능성과 한계-미국의 마이너리티 문제를 중심으로—미주한인의 디아스포라적 아이덴티티.”『역사비평』2월호: 300-321.
박철민. 2014. “국내 이주 코리언 디아스포라의 정체성 변용과 가치지향—한국(인)과의 가치충돌 양상을 중심으로.”『디아스포라연구』8(2): 41-75.
박창욱. 1996. “특집2: 재외 한국인의 고민과 선택: 중국 ‘조선족’ 어디로 가고 있는가.”『역사비평』5월호: 98-111.
서경식. 1996. “특집2: 재외 한국인의 고민과 선택: ‘제일조선인’의 위기와 기로에 놓인 민족관.”『역사비평』5월호: 63-86.
설동훈. 2014. “국제결혼이민과 국민 · 민족 정체성—결혼이민자와 그 자녀의 자아 정체성을 중심으로.”『경제와사회』103: 278-312.
성현경 엮음. 2015.『경성 엘리뜨의 만국유람기』. 서울: 현실문화연구.
손대원 · 윤서옥. 2017.『독일 함부르크 한인들의 삶과 문화』. 서울: 국립민속박물관.
송건호. 1991.『홍사익 장군의 평전』. 국사편찬위원회.
야마모토 시치헤이, 정성호 옮김. 1986.『한국인 일본 육군 중장 홍사익 전범재판기록』. 서울: 은행계.

양영자. 2013a. “내러티브-생애사 인터뷰 분석의 실제—재독한인노동이주자 인터뷰를 중심으로.” 『한국사회복지학』 65(1): 271-298.
______. 2013b. “재독한인 노동이주남성의 젠더 정체성—생애사적 사례재구성 방법에 기초하여.” 『한국사회복지학』 65(3): 79-106.
______. 2016. “독일로 떠난 한인 간호여성의 사회운동 과정에 대한 생애사 연구—탈정체화의 정치.” 『비판사회정책』 53: 48-95.
오영섭·성현경 엮음. 2015. “유학생 오영섭, 약소민족의 독립을 지켜보다.” 『경성 엘리트의 만국 유람기』. 서울: 현실문화연구: 285-319.
유 게라심. 1996. “특집2: 재외 한국인의 고민과 선택: 러시아 ‘고려인’의 방황 어디서 끝나는가.” 『역사비평』 5월호: 112-125.
유양수. 1988. 『대사의 일기장』. 서울: 수문서관.
윤성우. 2004. 『폴 리쾨르의 철학』. 서울: 철학과 현실사.
윤인진. 2000. “해외 한인의 민족 정체성과 애착: 미국과 독립국가연합 한인의 비교.” 『한국사회학회 사회학대회 논문집』.
윤인진·임창규. 2008. “재미한인 차세대의 인구학적 특성과 사회경제적 지위 성취: 세대별 및 민족집단별 비교.” 『세계지역연구논총』 28(3): 409-438.
윤택림. 1993, “기억에서 역사로: 구술사의 이론적, 방법론적 쟁점들에 대한 고찰.” 『한국문화인류학』 25: 273-294.
______. 2009. “구술사 연구방법론.” 『한국행정학회 학술발표논문집』, 511-531.
이도학. 2010. 『백제 사비성 시대 연구』. 서울: 일지사.
이만영·김수연. 1995. “생애사life story 해석에 대한 경험적 연구.” 『한국심리학회지』 14(1): 85-116.
이석인. 2015. “한국계 미국인의 세대별 정체성 차이 분석 연구.” 『디아스포라연구』 9(1): 189-211.
이은정. 2019. “식민지기 만주 경험 여성의 귀환과 정체성 전략—구술생애사를 중심으로.” 『민족문화논총』 71: 1-33.
이현정. 2001. “조선족의 종족 정체성 형성 과정에 관한 연구.” 『비교문화연구』 7(2): 63-105.
이효선·김혜진. 2014. “생애사 연구를 통한 이주여성노동자의 삶의 재구성—파독간호사 단일사례 연구." 『한국여성학』 30(1): 253-288.
이희영. 2005. "사회학 방법론으로서의 생애사 재구성—행위이론의 관점에서 본 이론적 의의와 방법론적 원칙." 『한국사회학』 39(3): 120-148.
임영언. 2007. "재일한인청소년의 민족 정체성Ethnic Identity의 형성과정." 『디아스포라연구』 1(2): 125-148.
조의행. 2015. "광복 70년, 한국인의 민족 정체성 연구—민족과 민족사가 실종된 민족 정체성." 『현상과인식』 39(3): 111-129.
조홍국 · 윤진표 · 이한우 · 최경희 · 김동엽. 2011. 『동남아시아의 최근 정치 · 외교에 대한 전략적 평가: 태국, 베트남, 인도네시아, 필리핀을 중심으로』: 11-07. 서울: 대외경제정책연구원.
주필리핀한국대사관. 2013. 『필리핀 개황』. 마닐라: 한국대사관.
채수홍. 2005. "호치민 한인사회의 사회경제적 분화와 정체성의 정치학." 『비교문화연구』 11(2): 103-142.
최성환. 2010a. "조선후기 문순득의 표류와 세계인식." 박사학위논문. 목포대학교.
______. 2010b. "19세기 초 문순득의 표류 경험과 그 영향." 『지방사와 지방문화』 13(1): 253-305.
최인혁 · 이영학. 2015. "생애사 연구에 기반을 둔 개인 기록화 연구." 『한국기록관리학회지』 15(4): 49-76.
코트라마닐라무역관. 2016. 『필리핀 출장자료』. 마닐라: 코트라.
한국독립운동사편찬위 편. 2005. 『한국독립운동의 역사』. 온라인 자료.
한국동남아연구소. 2010. 『동남아의 한국에 대한 인식』. 서울: 명인문화사.
한국교회 필리핀 선교 40년사 발행위원회. 2016. 『한국교회 필리핀 선교 40년사』. 서울: 도서출판 크리스천언론인협회.
홍순형. 1996. "특집2: 제외 한국인의 고민과 선택 미국 '한인'사회의 분열과 갈등." 『역사비평』 5월호: 87-97.
홍용희. 2012. "한민족 디아스포라문학의 이중적 정체성과 한류의 역할론." 『한국사학연구』 35: 495-516.
홍태영. 2011. 『정체성의 정치학』. 서울: 서강대학교 출판부.

Abejo, Raymund Arthur G. 2005. "Early Philippine-Korean Contact: Exiled Korean Catholics in the Philippines during the 17th Century." ASEAN University Network and Korean Association of Southeast Asian Studies eds. *Relations between Korea and Southeast Asia in the Past*. Thailand.

Anderson, Benedict. 2003. *Imagined Communities* (1st print 1983). Pasig City: Anvil Publishing Inc.

Blair, E. H. and J. A. Robertson. 1962. *The Philippine Islands 1493-1803*[-1898], total 55 volumes, Cleveland 1903-9; reprinted in Manila, c. 1962.

Castles, Stephen. 2002. "Migration und Community Formation under Conditions of Globalization." *International Migration Review*, Vol. 36, No. 4: 1143-1168.

Erikson, E. H. 1968. *Identity: Youth and Crisis*. New York: W.W. Norton & Company.

Hobsbawm, Eric J. 1992. *Nations and Nationalism Since 1780: Programme, Myth, Reality*. Cambridge: Cambridge University Press.

Huntington, Samuel P. 1991. *The Third Wave: Democratization in the Late Twentieth Century*. Norman and London: University of Oklahoma Press.

Jose, Lydia Yu. 2011. "The Koreans in Second World War Philippines: Rumour and History." *Journal of Southeast Asian Studies* 43(2): 324-339.

Kim, Dong-Yeob. 2015. "Korea-Philippine Relations: From Blood-tied Alliance to Strategic Partnership." LEE, Choong Lyol, HONG Seok-Joon and YOUN Dae-yeong (eds). *ASEAN-Korea Relations: Twenty-five Years of Partnership and Friendship*. Seoul: Nulmin Books Publishers: 674-723.

Kivisto, Peter. 2001. "Theorizing Transnational Immigration: A Critical Review of Current Efforts." *Ethic and Racial Studies*. Vol. 24 No. 4: 549-577.

Kutsumi, Kanako. 2007. "Koreans in the Philippines: A Study of the Formation of their Social Organization." Miralao, Virginia A. and Lorena P. Makil (eds). *Exploring Transnational Communities in the Philippines*. Quezon City: Philippine Migration Research Netork and Philippine Social Science Council.

Legarda, Benito J. Jr. 1955. "Two and a Half Centuries of the Galleon Trade."

Philippine Studies 3(4): 345–372.

_____. 1999. *After the Galleons: Foreign Trade, Economic Changes and Entrepreneurship in the Nineteenth-Century Philippines*. Quezon City: Ateneo de Manila University Press.

Majul, Cesar Adib. 1999. *Muslim in the Philippines*. Quezon City: University of the Philippines Press.

Phinney, J. and Ong, A. 2007. "Conceptualization and Measurement of Ethnic Identity: Current Status and Future Directions." *Journal of Counseling Psychology* 54(3): 271–281.

Polo, Lily Ann. 1984. *A Cold War Alliance: Philippine-South Korean Relations, 1948-1971*. Quezon City: Asian Center, University of the Philippines.

Portelli, Alessandro. 1991. "What makes oral history different." in *The Death of Luigi Trasteulli and Other Stories: Form and Meaning in Oral History*. New York: State University of New York Press.

Portes, Alejandro. 1997. "Immigration Theory for a New Century: Some Problems and Opportunities." *International Migration Review* Vol. 31, No. 4: 799–825. Special Issue: Immigrant Adaptation and Native-Born Responses in the Making of Americans.

_____. 2003. "Conclusion: Theoretical Convergencies and Empirical Evidence in the Study of Immigrant Transnationalism." *International Migration Review* Vol. 37, No. 3: 874–892. Special Issue on Transnational Migration: International Perspectives.

Portes, Alejandro and John Walton. 1981. *Labor, Class, and the International System*. New York: Academic Press.

Portes, Alejandro and Jozsef Borocz. 1989. "Contemporary Immigration: Theoretical Perspectives on Its Determinants and Modes of Incorporation." *International Migration Review* Vol. 23, No. 3: 606–630. Special Silver Anniversary Issue: International Migration an Assessment for the 90's.

Scott, William Henry. 1994. Barangay, *Sixteenth-Century Philippine Culture and*

Society. Quezon City: Ateneo De Manila University Press.

Smith, Anthony. 1991. *National Identity*. London: Penguin Books.

Zolberg, Aristide R. 1983. Review Works on *Labor, Class, and the International System* by Alejandro Portes and John Walton. *The American Journal of Sociology* Vol. 88, No. 5: 1056-1059.

찾아보기

ㅇ

김동엽
필리핀국립대학교 정치학과에서 1990년대 한국과 필리핀의 통신서비스산업자유화정책에 대한 비교연구로 박사학위를 받았으며, 현재 부산외대 아세안연구원 부교수로 재직 중이다. 한국동남아학회 부회장이며, 등재 학술지 『아시아연구』 편집위원장으로 활동하고 있다. 저서로는 『총체적 단위로서의 동남아시아의 인식과 구성』(2019, 공저), 『동남아의 이슬람화 2』(2017, 공저), 『민주화운동의 세계사적 배경』(2016, 공저), 『나를 만지지 마라, I & II』(2015, 역서), 『동남아의 역사와 문화』(2012, 공역) 등이 있다.

동남아 한인 연구 총서 1

필리핀: 한인 이주의 역사와 발전, 그리고 정체성

1판 1쇄 찍음 2021년 5월 24일
1판 1쇄 펴냄 2021년 5월 31일

지은이 김동엽
펴낸이 정성원·심민규
펴낸곳 도서출판 눌민

출판등록 2013. 2. 28 제25100-2017-000028호
주소 서울시 은평구 가좌로11가길 30, 301호 (03439)
전화 (02) 332-2486 팩스 (02) 332-2487
이메일 nulminbooks@gmail.com
인스타그램·페이스북 nulminbooks

Printed in Seoul, Korea

ISBN 979-11-87750-46-8 94910
ISBN 979-11-87750-45-1 94910 (세트)

이 저서는 2016년 대한민국 교육부와 한국학중앙연구원(한국학진흥사업단)을 통해 해외한인연구사업의 지원을 받아 수행 중인 연구임(AKS-2016-SRK-1230004)